JN294262

伊藤博文を激怒させた
硬骨の外交官

加藤拓川《たくせん》

成澤榮壽
Narusawa Eiju

高文研

はじめに

この本の主人公加藤拓川《たくせん》（本名恒忠《つねただ》）は、司馬遼太郎の長編小説『坂の上の雲』の主人公、秋山兄弟の兄、秋山好古《よしふる》の幼なじみであり、同作品のもう一人の主役、正岡子規《しき》の叔父であった。加藤と好古はお互いに影響し合った生涯の飲み友だちだった。子規は、彼なしには私たちが知っている文学者たり得なかった。

司馬の小説を原作に、二〇〇九年末、一〇年末、一一年末の毎日曜日にNHKドラマ「坂の上の雲」第一部五話、第二部、第三部各四話が放映された。私は、加藤拓川をいささか研究している者として、このテレビドラマに関心をもち、毎回、熱心に観た。しかし、原作には少々登場する拓川も、ドラマではセリフに二、三回出てきただけであった。

ドラマの主役は、明治維新前後に四国の松山藩士の家に生まれた三人の青年、日露戦争時における連合艦隊の参謀として作戦の中心となった秋山真之《さねゆき》、その兄で皇軍（天皇の軍隊）の「騎兵の父」と言われた秋山好古、真之の竹馬の友で俳句や短歌の革新を志した正岡子規である。NHKの制作意図は現代の日本人、特に青年に希望と勇気を与えようということだそうで、第一部は、日清戦争を扱いながらも、その路線に沿った青春物語になっていた。

原作は文春文庫版では八冊。第一部は第二冊の終わり近く、北清事変（一九〇〇年）の前までであった。視聴者にはパッパッと急いだように受け止められたようである。大部な原作だからそう言える。しかし、ドラマは全体で一三話だから、ややスローテンポの展開になっていた。子規の妹リツを始め、秋山兄弟の母や連れ合い、子規の母など、女性たちの出番の割合を原作より多くする視聴者向けの配慮がなされていたからでもあろう。

しかし、第二・三部のほとんどは原作では五冊半にも及ぶ日露戦争であり、子規は第二部の第二話で早々と他界したから、ドラマは原作と同様に真之中心の戦争物語として展開していた。第一部の青春物語は日露戦争の導入部だとも言えそうである。

第一部で気のついた第一は、原作にない場面が少なくないことである。

例示すると、第一話の終わりの方に、東京・神田の共立《きょうりゅう》学校（のちの開成中学校）で学ぶ真之と子規が横浜へ行き、真之が西洋人の乱暴な行為に腹を立てる場面や、巨額を投じて英国から買い入れた軍艦を見て胸を躍らせる場面が付け加えられ、原作にない英国のスマートな海軍大尉が登場して西洋人の乱暴者を懲らしめてもいる。この場面は、原作を歪め、第二話で真之が大学予備門（東京大学―帝国大学の前身―）を中途退学し、海軍兵学校への入学に転換する動機づけにされた。

東郷平八郎は連合艦隊司令官に就任するまで真之を知らなかったのに、ドラマでは第一部ですでに彼を登場させ、真之に畏敬の念を抱かせている。のちに満州軍総参謀長を務めた児玉源太郎が陸軍大学校在学中からの好古を知っていたのは事実だが、第三話では彼は好古の結婚にまで心を配り、気軽に奔走したことになっている。いずれも日露戦争の最高首脳が秋山兄弟と以前から親しい人間関係にあったかのように造り変えたのである。原作では東郷をやや「小柄」、児玉を「小男」と言っているが、ドラマは格好よい有名俳優をその役に付け、軍人、ひいては軍隊を美化する役割を果たさせた。生前、この作品のドラマ化を承認しなかった司馬の危惧の念に逆らってドラマ化を強行し、ミリタリズムの高揚に悪用したと言えるのではないか。

一方では、ミリタリズムを助長する方向性をもたない改作もあった。第五話で、原作がとりあげていない日本の参謀本部の意向を受けた日本公使らの陰謀による朝鮮政府の実力者だった明成皇后（閔妃《ミンビ》）の暗殺事件と抗日運動をモノクロで少しとりあげているのが、その例である。明成皇后（閔妃）暗殺を原作が欠落させているのは私の知人であった故角田房子氏のノンフィクション作品の傑作『閔妃暗殺』（一九八八年、新潮社）によって事件が一般に少し知られるようになる以前の作品だからで、無理のないことである。ドラマがそれを追加したのはミリタリズム助長の傾向に対する批判の高まりを考慮したためであろうか。しかし、明成皇后（閔妃）がロシア側に付いたから殺されたのだと、一面的・一方的な印象を与えるような扱いになっていた。

第二は、原作そのものの問題点である。司馬は原作を「事実に拘束されることが百パーセントに近い」と書いているが、そうは言えない。例えば、好古が福沢諭吉を尊敬していたことは事実だが、彼がモットーにしていたのは原作やドラマに出てくる福沢の言葉「独立自尊」ではなく、「独力自立」である。

もう一つ指摘しておきたいことは、ドラマも、原作と基本的には同様に、「明治」における統帥権の「悪用」も、「昭和」の破滅に繋がる軍人の精神主義的な発言も、「語り」とは矛盾して、第一部ですでに少し描かれていた点である。例えば、前者では参謀次長川上操六の策謀、後者では東郷の発言が、それだ。司馬が主観的には事実に即して書こうとしたがために、当然そうなるのである。子規の友人夏目漱石が日露戦争後の作中人物に「(日本は)亡びるね」と言わせたように(『三四郎』、一九〇八年)、「明治」と「昭和」の連続性をドラマと原作について冷静に分析することが不可欠であろう。

第二部は第一話で日露対立激化のなかでの真之と広瀬武夫の熱い友情が描かれた。広瀬がロシア駐在海軍武官としてサンクトペテルブルクに赴任した際の、現地の上流社会の女性アリアズナ(伯爵・海軍少将の娘)との恋愛や海軍青年士官たちとの交流を美しい画面展開で見せた。第二話で子規が逝き、第三話で日露が開戦し、第四話では旅順艦隊港内封鎖作戦で現場の指揮をとった広瀬が戦死した。原作の「旅順口」の最後はアリアズナの服喪だが、ドラマ第二部は、そのあと、真之が広瀬と餅食い競争をした思い出の、原作にはないシーンで終わる。以上は、文庫八冊中、なんと、第三冊の後半部までである。

このような点が詳細に戦闘を描写した原作と異なるわけだが、以下、四冊分余りは第三部の四回で一瀉千里《いっしゃせんり》に進んだ。しかし、日露戦争美化は第三部でも貫かれた。

とは言え、他者に優しいと多くの人が語っている司馬を私は一面的に否定する心算はない。小説『坂の上の雲』についてもそうである。しかし、拓川を抜きにして好古は語り得ない。それなのに、テレビドラマの第一部〜三部は拓川を無視したと言ってよいほどだった。原作もまた、大同小異である。詳しくとりあげると、小説がなりたたなくなるからであろう、司馬は拓川を避けた。だから、好古の生涯に言及しているはずの原作は、「騎兵の父」と言われた好古が、晩年、私立北予中学校長として非軍国主義教育をした事実、旧制松山高等学校の自由主義を擁護するために助力した事実など、彼の他の大事な側面が欠落してしまったのである。

原作には日露戦争をわが国の防衛戦争だとする史実に反した誤りや国内の反戦・非戦活動の欠落など、問題が多い。武力で脅迫、鎮圧した日本帝国主義を批判せず、朝鮮（韓国）は無力だから他国に従属することは運命であるという原作の史観をもとにしたドラマの「語り」部分は世界の発展方向に逆らう時代錯誤である。この本は拓川を中心とする拙い評伝ではあるが、拓川の思想と行動を通してそれらをあきらかにする方向性をもった叙述になるであろう。

拓川も好古も、基本的には、己れに正直にやんちゃに生きた。やんちゃだが、正直に生きたから、少なからざる人に愛され、信頼され、敬意も表された。拓川の甥、子規にしても同様である。そうした生身《なまみ》の人間の日常にもできるだけ踏み込んで、紙数の許す限り、拓川を中心にその人生を追ってみたいと思う。

この本の企画の当初、副題を「もうひとつの〈坂の上の雲〉」にしようと考えていた。加藤拓川を主人公にしたら、秋山好古や正岡子規、子規の恩人陸羯南《くがかつなん》はどうなるか、また原敬を含めて彼らとの関係で拓川の人生がどうなったかをこの本であきらかにしたいのである。

ある人物像を鮮明にするために少なからざる人たちを登場させ、その両義性（自由と束縛）のある人間関係（人間の繋がりあるいは絆または縁と言ってもよい）のなかで描くのが私の流儀である。この本もそうさせていただいた。かなり長くなってしまったが、副題を「帝国主義の時代を生き抜いた外交官とその知友たちの物語」とした所以《ゆえん》である。煩瑣《はんさ》になるが、ご海容願いたい。

また、本文中、秋山好古と関連して日露戦争が、加藤拓川と関連してシベリア戦争が、拓川が辛酸を嘗めた赤十字条約改正問題が長くなった。二つの戦争記述には諸書にない指摘が少なからずあり、条約改正問題の記述に新たな指摘がいくつもあるはずである。そのことをもって長口舌を諒としていただきたい。

この本では、原則として漢文や文語文は口語文に改め、現代仮名遣いに直した。しかし、主として雰囲気の点から文語文のままにしてある場合も少なくない。ただし、その場合も現代仮名遣いにしてある。

文中の註記は極力簡単にした。詳しくは巻末の「参考文献一覧」をご覧いただきたい。

✻——目次

Ⅲ　外交官人生――帝国主義の狭間で

Ⅳ　日清・日露戦争期の拓川とその知友

Ⅷ　松山市長の九カ月

装丁＝商業デザインセンター・増田絵里
カバー写真提供・正岡明

I

拓川加藤恒忠の生い立ち

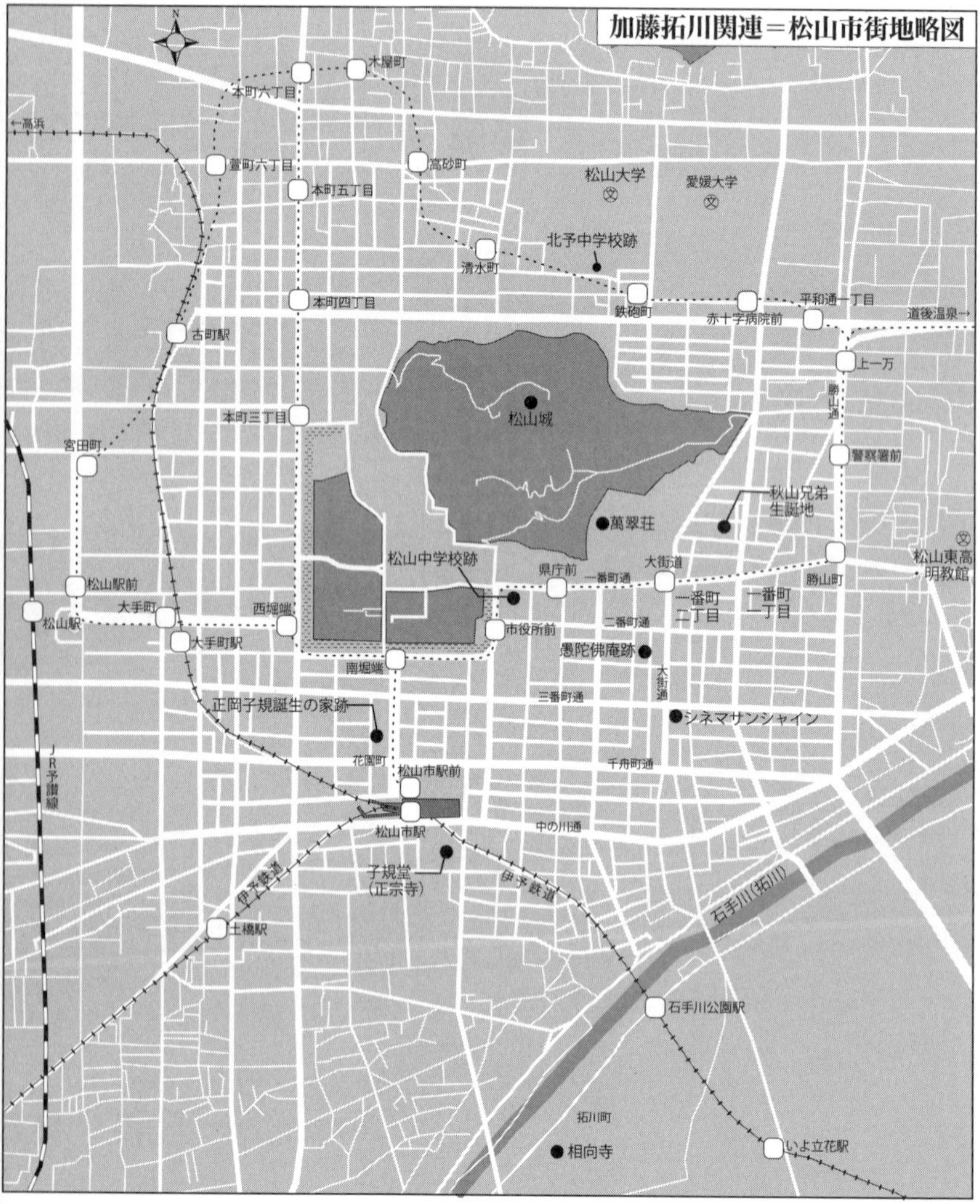

加藤拓川関連＝松山市街地略図
N
木屋町
本町六丁目
←高浜
萱町六丁目
高砂町
本町五丁目
松山大学
愛媛大学
北予中学校跡
清水町
本町四丁目
鉄砲町
赤十字病院前
平和通一丁目
道後温泉→
古町駅
上一万
勝山通
松山城
本町三丁目
宮田町
警察署前
秋山兄弟
生誕地
萬翠荘
松山中学校跡
大街道
松山東高
・明教館
松山駅前
県庁前
一番町通
勝山町
大手町
西堀端
一番町
二丁目
一番町
一丁目
松山駅
二番町通
市役所前
大手町駅
愚陀佛庵跡
南堀端
大街道
三番町通
正岡子規誕生の家跡
シネマサンシャイン
花園町
千舟町通
JR予讃線
松山市駅前
松山市駅
中の川通
子規堂
（正宗寺）
伊予鉄道
伊予鉄道
石手川（拓川）
土橋駅
石手川公園駅
拓川町
相向寺
いよ立花駅

拓川が自分で書いた墓碑銘

この本の主人公拓川《たくせん》加藤恒忠《つねただ》（一八五九〜一九二三）という人物はこの評伝に登場する彼の知友の多くに比べて世間では余り知られていない。初めに彼を少し紹介しておこう。

拓川は中江兆民の仏学塾における有力な門弟の一人で、師の思想を忠実に実践しようとした人である。原敬《たかし》、陸羯南《くがかつなん》とは共に司法省法学校（東京大学法学部の前身）を放校処分となり、生涯の親友だった。「盗賊主義」（帝国主義）に反対し、韓国を巡って伊藤博文《ひろぶみ》の怒りを買い、外交官を辞めた。しかし、伊藤と深い関係にあった西園寺公望《さいおんじきんもち》には大変信頼されていた。晩年は軍備撤廃論を唱え、部落問題の解決を念願して、他界した。

彼は死を目前にして自ら次のような墓碑銘を認《したた》めた（原文は漢文）。

《拓川居士墓表》

居士、俗名ハ恒忠。松山ノ人。大原観山《かんざん》先生ノ第三子ナリ。母ハ歌原松陽《しょうよう》先生ノ女《むすめ》ナリ。妻ハ樫村氏。三男二女ヲ生ム。其ノ最モ愛スル所ノ第二子先ニ歿ス。居士ノ性、素ヨリ多恨哀《たこんあい》悼《とう》ナリ。病イヲ致シ、終《つい》ニ起《た》タズ。年六十五。実ニ大正十二年○月○日也。亡児ノ墓側《ぼそく》ニ葬ルコトヲ遺命ス。居士、少ニシテ東京ニ学ビ、司法省法学生ト為リ、三季ニシテ見放シテ去

拓川居士墓表
居士俗名恒忠、大原観山先生第三子、母
歌原松陽先生女、安政六年生於松山、娶
椏村博士女、生三男二女、其所最愛第二
子、先殁、居士性素多恨、哀悼致病、終不起、
年六十五、實大正十二年　月　日也、遺
命葬于兒墓側、居士少學東京、為司法省
法學生三年、見放去遊佛國、學業未成、任
外交官、在職二十年、以無能聞、遂入帝國
議会、有伴食議員名、晩為松山市長、亦無
所為、蓋其志氣過高、才學不足、一生坎軻
以終、不亦哀乎、

自撰・自書墓碑銘「拓川居士墓表」（伊予史談会編・製本「拓川資料」より転載）

ル。仏国ニ遊ビ、学業未ダ成ズシテ外交官ニ任ジ、在職遂ニ二十年、無能ヲ以ッテ聞コユ。遂ニ帝国議会ニ入リ、伴食《ばんしょく》議員ノ名有リ。晩《おそ》ク松山市長ト為リ、亦《また》為《な》ス所無シ。蓋《けだ》シ其ノ志高過ギテ才学足ラズ。一生ノ坎軻《かんか》、碌々《ろくろく》以テ終ワル。哀《かな》シイ哉《かな》

この「墓表」は、重要な部分で省かれているところもあるが、拓川の一生を簡潔に伝えている。

しかし、外交官としてけっして「無能」ではなかった。駐ベルギー公使時代、赤十字条約改正会議に全権委員として派遣され、日本とその保護国韓国を代表して会議に臨み、誠意を尽くして任務の遂行に努めたが、伊藤博文の恣意的横暴に立場を失い、いわゆる「シベリア出兵」期に駐シベリア大使として、日本の政府と軍部の無為無策の犠牲にされただけのことである。

帝国議会の実力が伴わない「伴食議員」とも言えなかった。実際は、代議士としては国民の代表として政府に外交文書の公開を要求し、貴族院議員としては勅選を実質的な間接選挙に改正するこ

とを提案しており、総じて国民の政治的権利の尊重・拡大に努めていたのである。

晩年の短い松山市長在任中も「為ス所無」くはなかった。むしろ、逆であった。実際は、私立松山高等商業学校の設立に尽力するなど、成果を上げた。「為ス所無シ」と言っているのは、市会で反軍国主義の演説をして議員に支持されなかったからであろうか。

彼はけっして「才学不足」ではなく、必ずしも「坎軻」（世に容れられないこと）「碌々」（役立たず）な「一生」だったわけでもない。しかし、わが人生を省みて、拓川自身は本気でそう思ったと、私には思える。「墓表」に見る自己評価には彼の思想と人格の一端が窺えるのである。

拓川については、一般向けの書物では、郷土出版物を除くと、原敬や羯南、子規の評伝の類《たぐい》でとりあげられている。また、『愛媛県史　県政』（一九八八年、愛媛県）、『同　社会経済6』（一九八七年、同上）等には、もちろん、見えるし、学術書では、例えば松永昌三『中江兆民評伝』（一九九三年、岩波書店）でも兆民門下の主要な人物の一人として紹介されている。また、西園寺公望の本格的な伝記『西園寺公望伝』（全四巻・別冊二冊、一九九〇～九七年、岩波書店）にも登場する。しかし、彼を主人公とする単行本は、郷土出版物以外では、この著書が初めてではなかろうか。

藩校明教館の秀才だった拓川と秋山好古

加藤恒忠は、一八五九（安政六）年一月二二日（旧暦）、伊予国（現愛媛県）松山城下の温泉郡徒《か》

現在の松山市勝山町交差点から一番町一・二丁目を望む（2012 年撮影）。勝山通り（南北の通り）から西へ大街道（南北の通り）までが一番町一・二丁目

士町《ちまち》（現松山市一番町一・二丁目）に、父大原有《あり》恒《つね》（一八一八〜七五）、母しげ（重）の三男として誕生した。ちなみにこの年には安政の大獄に連座した橋本左内、吉田松陰らが処刑されている。恒忠は幼名を忠三郎と言い、のちに拓川と号した。拓川は城下の東南を流れる石手川の別称である。

大原氏の「系図」には、姉八重（正岡子規の母）は「松山徒士町」の生まれ（一八四五年）、兄恒徳《つねのり》は「松山徒士町（後鮒屋町）」の出生（一八五一年）となっており、拓川は「松山徒士（鮒屋）町」生まれと記されている。平凡社の『愛媛県の地名』によると、鮒屋町は徒士町の一部が江戸末期から呼称された地名で、現在の松山市のメインストリート「一番町通り」とその両側の裏通り（一番町一〜四丁目）の東半一番町一・二丁目である。

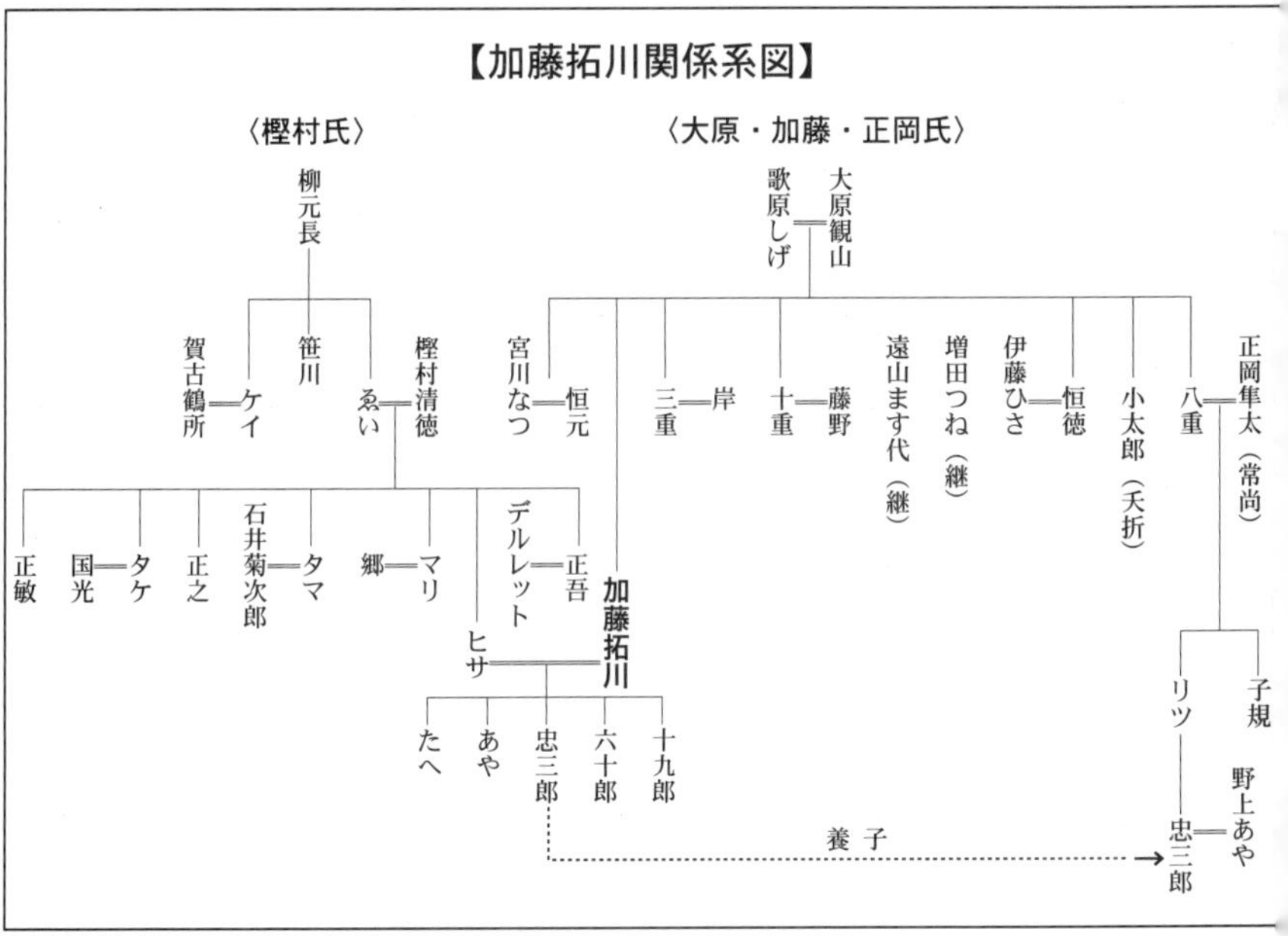

『愛媛県史　人物』篇（一九八九年）が拓川を「湊町」出生としており、畠中淳編著『加藤拓川』が拓川の誕生地を現三番町としているのは、拓川の父の跡継ぎである恒徳《つねのり》の子息たちの「系図」に見られる地名などから、複雑な「系図」のせいもあって、読み違えたのではなかろうかと想像する。

恒忠の父は通称を武右衛門《ぶえもん》と言い、観山《かんざん》と号し、江戸幕府直営の教育機関 昌平坂《しょうへいざか》学問所（通称昌平黌《こう》）で学び、舎長を務めた英才で、松山藩校明教館の司教（教授）であった。一八七〇（明治三）年には藩校トップの大司教に就任し、治農管事《ちのうかんじ》を兼任した。彼は藩第一の漢学者で、漢詩にも秀で、藩政にも携わった。母方の祖父の歌原宗蔵（一七九七〜一八五九）は号を松陽と称し、かつては藩校の助教（助教授）を務め、観山の師であった。松陽も昌平黌の儒官古賀精里《せいり》（一七五〇〜一八一七）の門下であった。恒忠の両親は共に学問の家の人だったのである。

観山は湊三津浜の御舟手《おふなて》（藩の船舶管理係）を務めていた加藤重孝《しげたか》の第三子で、彼の姉が嫁した大原家に子どもがなかったので、同家の養子となった。もちろん、秀才であったからに違いない。

観山・しげ夫妻には三男三女があった。長男が夭逝したので、次男恒徳が大原家の家督を継いだ。恒忠は、八〇年一月、すでに亡くなっていた伯父（父の兄）加藤重固《しげもと》の養子になった。絶家を再興したのである。

一八六六（慶応二）年、恒忠は自分より一五日早く出生した秋山好古と共に藩校の小学である養成舎に入学した。好古は松山城下の中歩行町《なかかちまち》（現松山市歩行町二丁目）に住む下級武士（徒目付《かちめつけ》）秋山久敬《ひさたか》・サダ夫妻の子である。幼名を信三郎と言い、三男だったが、次兄が養子に行ったあと、長兄が不治の病を患ったため、家督を相続した。好古の名は『論語』の「信じて古《こ》を好む」（〈古今に通ずることを〉信じて古きを愛好する）から採られていることは言うまでもないが、一〇世紀半ば、前《さきの》伊予掾《いよのじょう》藤原純友《ふじわらのすみとも》の乱を鎮定した公卿にして歌人の小野《おのの》好古（篁《たかむら》の孫、道風《みちかぜ》の兄）に肖《あやか》って付けられたと言われる。

好古の弟秋山真之（一八六八〜一九一八）は恒忠の甥正岡子規の友人である。子規は本名を常規《つねのり》（幼名は処之助《ところのすけ》、またの名を升《のぼる》）と言い、明治改元の年に出生した真之より一歳年長で、一八六七（慶応三）年九月（旧暦）、松山城下の藤原新町《しんちょう》（現松山市花園町）に生まれた。親友夏目漱石、本

秋山好古・真之生家跡（復元、松山市歩行町二丁目、2010年撮影）

名金之助と同じ歳である（漱石は一月生まれ）。ついでに言えば、幸田露伴や尾崎紅葉・斎藤緑雨・宮武外骨も同年の生まれだ。

子規の母八重は大原観山の長女、すなわち恒忠とその兄恒徳の姉であった。一八七二（明治五）年、父の正岡隼太《はやた》（常尚《つねなお》）が若死したため、満四歳六カ月の子規が戸主となり、叔父恒徳が後見した。子規は外祖父（母方の祖父）の観山にかわいがられ、漢学を教えられた。同時に明治維新に逆らう傾向の強かった外祖父に、七一年の散髪廃刀の許可後も結髪・帯刀をさせられた。

八重には、子規の他に、彼より四歳年少の妹リツ（律）がいた。子規は結婚せず、妹は結婚したが、間もなく離婚し、子がなかったので、恒忠の三男忠三郎が子規の養子、実際上はリツの養子となった。拓川（恒忠）関係文書の大半はその子孫の元にある。

恒忠の父観山は七一年の廃藩置県で家禄を失った。松山藩は、藩主松平（旧姓久松）氏が徳川将軍家の一門（家門《かもん》）だった関係から、幕末期には江戸幕府側にあった。長州「征伐」に参戦し、六八（慶応四）年の鳥羽伏見の戦いでは「朝敵」として敗れ、土佐藩を始め、長州・宇和島など諸藩の追討を受け、藩主が恭順の意を表わして降伏した。観山は藩主松平定昭に恭順を進言した中心人物の一人であった。観山は定昭の世子時代からの御用達（側用人）であった。

松山藩は、松山城を始め、領内を占領され、藩主は旧姓に復し、「官軍」に軍用金一五万両を拠出させられた。その後も明治新政府からすこぶる不利な扱いを受けた。それゆえに、藩では藩士からの借り上げを行い、給禄を三割、さらに五割と減額させた。その間、版籍奉還で知藩事となった元藩主久松勝成《かつしげ》（定昭の父）のもとで、観山は権少参事に次ぐ大属に就任した。しかし、定昭が知藩事に就任して間もなく廃藩置県が断行され、定昭は辞任し、東京へ去った。松山県士族は七三・七四（明治六・七）年の給禄の返還と秩禄公債の給付の際にも他藩と差を付けられ、旧藩士の多くは貧窮の度を強めた。大原家もその例外ではなかったのである。

その様を恒忠は、晩年の松山市長就任当時、秩禄処分布告の年、「明治六年の暮れのこと」として、およそ次のように詳細に記している。

商人に借金の形として「周囲六尺（一・八メートル）に余る銅盤」の手水鉢《ちょうずばち》を持って行かれ、父はその商人を「いつも淡泊な男じゃノー」と笑い、母は黙って納戸《なんど》で一人泣き、弟は「ととさま、早く凧《たこ》を買って下さい」とせがみ、「翌元旦の雑煮の味のまずかった事は今も忘れられない」と回

藩校明教館。1878（明治 11）年に松山中学校となり、現在、同校の移転先（松山市持田町二丁目）で同校の後身松山東高等学校敷地内に移築されている（2010 年撮影）。

「松山中学校跡」碑（松山市二番町四丁目、2010 年撮影）。子規が学び、漱石が教えた中学校の跡であり、拓川・好古が学んだ明教館の跡でもある。

想し、自分が夜に昼に働いて手水鉢を取り返したところ、父は不興顔で「誰に頼まれてそんな事をした。そんなケチな根性で行末《ゆくすえ》出世ができると思うか」と厳しく叱った。自分は米搗《つ》きと役場で小学校教科書の写字（教科書づくり）をして稼いだ。「当時、米搗賃《つき》は一臼《ひとうす》弐銭五厘、単語篇写字料は一部七銭で筆紙の代を引けば三、四銭の利益だった」。

好古も銭湯の下働きをして稼いでいた。貧乏の辛酸を味わった二人は、長じては金銭的に極めて淡泊な点で共通していた。

『坂の上の雲』は、好古の少年時代はもとより、真之の在郷時代の生活を同時期の子規と比較し、子規後見の大原氏にも触れながら、極貧を強調しているが、事実と異なる。秋山兄弟の父は、薄給ではあったとしても、県庁に勤務していたのだから、司馬の記述はオーバーである。秋山家も大原氏も、負けず劣らず、貧困だったのである。

だが、恒忠も好古も学問が極めてよくできた。二人共、藩校明教館の秀才であった。明教館は従来の藩校を拡充し、一八二七（文政一〇）年に設立された。漢学と武術の修業が行われ、漢学は大学と小学に分かれ、小学は一〜五等級、大学は七・八等級とした。敷地は二五〇〇坪、講堂は五四坪、ほかに藩主詰所・学問所・寄宿舎・略武場、弓・槍・剣・柔の各武場があった。二人が学んだのは廃藩置県で廃校になる末期であった。両人は、七〇（明治三）年に大学に入り、教授者の助手を務め、小学の生徒に四書五経の素読を教えた。一一、二歳の頃である。廃藩置県後、観山は家塾を開いた。入塾した恒忠はここでも父に代わって子どもたちに教えた。教えることほど、学べるこ

三津浜港（2010年撮影）

とはない。こうして恒忠は漢学の基礎を学習した。岩井忠熊『西園寺公望』はフランス思想・文芸に通じ、漢籍を愛好した人物として、西園寺・兆民のほか、両人と親しい光妙寺三郎と共に、恒忠の名を挙げている。

司法省法学校入学とまかない騒動

一八七五（明治八）年四月、観山が他界した。「明治一五年八月より同一七年一月に至る日記」（原文は漢文。以下、「日記」と略す）の前書部分には「家君逝《ゆ》く」とある。恒忠（以下、拓川とする）は父の遺命に従って九月二三日に郷友の井手正鄰《いでせいりん》と同道して「東京留学の途に上《のぼ》」った（「日記」）。松山から四国で最も商取引が盛んだった三津浜まで七キロの道を歩き、艀《はしけ》で運ばれて沖合のドイツ製汽船に乗り、二四日に神戸に着いた。翌日、大阪に遊び、一泊して神戸に戻り、二八日に汽船「ゴルデンエージー」に乗り、三〇日に横浜に入港し、直ちに入京して東京府浜町（一八七五年当時、東京は大区小区制の時期であったが、浜町が第何大区第何小区であったかは不明。現中央区日本橋浜町）の歌原叔父の「寓」（仮の住居）に「投宿」した。浜町には旧松山藩主久松氏の邸があった（「日記」）。叔父の「寓」は久松屋敷内であろう。そして、一〇月頃、井手と共に、岡鹿門《ろくもん》（一八三三〜一九一三）に入門した（「日記」）。彼は別号千仭《せんじん》の名でも知られる漢学者である。

鹿門は仙台の人。藩校養賢堂《ようけんどう》で学んだ後、昌平黌に入り、安積艮斎《あさかごんさい》（一七九〇〜一八六〇）・佐藤一斎（一七七二〜一八五九）に師事した。艮斎は一斎・林大学頭述斎《だいがくのかみじっさい》（一七六八〜一八四一）の弟子である。

一斎は美濃国（現岐阜県）岩村藩士で、中山竹山（一七三〇〜一八〇四）の懐徳堂（大坂〈現大阪〉）に学び、次いで江戸で岩村出身の述斎の門を叩き、一八〇五（文化二）年に林家《りんけ》の塾長となり、四一（天保一二）年には幕府の儒官に任ぜられ、昌平黌で朱子学を講じたが、陽明学色が強かった。門下は多彩で、艮斎のほかに、渡辺崋山・佐久間象山《しょうざん》・横井小楠《しょうなん》・中村正直《まさなお》らがいた。艮斎は岩代国（現福島県）郡山の人。西洋の学問をする蛮社の客分として崋山らと交流し、五〇（嘉永三）年、昌平黌儒官となった。

鹿門は仙台藩から政治情勢の偵察を命じられ、一八六一〜六二（文久元〜二）年、京・大坂にあったが、尊皇攘夷の建白を行って下獄した。のちに帰仙して藩校の学頭添役（副学頭相当）となり、家塾も開いたが、一八七九年に文部省所管の東京書籍館（現在の図書館）の幹事（館長相当）に就任し、翌年、東京府に移管された東京府書籍館の館長も務めたが、同年、文部省に再移管された時点で退官し、以後、官途に就かなかった。その間、七〇年に綏猷堂《すいゆうどう》を開き、拓川のほか、原敬・片山潜《せん》・尾崎紅葉・北村透谷《とうこく》らを輩出させた。史論家森銑三はこの塾を「当時の東京の漢学塾の内でも取分け盛大で、何十人かの書生が寄宿していた」と書いている（「ランプの頃」）。拓川はそういう塾で入門間もなく塾頭になっている。彼が漢学に秀でていたことがわかる。

司法省法学校二年生の加藤拓川と同級生たち。左から福本日南、国分青厓、陸羯南、加藤拓川（写真／正岡明氏蔵）

一八七六（明治九）年に綏猷堂を退塾した拓川は、九月、難関の司法省法学校（東京大学法学部の前身）に合格し、入学した。法学校は永楽町《えいらくちょう》（現中央区丸ノ内一・二丁目及び大手町二丁目）にあった。一〇〇〇人余が受験し、一〇四人が合格したが、拓川は九七番であった。同期入学者中には原敬（一八五六～一九二一）や陸羯南《くがかつなん》（一八五七～一九〇七）・国分青厓《こくぶせいがい》（一八五七～一九四四）・福本日南《にちなん》（一八五七～一九二一）らがいた。ちなみに、原は二番、羯南は三四番、青厓は一八番、日南は八三番で合格している。七八年七月、拓川は一歳年長の友羯南・青厓・日南と共に富士登山をし、翌月、帰省した。帰省は前述の絶家再興の件があったからだが、楽しい夏休みだったことだろう。

ところが同年、法学校に賄《まかない》「征伐」が起こった。日南・拓川ら四人を発頭人に、法学生たちが食事に係わる不満から賄方《まかないかた》に抗議したところ、校長が発頭人らを禁足処分にしたので騒動になった。原敬が生徒に結束を呼びかけ、原・羯南と河村譲三郎が代表となって校長と折衝したが、埒《らち》があかず、司法卿大木喬任《たかとう》に面会して、校長を処分するよう陳情するまでに発展した。この運動により、処分は撤回された。しかし、翌年二月、春季試験のあと、原・拓川・日南・青厓・羯南ら、一六名が成績不良の口実で退学処分になった。「拓川居士墓表」にあるような、「見放シテ去」ったのではなかった。ちなみに前年の成績だが、「法学生徒第二年第一期考科表」によれば、原は一三番、羯南は三五番、青厓は六三番、拓川が七二番、日南が八一番であった（河村が首席）。成績のあまりよくない者もいるが、姑息な手法を用いた弾圧だと言えよう。

拓川と四人の同志たち

この行動について、拓川にも羯南にも反省や後悔の文章はない。原にもないであろう（拓川は原も未練がなかったと語っている）。騒動を通して、拓川ら五人は、同志的に結合した。お互いにかけがえのない友を得た。「見放シテ去」にはそういう含意があるのではなかろうか。

しかし、退学処分は他の官立学校への入学が認められず、さすれば、原則的には生涯官吏に登用されないことを意味したから、彼らは大変きびしい境遇に陥れられたわけである。日南を除く四人は、退学処分者に支給された帰郷費を資金にして京橋区（現中央区）に共同で下宿を借り、善後策を相談した。法学校で学んだ法律知識とフランス語を活かして新聞記者になり、然るのちに政界入りしようというのが彼らの結論であった。日南を加えた五人はその後どうなったか。拓川を除く、四人の同志たちについて、生い立ちに遡り、概観することにしよう。

原は、陸奥国盛岡藩の出身。藩校作人館などで学んだあと、入京し、箕作麟祥《みつくりりんしょう》（一八四六～九七）の塾でフランス語を習い、司法省法学校を中退したのち、中江兆民の仏学塾に一カ月余り在籍し、間もなく『郵便報知新聞』に採用され、政治記者になった。彼の学歴は、普通、司法省法学校中退ということになっている。以後、原はジャーナリスト・外交官として地歩を固めていく。拓川もそうだが、官吏になるには抜け道があったのだ。後述するが、有力者の伝《つて》である。原は、外務省に勤務して一二年余りで次官にのぼりつめたあと、一八九〇（明治二三）年、『大阪毎日新聞』に入社し、翌年、社長に就任した。一九〇〇年、立憲政友会の創立に参画し、幹事長・内務大臣等を歴任したのち、第三代総裁に就任、米騒動を契機に首相となり、二一年一一月、凶刃に斃《たお》れた。この「平民宰相」は、私人としては爵位を辞退し、財産欲がなく、公私の別にきびしかった。知友への信義と友情にも篤かった。しかし一方、露骨に党利優先を図って政治の腐敗を助長させ、社会運動の弾圧、普通選挙実現の阻止、シベリア撤兵の遅滞などは世論の批判を浴びた。

羯南陸実《みのる》は、陸奥国弘前藩の出身。旧姓は中田。一八七九（明治一二）年、平民籍の絶家を継ぐ。藩校稽古《けいこ》館の伝統を引き継ぎつつ、米国人教員による西洋学教授も行った東奥《とうおう》義塾や官立（国立）宮城師範学校・司法省法学校をみな中退し、在京のまま、新聞記者を志すが、果たせず、法学校を放校処分になった七九（明治一二）年の夏頃に帰郷。同年秋頃、『青森新聞』に入社し、編輯長を務めた。翌年二月一六日付で、羯南は近況を報らせる長文の手紙を拓川に送っている。それには「当地の新聞社に身を寄せ、消債（借金返し）の謀《ぼう》（工面《くめん》）をした」、「婦女子が拠《よんどころ》なき場合に至り、身を遊郭に寄せるようなものか」と認《したた》められている。しばしば讒謗律《ざんぼうりつ》違反で罰金に苦しめられていたのである。

彼は、八〇年、内務省勧農局所管の紋別《もんべつ》製糖所（北海道）に勤務を変えた。翌年、再び入京し、長州閥の農商務大輔《たいふ》（次官）品川弥三郎の伝《つて》でフランス語の翻訳で生計をたて、八三年、太政官御《ご》用掛《ようがかり》に採用され、文書局に勤務し、八五年一二月、内閣制度発足と共に内閣官報局編輯課長となった。しかし、条約改正交渉促進のための皮相的な欧化主義に反発し、八八年三月に辞職した。同年四月に創刊された、『東京電報』紙に入社して社長兼主筆となり、翌年二月、同紙を『日本』と改題して自ら社主を務め、外相大隈重信の条約改正案に対して、党派的論争を排し、「日本国民前途」のために反対するとの論陣を張り、政論記者として名を高めた。

新聞『日本』の刊行は前年の三宅雪嶺《せつれい》・杉浦重剛《じゅうごう》らの偏頗《へんぱ》ではない国粋主義的文化団体政教社の結成や雑誌『日本人』の創刊に呼応したものであるが、羯南は、他国の国民に対して独自の統一した精神をもった日本の国民（ネーション）を尊重する国民本位の日本国家の発展を期すべく、排他的国粋主義に陥らない国民主義を唱え、国家主義の濫用を戒め、政治の腐敗を厳しく批判し、政治権力の徳義を強調した。この点において彼は原とは相容れず、帝国主義を容認する福沢諭吉とも異質のナショナリズムの代表的論客となった。

羯南は、一八九一年五月のロシア皇太子襲撃事件（大津事件）を契機に導入された新聞・雑誌への事前検閲制を激しく批判し、日清戦争後における政界の「挙国一致」を「無意識の憲法中止」状況だと論じ、政府と政党が主義に基づいて競うことを要求した。しかし、言論の自由を要求し、発売禁止や禁錮・罰金に屈しない彼の闘いにもかかわらず、日本は日露戦争に突入し、軍国主義・帝国主義を跋扈《ばっこ》させた。日本新聞社の経営は困難の度を強めた。その間、彼も思想的に変質していた。

一九〇六（明治三九）年、彼の病気の悪化も加わって社の譲渡を余儀なくされた。その際、約束された編集方針の堅持が守られず、雪嶺・国分青厓・古島《こじま》一雄（一念）・長谷川如是閑《にょぜかん》ら名だたる記者が連袂して退社、彼らは雑誌『日本人』を『日本及《および》日本人』と改題した。「日本」を加えることで従来の新聞『日本』の継承とその正当性を表明しようとしたのである。しかし、〇八年に如是閑が『大阪朝日新聞』に、同じ頃、古島が『万朝報《よろずちょうほう》』に転じたあと、二三（大正一二）年、関東大震災後の経営上の問題から雪嶺が退社した以後、同紙は反動的日本主義者の執筆の場となった。

青厓国分豁《とおる》は仙台の生まれ。仙台藩校養賢堂で学び、入京した。彼は拓川・羯南・原との合宿のあと、直ちに『朝野《ちょうや》新聞』に入社できた。しかし、病いを得て同社を辞め、郷里や関西の新聞社を転々としたのち、羯南との縁で創立直後の日本新聞社に入社した。青厓が『日本』に掲載した政治風刺の詩は好評を博した。高雅雄勁《こうがゆうけい》な彼の漢詩は、日本の漢詩界では二〇世紀前半期で第一とされている。一九二三年、大東文化学院教授になり、三七年、帝国芸術会員に推挙された。

日南福本誠は筑前国（現福岡県）福岡藩の出身。向陽義塾（玄洋社の前身）で学んで入京。羯南を社長とする『東京電報』、次いで『日本』の記者となり、政教社同人としては杉浦重剛と共に南進論等を『日本人』に発表し、アジア問題に対する強い関心からフィリピンに渡航した。南進論は日本近代における南方へ進出しようとする考えを理論化し、正当化する論策で、一八九〇年前後、北海道移住論から海外植民論へと移民思想が転換した時期を中心に主張された。日南は、一九〇五（明治三八）年、『九州日報』の社長兼主筆に就任したが、〇八年、憲政本党から衆議院議員に当選し、翌年、退社した。また、彼は『元禄快挙録』（一九〇九年）を著して「赤穂義士」を世に拡げ、「忠臣蔵」の「研究」を進展させた史論家、対外硬派の論客として知られた人である。

以上、若き日の四人の友のうち、拓川は、羯南・原と生涯にわたって親交を結び、青厓とも親しく交際を続けた。拓川も漢詩文に秀でていた。青厓と日南は羯南と協力し合った。原は羯南・日南の二人とは、青年期を除き、心底から親しかったとは言えなかった。羯南にとって拓川は東奥義塾での友伊東重《しげる》と共に「無二」の親友であった。羯南・拓川が共に信義を重んずる人であったので、二人は生涯親友であり続けたのであろう。司馬遼太郎は羯南を「徳の人」と評した。首肯する。薄給にもかかわらず、雪嶺・青厓・古島・如是閑らが日本新聞社を退社しなかったのも羯南が社員の自主と自由を尊重し、社員と共に自由闊達な社風を築き、情が深く徳のある人だったからである。

また、夏目漱石と親しかった『東京朝日新聞』の名主筆として知られる池辺三山（一八六四〜一九一二）は随筆「羯南君と余」に「僕を新聞記者にしたのは陸君である」と書いている。彼は、父が西郷隆盛の薩摩軍を支援する熊本隊の隊長として西南戦争に従軍、政府軍に捕らえられ、処刑されたが、旧熊本藩主細川氏の世子護成《もりしげ》の世話役として、一八九二（明治二五）年、フランス留学に随行、九〇年から寄稿していた新聞『日本』に「巴里通信」を送り、帰国の翌九五年、『大阪朝日新聞』の主筆に迎えられた。

II

中江兆民の仏学塾に学ぶ

仏学塾入塾の経緯

加藤拓川は、司法省法学校を放校処分になり、同志と合宿したのち、兆民中江篤介《とくすけ》（一八四七〜一九〇二）の仏学塾へ入塾した。彼はその経緯を随筆「僕と新聞記者」に次のように記述している。

二一（数え歳）の時、司法省法学校から放逐され、同宿の原敬、陸実、国分豁《とおる》氏と共に新聞を狙った。ほどなく国分は朝野に、原は報知に入り、陸と僕とは一ケ《ママ》年ほど探したがどうしても口が見付からず、月給一五円の振り出しをだんだん引き下げて五円までにしたが買手がない。当時の陸は議論も文章もすでに一廉《ひとかど》の腕前であったが、人を知るのは難しいことである。この屁子帯《へこおび》書生が他日明治の新聞歴史に名残《なごり》を留める陸羯南と見抜いたものは一人もなく、彼は失望の余り郷里に帰り遂《つい》に北海道に出稼ぎに行き、僕は当時貧友の一人である中本章三氏（今の松山郵便局長）と共に『兵士の友』という雑誌を発行した。（中略）いかに度胸がよくても弾薬なしの戦争はできず、兵士の友はわずか七、八号で落城に及んだ。それから中本はたしか北海道へ飛び出す、僕は中江篤介の塾に入った。

『拓川集』第四冊（拾遺篇）付録の「加藤恒忠略年譜」には「（明治）一二年」「二一才」「一月加

藤家を再興す　二月法学校を退く　『兵士の友』を編む　中江篤介の塾に入る」とあり、「一五年」にも「二月仏学塾に入る」とある。しかし、『兵士の友』の廃刊は一八八一（明治一四）年三月であるから、右の回想からすると、入塾は、七九（明治一二）年でも八二（明治一五）年でもなく、八一年となるだろう。しかし、拓川の日記における仏学塾関係の初見は前出「日記」の八月一日の条の「夕、仏学塾に帰る」で、病いを得て帰郷する前日の記事である。それ以前は日記が欠けていて不明だが、「略年譜」が二カ所とも入塾を「二月」としていることに拘泥すれば、八二年二月ということもあり得るであろう。しかし、いずれにしても拓川が入塾・在学したのは、仏学塾の最盛期であった。

仏学塾のカリキュラム――兆民は歴史・漢学を重視した

兆民が「家塾開業願」を江戸開城に立ち会った幕臣の中心だった東京府知事大久保一翁《いちおう》（忠寛《ただひろ》）に提出したのは、一八七四（明治七）年八月である。彼がフランス留学から帰国した翌々月のことで、兆民の意欲のほどが窺える。兆民はまだ二六歳であった。学科は「仏文学」とある。塾名は仏蘭西学舎で、のちに仏学塾と改称した。開塾は一〇月かその後であろう。所在地は東京府第三大区三小区中六番丁（現東京都千代田区麹町六番町）であった。自宅である。その後、七七年二月に東京市麹町区五番丁（現千代田区五番町）に移転した。当初は本人が一人で教授する心算だったようだ。

授業時間は午前七〜一〇時と午後八〜一〇時であった。昼間を空けてあるのは兆民がほかの仕事に従事する都合である。彼は七四年一二月から文部省に勤務し、翌年四〜五月は官立東京外国語学校（現東京外国語大学）の校長の任にあり、同年五月〜翌々年一月には新設の元老院の権少書記官を務めた。

拓川が学んだ頃の「明治一五年九月改正　仏学塾規則」（『中江兆民全集』第一七巻）が、幸いなことに、松永昌三『福沢諭吉と中江兆民』の巻末資料として掲載されている。詳しくはそれを見ていただきたいが、以下、要点を記そう。

仏学塾は「仏蘭西書」「和漢書」で「法学」「文学」の二科を教授する私立学校である。修学課程は四年で各学年は前期・後期に分けられ、「教科細目」を通覧すると、一年前期はフランス語の「読方《よみかた》」「会話」「文法」の基礎を学習し、「明清律《ミンシンりつ》」「大宝令《たいほうりょう》」「文章規範」など、日中の法律書及び文集の「和漢書」の講義を受け、一年後期はフランス語の「講読」と仏文テキストによる古代ギリシャ史を生徒自らが「訳読」し、教授者が「疑義」を「講説」する。二年では、両学期共、歴史が二教科、法律が一教科あり、三年では、両学期共、歴史（革命）・法律・経済が各一教科で、四年では両学期共、法律（モンテスキューの法の精神、ルソーの民約論など）が二教科で、前期に歴史（ギゾーの文明史）、後期に哲学の講義がある。二〜四年の両学期共に「和漢書」の学習がある。

総じて歴史重視、履修を強制してはいなかったが漢学重視が特徴的で、これは教養重視と見ることができる。歴史は「文学」科の主要部分として位置づけられていたのであろう。また、「法学」

科の方は、兆民の留学目的が、もともと、司法省九等出仕の身分で法学修業であったから、ウージューヌ・ヴェロンの芸術学書『維氏美学』上下（一八八三・八四年）を文部省から出版したほどには知られていないが、財産相続法で二冊、訴訟法四冊の翻訳を司法省から出版しており（一八七七～七九年）、彼は法学の教授も確《しか》とできたのである。

兆民の漢学重視は、よく知られている通り、東京外国語学校長辞任の要因となっていた。彼は教育における徳性涵養を重視し、孔子・孟子を始めとする漢学を課そうとして、文部省と対立し、辞職したのである。仏学塾のカリキュラムに見る漢学重視は教養重視だけではなかったわけである。また、兆民が、人間としての権利を擁護するために個人が国家と契約したと説くルソーの『社会契約論』（一七六二年）を漢文で、単なる翻訳ではなく、儒教道徳を重視する自己の見解をもって解釈し、訳述して、仏学塾発行の雑誌『政理叢談《せいりそうだん》』に連載したのち、『民約訳解《やくかい》』巻之一（一八八二〈明治一五〉年）として仏学塾から出版し、自由民権運動に多大な影響を与えたこともよく知られている。

漢文で訳述したのは、日本訳よりも正確に翻訳できるからと、少なくとも兆民がそう理解していたからであり、彼は、七八・九年頃、『窮理通』で知られる儒学・理学者帆足万里《ほあしばんり》の高弟だった岡松甕谷《おうこく》（一八二〇～九五）の紹成書院《しょうせいしょいん》に、八〇年には三島中洲《ちゅうしゅう》（一八三〇～一九一九）の漢学塾二松学舎《にしょうがくしゃ》（現二松学舎大学）へ入門して貪欲に漢学の研鑽に努めていたのである。このことも漢学重視の重要な側面である。

改正「仏学塾規則」の中味に戻る。仏学塾では卒業に際してルソーの教育論、J・S・ミルの自由論その他「生徒各自の好む所に随《したが》い」「典籍を輪講もしくは輪読」することを課した。別科として夜学があり、歴史（毎日）・法律（民法。週二回）の講義が行われた。成績評価は厳しく、学期毎の試験で各科目共、最高点を五〇とし、三〇点以上でなければ進級できなかった。「塾中規則」は細部にわたって今日から見れば厳格であった。しかし、師弟の人間関係は自由・対等を旨とし、生徒の自主性が重んじられた。このことは仏学塾に学んだ人たちの証言であきらかである。兆民の思想が態度として貫かれていたと言える。

これは仏学塾生ではないが、一八八二（明治一五）年ごろの一一月末、東京の神楽坂で兆民と門弟たちを見かけた地方の一中学校長は「古ぼけた浴衣を着」た兆民が「七、八人の書生を連れ」て蕎麦屋で「車座になって飲む事、食う事、それが四方かまわず大声で議論を闘わ」していたと、のちに回想している（渋江保「中江兆民居士」）。

仏学塾の廃塾——強まる国家主義の下で

仏学塾の塾生数は、事実上の廃塾後の門人幸徳秋水（一八七一〜一九一一）の言う「前後二千余人」はオーバーに過ぎ（『兆民先生』）、松永昌三『中江兆民評伝』が推定した五〇〇人（以上）が通説というところであろう。しかし、正式の塾生以外の出入りも多数あった。

仏学塾は改正規則制定の翌八三年を頂点に、以後下降を辿った。衰退の要因は、兆民が自由民権運動の理論的指導者として多忙となり、理論雑誌『政理叢談』が八二（明治一五）年五月の第七号から『欧米政理叢談』と改題されたあたりから政治色を強め、仏学塾自体が政治的な目で見られることとなり、フランス学そのものが藩閥政府・官憲からは反対勢力の学問とされたことであろう。八三年の徴兵令「改正」により、兵役免除・猶予が官公立学校生徒に限定されたことが衰退に追い打ちをかけた。兆民自身、徴兵令の改正の影響で、「生徒は少しずつ業を廃して郷に帰り、数年の間に仏学塾は遂にすっかり寂しくなってしまった」と記している（『仏和辞林』「序」〈一八八七年〉）。秋水は「仏学塾は民権論の源泉となり、一種政治的倶楽部《クラブ》となった。そして偵吏《ていり》が探し求める焦点となった」と認《したた》めている（『兆民先生』）。仏学塾が民権思想の一大牙城であったことは一側面として間違いないところである。これでは経営が困難になることは避けられず、八七年一二月、保安条例により、兆民が皇居外三里の地へ追放となり、大阪へ転居した頃に正式に廃校になっていたようである。

仏学塾が廃校になるまでのおよそ一三年間に在学した数百人の同窓生のなかには、原のように首相になった者もおり、日露戦争後に設立された南満州鉄道会社の副総裁を務めた伊藤大八（一八五八～一九二七）もいる。拓川や伊藤のように貴族院議員になった者も数人おり、代議士になった者は多数にのぼる。原は「一カ月余位在学した」と「日記」に書いている。最初の言文一致体の小説『浮雲』を書いた二葉亭四迷（一八六四～一九〇九）も東京外国語学校（ロシア語）に入学する以前に仏学塾に学んだものと思われる。

しかし、やや不思議なことに、仏学塾が衰退しつつある時期に、風刺画で知られるジョルジュ・フェルジナン・ビゴー（一八六〇〜一九二七）が、陸軍士官学校（画学教師）・司法省法学校の「御《お》雇《やとい》教師」を経て、八五年三月〜八月と八六年一〇月〜八七年三月に「麹町五番丁仏学塾雇仏語学教師」を務めていたのである（『中江兆民全集』第一七巻）。兆民とビゴーは精神的波長がよく合ったことだろう。二一歳の若さでエミール・ゾラの代表的な小説『ナナ』の挿し絵を描いたビゴーは八二年に来日した。彼は、風刺画家としてだけでなく、日本における洋画家として高く評価されるべき人物であるが、当時の日本の洋画界の中心にいた黒田清輝の絵をあまり評価しなかったため、黒田との対立を一因として日本近代美術史上にその名を残すことができなかったようである。ビゴーは軍国主義・国家主義が一段と強まるなかで、自由な出版活動ができなくなり、九九年に帰国した。

廃校が近くなった一八八六年五月、わが国最初の本格的な仏和辞書『仏和辞林』全五冊の第一冊が仏学塾から刊行された（一八八七年一一月、完結）。この辞書は仏学塾の学問的な記念碑的存在である。

師・中江兆民の生い立ち

加藤拓川はのちに「東洋のルソー」と称された中江兆民を心から尊敬していた。父大原観山が彼の漢学の師であったのに対し、兆民は彼のフランス語だけではなく、何よりも思想の師であった。拓川が兆民と接した頃には、師はこの号をまだ用いてはいなかった。だから、拓川は「中江篤介の塾」などと書いている。篤介も通称で、戸籍上の名は篤助である。兆民と名乗ったのは、一八八七(明治二〇)年八月刊行の『平民のめざまし』からである。

兆民は、一八四七(弘化四)年一一月(旧暦)、土佐国(現高知県)高知城下の山田町(現高知市はりまや町)の足軽家に生まれた。六一(文久元)年二月に父が死去し、五月、家督を継いだが、五九(安政六)年に父が昇進して許された中江姓を名乗ることは認められなかった。六二年四月、開館した土佐藩校文武館に入学、漢学のほかに、「蕃学《ばんがく》」、おそらく蘭学を学んだ。六五(慶応元)年九月、英学を修学するために長崎へ派遣された。学業成績が優秀だったのである。長崎では初めてフランス語も学んだ。

一八六七年五月または六月、土佐藩参政後藤象二郎《しょうじろう》の支援で藩の留学生として江戸表へ出て、フランス語を学んだ。この年の一二月、兵庫開港に際して、フランス公使らとの通訳のために兵庫・大坂・京へ派遣された。六八(明治元)年、中江姓を許され、翌年、土佐藩士族の階級の下から二番目の「五等士族上席」とされた。同じ頃、福地源一郎(桜痴《おうち》)の日新塾の塾頭となり、フランス語を教授したが、長続きせず、同年、一歳年長の箕作麟祥の塾へ移った。のちに原敬が入った塾である。大学中博士(教授相当)だった麟祥の世話であろう、七〇年五月に大学南校(官立洋学校。東京大学の前身の一校）の大得業生《だいとくぎょうせい》（専任講師相当）に就任した。

兆民は七一年秋に内務卿大久保利通に直訴して政府派遣留学生に加えられ、一一月に右大臣岩倉具視《ともみ》を特命全権大使とする遣米欧使節に同行する留学生の一員として渡航し、米国経由で翌年二月（新暦）にパリに着いた。

兆民は、さっそく、一年前からフランスへ留学していた西園寺公望（一八四九〜一九四〇）を下宿に訪ねた。しかし、六月にはフランス第二の都市、中部のリヨンに移住し、弁護士パレーに付いて普通学（一般教養）を学習した。大学入学資格を取るには普通学を修得する必要があったからであろう。リヨンには弁護士たちが開いた自由法律学校（文部大臣認可）があったから、兆民は入学する心算だったと思われるが、入学した確証はない。兆民はフランス語の読解は抜群だが、会話は上手ではなかったようで、小学校か中学校（日本の旧制中学校相当）にも入ったと言われる。

しかし、兆民は大学には入れなかった。文部省が七三（明治六）年三月に留学生を「召還」する通達を出したからである。同年夏、彼はパリへ戻って留学生仲間と反対運動を起こしたが、結論的には適えられなかった。その間、兆民はロンドン在住の同郷人で、のちに自由民権運動の同志となる馬場辰猪《たつい》（一八五〇〜八八）を訪ねた。兆民は、翌年四月にマルセイユを発ち、六月に帰国した。

フランス留学中の兆民は、西園寺のほか、その親友光妙寺三郎（一八四七〜九三）とも親しかった。光妙寺は周防国《すおう》（現山口県）の生まれ。長州知藩事毛利氏の命で一八七〇（明治三）年に留学し、兆民と同い歳だが、西園寺と同様に留学年数がながく、パリ大学を卒業し、法律学士の学位を取得している。軍事視察のために渡欧していた、のちに日露戦争で満州軍総司令官を務める大山巌《いわお》（一八四二～一九一六）とも親しく交際した。兆民は大山にだいぶ馳走になっている。

大山はフランス人よりフランス語が上手だったと言われる語学の天才ロシア人メーチニコフからフランス語を習った。日本語との交換教授である。この語学の天才は三〇カ国語以上も使いこなせたと言われる。後年、彼は兆民の校長在任中に東京外国語学校のロシア語教授になった。大山の仲介なしには考えられないことである。

兆民のフランス留学は、七一年三月にパリに革命的人民政権（パリ・コミューン）が成立し、五月に政府軍に鎮圧されてから間もない頃であった。パリ・コミューンは普仏戦争（ドイツの中心国家プロシアとの戦争）の敗北などに不満をもった労働者を中心とする民衆が政府をパリから駆逐して支配権を掌握し、ヴェルサイユに移った政府軍と戦いながら民衆の要求に基づく政策を遂行した。世界史上最初の労働者政権と言われている。パリ・コミューンを弾圧したのは第三共和制の初代大統領ディエールであった。彼はブルジョアジーの共和派政権の中心的存在として王党派とも闘っていた。兆民は、三つの政治体制、すなわち王制・ブルジョア共和制・社会主義体制の存在を深慮しつつ、帰国したのである。

兆民の知友たち

帰国直後のことは前述した。民権運動との関係に繋げよう。

兆民は、一八八〇（明治一三）年一二月の自由党結党準備会に出席した。自由党は、翌年一〇月、一〇年後に国会を開設するとの詔勅が出された直後、国会期成同盟を中心に結成された。総理に板垣退助、副総理に中島信行《のぶゆき》、常議員（執行委員に相当）には後藤象二郎らと共に馬場辰猪が選出された。

その間、八一年三月、前年一〇月に帰国した西園寺を社長に『東洋自由新聞』が創刊され、兆民が主筆に迎えられた。西園寺はフランス留学中の友人松田正久《まさひさ》（一八四五〜一九一四）に要請されて社長に就任したが、スイスのベルン大学教授で、パリ・コミューンからパリ大学法学部長に任命された急進的共和主義者エミール・アコラース（一八二六〜九一）を後年に至るまで「師」と呼んで憚らなかった彼のことである、主体的意志があったことはもちろんである（アコラースはフランスに帰国していない）。

幹事となった松田はのちに自由党から代議士に当選し、立憲改進党に移り、原敬と共に政友会の実力者となり、衆議院議長を務め、憲政擁護運動でも活動した。その間、西園寺内閣など、四内閣で蔵相・文相・法相に就任した。

光妙寺三郎も、兆民と共に、編輯社員として参加した。兆民が高給だったのに対し、光妙寺は、西園寺・松田と同様に、無給であった。彼は一八八〇（明治一三）年に外務書記官になっているからであろう。駐仏公使館に勤務したが、公使らと意見が合わず、八四年に帰国し、明治法律学校（現明治大学）で憲法学を教授し、大審院（最高裁判所に相当）判事に就任した。九〇年、大審院判事在任のまま、第一回衆議院議員選挙に立候補し、代議士になった。九三（明治二六）年九月に死去。原敬は「死後、まことに貧乏で洗い流したように何も持っていない有様で、友人らの寄付を集めて葬式万端を済《す》ませた。西園寺公望、親友で万事を周旋した」と記している（原「日記」）。西園寺は、兆民の息子丑吉にもそうだったが、光妙寺の遺子の教育も面倒を見ている。

『東洋自由新聞』には、これら、パリのお仲間知識人のほかに、信州の民権運動家で自由党結成に尽力した松沢求策《きゅうさく》（一八五五～八七）ら、地方の民権派社員がいた。

しかし、創刊直後に西園寺に対して天皇の「思召《おぼしめし》」だとして「退社」を勧告する宮内卿徳大寺実則《さねつね》（西園寺の兄）の非公式の「内達《ないたつ》」があった。西園寺はこれに異議を申し立て、天皇に直接意見を聴いてもらいたい旨の「奏文」を提出して抵抗したが、四月、天皇の「内勅」が出され、退職を余儀なくされた。兆民は西園寺退社事件に対して、二度にわたり、同紙に文飾の多い難解な抗議の社説を発表した。松沢は「内勅」をあからさまに批判した檄文を配布し、懲役七〇日の刑に処せられた。こうした経緯があって、同紙は四月末日をもって三四号で廃刊となった。

翌八二年六月に自由党の日刊紙『自由新聞』が創刊され、兆民は社説掛《がかり》となった。しかし、板垣の外遊問題で社長兼社説掛の板垣と社説掛の馬場・田口卯吉《うきち》らが対立し、馬場らが追放されたあと、兆民は板垣外遊に反対ではなかったと思われるが、彼も同紙を離れた。馬場はのちに渡米し、不遇のうちに他界した。

兆民と部落問題・アイヌ問題

一八八五年に兆民は長野県出身の松沢ちの（弥子《いよこ》）と結婚する。のちに学僕となった幸徳秋水の観察するところでは、中江夫婦は対等であった。秋水は、兆民が苦しい家計の遣《や》り繰《く》りをする妻に頭が上がらなかったとも言っている。夫妻は一女（千美）一男（丑吉）を儲けた。秋水は兆民が大変子煩悩《こぼんのう》だったと証言している。

兆民が八七（明治二〇）年末に大阪転居を余儀なくされたのは、保安条例で東京から追放されたからである。保安条例は、同年一二月、自由民権運動の活動者を東京から追放するために公布された弾圧法令である。兆民は『自由新聞』に一時関与した以外には民権運動や自由党の活動に直接参加することはなかった。しかし、八四年一〇月に自由党が解散し、その前後に、農民たちが武装蜂起した秩父事件（一八八四年一〇月）や自由党の指導者だった大井憲太郎らが逮捕された大阪事件（一八八五年一一月）など、激化諸事件に対する弾圧で民権運動が衰退していった経緯を見た兆民は、八六年一〇月、民権諸派が統一して諸要求を実現させる運動（大同団結運動）の主唱者の一人となった。

　この運動は、翌年一二月に始まった言論の自由、軟弱外交の刷新、地租軽減の三大事件建白運動と結合して発展した。右の言論の自由には憲法論議が含まれ、軟弱外交は不平等条約改正交渉を指している。演説の下手な兆民が街頭で熱意を込めて演説した。八八年に高揚したこの運動は、翌年三月、統領だった後藤の裏切り行為（逓信大臣として黒田清隆内閣に入閣）を要因として崩壊した。

東雲新聞

『東雲新聞』に掲載された「新民世界」（1888〈明治 21〉年 2 月 25 日付、『部落の歴史と解放運動　近代篇』〈成澤榮壽著、部落問題研究所出版部〉より転載）

兆民は「大同団結の頭《あた》ま（代表）は先日俄《にわか》に……」と後藤を批判している（『東雲新聞』）。兆民はその過程で他の五六九人と共に追放処分を受けたのであった。

　八八年一月に大阪で『東雲新聞《しののめ》』が創刊され、兆民が主筆となった。翌月、兆民は同紙に二回にわたって未解放部落「渡辺村」の「大円居士」を名乗って全国で最初の本格的な部落問題解決論「新民世界」を発表した。『東雲新聞』の一日平均発行部数は創刊年が二万二〇〇〇部、翌八九年には三万三〇〇〇部となった。当時、全国第一位の発行部数の『大阪朝日新聞』は八八年が三万六〇〇〇部、八九年が四万二〇〇〇部だったから、互いに部数を伸ばしながらも、『東雲』が差を縮めていたのである。ジャーナリストとしての兆民の力量と名声が窺える。しかし、兆民は九〇年三月に『東雲新聞』を退社した。活動の重点を政治そのものに移すためであった。

八九年二月に大日本帝国憲法発布の「恩赦」で、保安条例による追放が解除になった。兆民は四月に入京して居を構え、東京と大阪の往復を重ね、自由党の再興に尽力した。九〇年二月の自由党総会で兆民は常議員に選出された。七月の国会開設へ向けての第一回衆議院議員選挙には大阪第四区から立候補し、選挙運動をしなかったと言われるが、定員二名の一位で当選した。得票数は一三五二票で、二位当選者は七八九票であった。

周知の通り、選挙権は直接国税一五円以上を納める二五歳以上の男性に限られた制限選挙であった（ただし、これは案外知られていないが、北海道民・沖縄県民と小笠原諸島の東京府民を除外）。大阪第四区には選挙権を有する部落関連産業（製革業と製靴業）に携わる未解放部落の業者が少なくなかった。「新民世界」を発表した兆民は、彼らが参加した八八年一一月設立の部落改善団体公道会の発起人にもなっていた。兆民が被選挙人に必要な条件（直接国税一五円以上を満一年以上前に選挙府県内で納入）を満たすために、収入も財産も乏しい兆民に資産などの名義を貸したのも彼らだった。彼らの多大な協力で、兆民は未解放部落の代弁をもする代議士になったのであった。兆民にとって彼らも西園寺らと共に「知友」なのである。

兆民は、第一回帝国議会において、欽定憲法を点検して天皇に上奏することによって、彼が『三酔人経綸問答』で主張する「恩賜《おんし》的民権」（天皇が恵み賜うた民権）を「恢復《かいふく》的民権」（もともと天が与えてくれていた通りに回復する民権）に「進化」させる糸口にしようと、総選挙に出馬する以前から構想していた。理論的リーダーである兆民の構想は自由党の「党議」の第一項に「国会において上請して憲法を点閲する事」として採用される予定となったが、警視庁が認可せず、日の目を見なかった。これほどまでに大日本帝国憲法下では帝国議会の権限は弱く、官憲の権限は強かったのである。

これを最初の挫折として、兆民は、民党（再建自由党・立憲改進党ほか）の政府に対する定見なき妥協、民党内、さらには自由党内の対立、民党からの吏党（政府御用党）への鞍替えと政府による兆民の武器『立憲自由新聞』発行停止処分等々があって、精神的苦痛が激しかった。自由党の非妥協派の中心的存在だった兆民は、九一年二月、政府と著しく妥協した予算削減案の可決によって完全に敗北した。その翌日、兆民は衆議院を「無血蟲《むけっちゅう》」（血も涙もない冷酷な人）の陳列場」と評し、「小生は、近日、亜爾格児《アルコール》中毒病を発症し、歩行が困難で、何分《なにぶん》採決の数に列することが難しく、よって辞職いたします」と、辞職届を議長中島信行に提出した。

彼は帝国議会における未解放部落民の代弁者たり得なくなった。それだけではなく、同時に一般国民（人民）の最も代弁者たり得る立場を失った。兆民は孤独感を募らせた。

一八九一年四月に北海道小樽で『北門新報』（現『北海道新聞』の前身の一つ）が創刊され、兆民はその主筆に招聘された。小樽に亡命中の朝鮮開化派の政治家金玉均（一八五一～九四）が仲介したのである。彼は七月に現地に赴任した。しかし、翌年一月に母柳《りゅう》が他界した（その前日に戸籍を大阪から東京に移している）。兆民は母親孝行の人物だった。四月に小樽に再び赴いたが、同年、北門新報社が札幌に移転し、彼は八月に退社した。

兆民は、九一年九月、『北門新報』に「宗谷紀行」を執筆し、そのなかで、「和人《わじん》」の「土人《どじん》」（先住民族アイヌ）に対する迫害をきびしく批判した。兆民は次のように書いている。

「ああ、我が同胞の日本人《シャモ》どもは、まことに貪欲《どんよく》そのもの、狡猾《こうかつ》そのものの固まりとも言うべき者ども」、「水晶で作った童子《わらべご》のような彼ら土人を威力で恐れさせ、騙《だま》し、その命を懸《か》けて猟獲した熊の毛皮を掠《かす》め取るようなことは、実に恥ずかしい限り、汚《けが》らわしい至りであると言うべきである。開化とは晴れ着を着た社会という意味ではないのか。野蛮とは普段着のままの社会という意味ではないのか。あの思いやりがなく残酷な日本人どもは、その泥で汚《よご》れた絹服で、あの土人の無垢《むく》の普段着を汚《けが》し去り、そして得意になっている」

部落問題の場合、兆民自身はいささかの差別的態度をとることもなく、他の一般（非部落）の人たちをみな差別者ととらえていたわけでもなかった。「新民世界」では末尾で部落問題（という言葉はまだなかったが）を「封建世代の残夢」ととらえ、それから「一覚」することを「旧民」（従来からの平民）などに訴え、みんなが連帯して人間らしく生きられる「新天地」すなわち「新民世界」を実現しようと呼びかけている。兆民は、当時、一般に妄想されていた人種・民族問題と混同した誤った部落問題理解に陥らず、これと明確に区別して、部落問題の属性（本質）を封建的身分（そのものでなく）の残滓《ざんし》（後遺症）であり、それゆえに未解放部落民がそうでなくなることが部落問題の解決だと正しく認識していた。だから解決の展望を原理的に明示することができたのである。

「宗谷紀行」でも、兆民はアイヌに対して少しの差別意識がなく、アイヌのコタン（集落）を訪問して、初対面にもかかわらず、実にうちとけ合って語り合っている。部落問題の場合と同様である。兆民が江戸後期に淡路島の貧農出身の豪商高田屋嘉兵衛が「和人」にもアイヌにも平等に代価を支払っていたことを知っていたか否かはわからないが、自身以外にも迫害者とは正反対の「和人」たちが存在することは知っていた。しかし、この紀行文は、アイヌと「和人」とを対立的に把握し、「和人」一般を糾弾している。それは人種・民族問題であるアイヌ問題が、部落と一般を分離することが解決に逆行する部落問題と異なり、区別（差別ではなく）・分離が不可欠だと、人種・民族問題の属性を兆民が認識していたからだと思われる。「宗谷紀行」は紀行文ゆえに論文「新民世界」の水準からは遠いが、兆民のヒューマニズムが滲み出ている文章であるとは言える。

なお、「宗谷紀行」は『中江兆民全集』第一三巻には、「草稿（『北門新報』）」の一つ、「西海岸にての感覚」として収録されており、「解題」には『北門新報』に「掲載されたものと思われる」とあるが、『北門新報』掲載文である。

「宗谷紀行」に登場するアイヌもまた、兆民の「知友」である。加藤拓川はこの人間みな平等の精神を兆民から深く学んでいこうとした一人であった。

兆民の自由・平等論

中江兆民は『東洋自由新聞』創刊号（一八八一〈明治一四〉年三月一八日付）で、「人であって自由権が無いのは人ではないのである」と言い切った。その上で「自由は取るべき物である、もらうべき品ではない。欲しいままの味を旨《おぼ》えて来た宰相で、一度自由を人民に与えて、惜まず懼《おそ》れない者は古今を通じていない」と明解な原則論を主張した（『自由平等経綸《けいりん》』第三号〈一八九一年四月〉）。今日、日本国憲法第九七条が基本的人権について「人類の多年にわたる自由獲得の努力の成果」だと謳っているのと同じ思想である。

死去直前の著作『一年有半』では、民権について「民権というものは至理（この上なく正しい道理）である。自由平等というものは大義（人の行うべき最も大切な正しい道）である」「王公将相《しょうそう》（王・諸侯・将軍・大臣）がいなくて民があるということは有るが、民がいなくて王公将相が有るということは、未《いま》だにない」と論じている。「君民同治」を強調した兆民だが、共和制をも首肯しており、自由・平等の人権を一人ひとりの人間の何よりも大切なものだと主張しているのである。

既出を除く、兆民の主な著書に目を向けると、八六年六月に哲学概説書『理学鉤玄《こうげん》』が純然たる最初の著作として出版された（集成社）。「理学」とは哲学のことである。翌八七年五月には『民約訳解』と並び称される兆民の代表作『三酔人経綸問答』が刊行された（集成社）。自由民権運動が衰退する過程の内側にあって思索を深めた兆民が国家主義の急速な台頭に危機感を強め、国権論と民権論の対立を論じ、国民本位の立憲政治の確立をめざし、国民に自覚を訴えた政治的思想論書である。相対立する二人と中に割って加わった年かさのもう一人との三人が展開する問答形式のユニークなこの本を、幸徳秋水は「先生の天才が発揮されていて、それがあふれ出ているほどである」と高評した（『兆民先生』）。

続いて八八年一一月には『国会論』を発行した（盛業館）。この本では「政府は元来人民のために設ける機関である。人民がいないのに政府が存在する理由はない。人民は本《もと》である。政府は末である」、「本が無くて末がある」ということは「理にかなっていない。ゆえに政府が行うことの一つひとつはすべて人民の利益のためにするのである」と論じた。このように兆民は、大日本帝国憲法の発布を前に、民主政治を要求していたのである。だから、「憲法発布されると、全国の民の歓《かん》呼《こ》はまるで湯が沸騰するよう」な状況で、兆民は「賜《たまわ》り与えられた憲法が果たして如何《いか》なる物か、玉かあるいは瓦《かわら》か、まだその内容を見ていないのに、まずその名に酔っている、我《わ》が国民の愚かであることと言ったら、他にこんなことがあるだろうか」と嘆いたが、「憲法の全文が到着するに及んで」、「通読一遍、ただ苦笑するだけ」であった（同右）。

民権の哲学者と称された兆民の根幹をなす思想は自由論である。平等は、夫婦間を例に取れば、お互いに連れ合いを無闇に束縛せず、個人の自由を最大限に尊重し合うことによって実現する。兆民は、こうした自由の大切さを深く認識していたがゆえに、徹底した平等主義者たり得たのである。そこで、兆民の自由論を紹介することにしたい。

兆民は、『東洋自由新聞』一八八一年四月二一日付の、フランス革命を念頭に置いた小論文「禍《わざわい》の未《いま》だ萌《めば》えないうちに防《ふせ》ぐ」のなかで、自由権を、それなしには生活できないところの権利であり、したがって、政府が自由権の擁護を妨害しようとすれば、権力に忠実に従うはずの兵士でさえも反抗するに至ると述べている。彼は、人間にとってこれほど大切なものはないと、自由権を広義の生存権として認識していたのである。

これより少し前、前出の同紙創刊号で、兆民は「リベルテー」（英語でリバティ）を「自主、自由、不羈《ふき》独立等」と訳し、これを「リベルテーモラル」と「リベルテーポリチック」の二つに分けた。「不羈独立」は誰が何を言おうと私は私と、個人を独立させる精神のことである。兆民は「リベルテーモラル」とは精神の自由のことであり、「リベルテーポリチック」は思想・言論・集会・結社・出版・表現の自由、参政権など、行動の自由を指すと言い、精神の自由がもろもろの行動の自由の「根基」（基礎）であると論じている。そして「もろもろの自由の類《たぐ》いは皆」精神の自由から出るものであるから、人間は精神の自由を「完全発達」させることが必要だと強調したのである。

兆民は「リベルテー」は訳すのがむずかしいと述べている。福沢諭吉もそう言っていた。これは重要である。わが国では、リバティもフリーダムも、普通、自由と訳されている。自由という言い方のために、リバティの意義までフリーダムのような理解になりかねない状況が見られる。それどころか、ノンリザーブを自由席と言うように、不安定・低収入な労働者を自由労働者・フリーターと呼ぶように、不自由な「自由」さえ存在する。兆民の自由論はそんな自由の理解とは隔絶していた。彼は、豊かな個性、確かな自我の確立があってこそ、本当の近代人（当時の現代人）なのだと、人間の内心の充実、精神の自由を強調し、誰もが自由に生きられる平等社会を標榜したのである。内容を具体的にはほとんど紹介しなかったが、「新民世界」はこうした自由論を展開した論文の一つである。

第二次世界大戦後における民主主義の発達、社会・経済構造の変化によって、今日、部落問題は解決に向かって大きく前進し、大雑把に言えば、基本的には解決したと言いうる段階に到達している。最も障壁が厚いと言われてきた結婚問題も大きく改善され、ほぼ解決したと言える状態に近づいている。しかし、もし仮に、部落と一般（非部落）との結婚の壁がきわめて厚いとしても、当事者二人が日本国憲法第一三条の「すべて国民は、個人として尊重される」並びに第二四条の「婚姻は、両性の合意のみに基いて成立」するの精神に則《のっと》り、個人の独立を堅持するならば、自由な結婚は成立するのである。部落問題の解決と自由権とはこのような関係にある。兆民の言う「リベルテーモラル」論は人権の擁護・伸張の基礎的な思想だと言える。

仏学塾時代における拓川の交友関係

前出「日記」を通覧すると、加藤拓川は一八八二（明治一五）年八月に精神的な病いを癒《い》やすために帰郷した。

八月二日に「早起き」をして「九時に新橋を発《た》って横浜に至り、玄海丸に搭乗し、四日早朝神戸に達し」「午後大阪に至り」、郷友の宇田川匡義《まさよし》を訪ねて「留宿」したところ、「この夜、大風」で「屋」が「動」いた。五日「宇田川と高橋病院に国分青厓を訪ね」、六日「神戸に至って原敬を訪ね」、「午後ベルリン丸に搭乗し」、「風が強かったので淡路島に泊」った。七日「淡路島を発《た》って」、八日「朝三時三津浜港に着き、星を戴《いただ》いて家に帰り、慈母にお目にかかって談話」した。拓川はこのようにして帰省したのである。

国分青厓は、拓川と同じく、平素、病気がちで、時間的にさかのぼるが、『朝野新聞』に入社した年の秋にも彼は「僕、近日病床にあり、起居楽しむことが少しもできず退屈している。足下（友人への敬称）暇があればそれを幸《さいわい》としてお立ち寄りください」、「共に貧を語り合う相手として十分な人物は、足下がおられるだけです」と、拓川宛に葉書を出している。すでに退社していたようだ。拓川のことである。すぐさま、見舞いに行ったことであろう。

帰郷した拓川は、「夜明けを待って」「諸友」の「来訪」を受け、翌九日には先祖の供養もしたらしいが、一三日（日曜日）には友人六人と道後温泉で「小集会」を開き、一八日には道後の薬師堂で「懇親会」を催し（参会者三〇人）、「帰途」友人二人と「浴泉」するというような日々を送った（「日記」）。

その間、拓川は九月八～一〇日付の地元の『海南新聞』（『愛媛新聞』の前身の一つ）に朝鮮問題についての論説を掲載している。この年の七月に朝鮮の首都漢城《ハンソン》（ソウル）で兵士・貧民による反政府・反日の暴動が起こった（壬午軍乱《じんご》）。この反乱は閔氏一族による朝鮮政権が近代化に向けて日本からの士官を招いて、近代的部隊を創設し、それにばかり肩入れしたため、不満を持った旧来の部隊の兵士たちが自分たちと共に物価、殊に米価騰貴に苦しむ下層市民と起こした暴動で、政府高官と日本公使館が襲撃された。日本政府は、参議・参謀総長山県有朋を中心にいっそう軍備拡張をすすめ、立憲改進党の中心的存在で理論家の小野梓《あずさ》を始めとして、これに反対し、朝鮮・清国と友好関係を増進すべきだとする主張も興った。師兆民も朝鮮問題に強い関心を寄せていたから、おそらく拓川も壬午軍乱を平和的立場で論評したものと思われる（拓川「僕と新聞記者」〈『大阪新報』一九〇九年八月二九日～九月一日付参照〉）。

郷里の友と飲んで遊んで心の病いが癒えた拓川は、次のような足取《あしど》りで東京へ戻った。

一〇月三日「慈母」らに見送られて三津浜を出発し、四日午《ひる》に「浪華《なにわ》（大阪）に達し」、その夜「自分の宿」へ国分が「来宿」したが、五日には今度は自分が国分の「寓居」へ「移居」し、「原敬を大東新聞に」「訪ね」た。九日、「原は自分及《およ》び国分を誘って」遊里のある歓楽街「南地《なんち》」（難波《なんば》新地）で「遊び大いに酔い」、自分が原の所へ「留宿し」、一〇日、「原を訪ねて別れを告げ、午後神戸に至り、四時に乗船し」た。一三日夕「横浜に達して留宿し」、一四日夕、母方の叔父の「寓居」を「宿」とした（「日記」）。拓川はすぐにでも兆民に会いたかったろうが、あいにく、師は「西遊」中であった。

「日記」を通覧して気がつく一つは、帰京後の拓川が、一〇月二八日に「天守教師ツルペンを訪ねて以来、足繁く築地（現中央区築地）の「天守」教会（カトリック）へ通い、一一月七日に僧正ズーフと「午餐《ごさん》」を共にしたその日に「築地に」「移居」していることである。この点について羯南は「仏蘭西《フランス》へ行こうというので、語学練習のため」「天守教会堂に寄宿して居た」と書いている（『子規言行録』序）。しかも、「日記」には一一月二四日に「久松公、築地に移住した」とある。ただし、翌八三年一月一日には「浜町旧藩候を訪ねる」とあるように、もちろん、浜町邸は存在していた。その前後から拓川は、築地の久松宅へ旧藩主定昭の嗣養子定謨《さだこと》（一八六七～一九四三）にフランス語を教えに出入りしている。定謨のフランス留学の準備のためである。定昭は夭折《ようせつ》しているので、子規と同年の定謨は当主であり、「久松公」とは定謨のことである。したがって、築地の家は彼が拓川から学ぶための久松氏別宅ということになる。拓川は仏語の発音を学びに、一時、カトリック教会に住み込んだのである。

「日記」を見てもう一つ気づくのは、拓川が八二年一一月四日に東京で「原を訪ね」、同一一日に「いつものように通学」したあと、神田の「開花楼《（ママ）》」で原・羯南らと八人で会食し、一二月二〇日に原を外務省に訪ねていることである。

余談を二つ。その一つは、「いつものように」とあるが、「日記」には「通学」があまり記されていないことである。「日記」は主として飲酒と遊山の交友録なのである。その二は、「開花楼」は開化楼の誤りである。一八七七（明治一〇）年開業のこの料亭は文明開化からその名を採った。それをのちに開花に改めた（現在は新開花）。開化楼はよく明神下と書かれているが、当時は神田明神と明神下を結ぶ男坂（石段）の中間点にあった。隅田川の花火がよく見えたそうである。島崎藤村と秦《はた》冬子は、九九（明治三二）年五月、この開化楼で結婚披露宴を催している。

「日記」の原についての記事は、原が、拓川・青厓と「痛飲」したあと、大阪の『大東日報』をやめ、外務省入りを果したことで理解できる。原のその前後を少し解説する。

原は『郵便報知新聞』では、最初、フランス語の新聞からの翻訳をしていたが、英国流の立憲君主制を標榜する署名入りの社説を書くようになった。大変早く「出世」したわけである。『報知』は福沢諭吉門下が主流だったから彼の論説は社の論調と矛盾してはいなかった。ところが、明治十四年の政変（一八八一年）で、明治政府の重鎮であった大隈重信が薩長藩閥に追われ、翌八二年四月、大隈を総理として結党する立憲改進党の主要メンバーになる福沢門下の追放組（矢野文雄・犬養毅《つよし》・尾崎行雄ら）が『報知』に入社した。その結果、彼らが論壇を牛耳るに至り、原は立場を失って辞職したのである。そこで彼は、八二年四月、『大東日報』の主筆になった。同紙は前月に結成した福地源一郎らの吏党的な（政府寄りの）立憲帝政党系の新聞で、原は変節・転向したことになる。

しかし、帝政党は反動勢力の烏合《うごう》で、翌年、早くも解党してしまった。その紛争が『大東』社内にも及び、原は一〇月末に退社した（廃刊）。彼の拓川・青厓との「痛飲」は憂《う》さ晴しだったのだろう。原は直ちに入京した。一一月に入って、おそらく羯南が呼びかけの中心になって、歓迎会を開いた。なぜ、羯南か。当時の羯南は生活の不安定さもあって、品川弥二郎との関係で帝政党に傾斜していた。このときはまだ、新聞『日本』の自由な立場の羯南とは違うのである。

品川の長州閥の先輩で藩閥政府中枢の一人井上馨《かおる》は帝政党の結成や『大東日報』の創刊に関与していた。井上は自由民権運動の発展を抑止するための反動勢力づくりに尽力していたのである。井上や品川は、不満をもってすぐやめるような若者、しかし、有能な青年を吏党的な新聞記者や手足となる官僚として使おうと物色していた。原や羯南はその網に掬《すく》われたものと思われる。原の『大東』紙時代に朝鮮で壬午軍乱が起こり、外務卿の井上が下関まで出張した際に、彼は記者として同行している。原は、一一月、井上の推薦で外務省御用掛《がかり》に任用され、羯南は、既述の通り、翌八三年六月、太政官御用掛に採用された。原は『大東』と同じく月給八〇円、羯南は五〇円であった。

その後、原は八三年末に始まった清仏戦争（八五年六月の天津条約で清国はヴェトナムの宗主権を放棄し、フランスの保護権を承認）の際に天津《テンチン》領事を務め、天津にいた清国の直隷総督兼北洋通商大臣李鴻章と折衝して「功績」をあげた。その間、彼は、前述の壬午軍乱の後、朝鮮政府と結んだ済《チェ》物浦《ムルポ》条約で駐兵権を得た日本軍の支援を受けた金玉均の一党が、閔氏政権打倒のクーデターを起こして失敗した朝鮮の甲申政変《こうしん》（八四年一二月）に関する正確な情報を外務省へ送信し、外務卿井上馨・参議伊藤博文らの信頼を得た。こうして原は、外務省幹部候補と目され、八五年五月、駐仏公使館書記官に任命された。

原が外務省へはいったころ、拓川はどうしていたのか。「日記」には八二年一二月二三日に仏学塾の忘年会があったとあり、その「帰途、初見八郎・田部香蔵と又飲」んだとある。翌日の夜、同い歳の「小山久之助と遊」んだ。前日に意気投合したのであろう。このあたりから仏学塾の友人が「日記」に頻出する。

翌八三年六月一八日の条には「老友平田宗質病死」と「中江篤介翁を訪ねる」とが記されている。二つの記事には脈絡はない。「日記」はほとんど事実だけが極端な漢文で書かれている。しかし、平田の記事には「薩摩の人、樸実《ぼくじつ》（正直でかざらない）で気節（意気と節操）が有る。享年三七歳。大きな志をもっていたが死んでしまった。大変惜しいことである」と哀惜の情が綴られている。拓川は同志意識で、「老友」と呼んでいるが、平田は兆民より年長で、田中耕造（一八五一〜八三）・野村泰亨《やすゆき》（一八五二〜一九三五）らと共に兆民の助教（準教授相当）であった。彼は、西南戦争勃発直前の七七年一月、同じく薩摩出身でのちに仏学塾で一緒になった大山綱介（のちに外務官僚）と共に、肉親・知友、郷里が気懸かりで仕方なく、遠く鹿児島まで警視庁一行に同行した人である。

拓川には「田部香蔵の旧稿の後に書す」（一九二一年成稿）がある。「自分は、昔、兆民先生の塾に在学していた。当時、同学の人々は若く気鋭であって、各《おのおの》広い社会で大きな仕事をすることをもって自身の任務としていた」に始まるこの漢文は、拓川在塾当時、「最年少」だった代議士田部香蔵の才能を称えて書いた一文である。この文章は「同学」として田中・小山久之助（一八五九〜一九〇〇）・酒井雄三郎（一八六〇〜一九〇一）らの「議論文章」を高評し、「頽然《たいぜん》（くずれた様）として老」いている者として初見八郎（一八六一〜一九三〇）・荒井泰治（一八六一〜一九二七）らの名をあげている。

「頽然」には酔いつぶれる様という意味があり、拓川はその意味で用いていると思われる。と言うのは、彼は誰彼となくいつも飲んでいるが、八三年三月を見ると、初見とは一七日・二六日・三〇日に飲んでおり、二六日の「日記」には「白日、痛飲した」とあるからである。拓川は同期の彼ととくに親しかった。初見は下総国（現千葉県）猿島《さしま》出身。フランス学に秀で、高知の泰平学校仏語教員を務め、のちに衆議院議員となった。同じく「頽然として老」いたる荒井は仙台の人。塾で拓川と親しかった奥山十平・佐藤郁二郎らと仙台義会を設立し、学術雑誌『仙台義会雑誌』を発行した。のちに台湾商工銀行頭取・貴族院議員を務めた。この二人は飲んでばかりいたのではなさそうだ。

拓川と親交のあった右の面々のうち、最も著名なのは酒井雄三郎である。彼は肥前国（現佐賀県）小城《おぎ》出身。兆民に従って民権思想の普及に努めた高弟で、九〇年、農商務省の嘱託としてパリ万国博覧会に派遣され、パリ大学で学んだ。社会主義への関心を強め、ヨーロッパ各国の社会主義を日本に紹介し、九一年、第二回インターナショナル大会（国際労働者大会）に最初の日本人として出席した。九七年、社会主義論や普通選挙論などを研究した社会問題研究会の設立に参加し、一九〇〇（明治三三）年、朝日新聞社特別通信員となって再渡仏したが、パリの宿舎で事故死した。酒井は、竹越与三郎と共に、西園寺公望のもとに集まる知識人の代表的存在であった。彼は民権思想から社会主義思想への中継的役割を果たした社会評論家と評価され、兆民門下中、幸徳秋水に次いで知られている。

田中耕造は江戸生まれ。兆民の元老院権少書記官当時、同院の大書記生であった。仏学塾の経営に協力し、塾の事業である『政理叢談』誌編集・刊行の中心的役割を果たした。彼は八三年一一月八日に他界した（「日記」）。兆民にも塾にも彼の死は大きな痛手であった。

小山久之助は信州小諸の出身で、『政理叢談』の編集・刊行に加わった。のちに代議士。兆民や秋水に小諸まで応援に来てもらっている。兆民に従って行動した愛弟子で、師の歿前に死去した。病床の兆民は彼の病状を気遣う書翰、死去を悼む手紙を秋水宛に書き送っている。

満鉄の最高幹部になった伊藤大八、塾の助教だった野村泰亨も「日記」にしばしば登場し、漢文「田部香蔵の旧稿の後に書す」にはその名は出てこないが、拓川と親しかった。兆民校閲の『仏和辞林』の翻訳・編纂には伊藤・初見らも積極的に携わったが、その中心となったのは野村であり、彼は兆民のフランス学の高弟であった。

拓川は、足繁く兆民を訪問した。漢学の師・岡鹿門にもしばしば会いに行った。平田が他界した日の兆民訪問は仏学塾を辞する意を伝えるためのそれであった。拓川は、渡仏準備のため、同月二七日に帰郷の途に就いている。拓川は「田部香蔵の旧稿の後に書す」の筆頭に平田を記している。人情に篤い師弟二人は平田の死を心から悼んだことであろう。

III

外交官人生——帝国主義の狭間で

子規の入京と勉学――陸羯南・夏目漱石との出会い

一八八三（明治一六）年六月一七日、拓川は旧藩主の嗣養子久松定謨に随行してフランスへ留学する旨を報告するために師兆民を訪問した。「日記」によると、その前後から、羯南や初見ら仏学塾生との飲酒や遊山が増加し、旧師岡鹿門や原を訪問してもいる。その合い間に昼間、「客を避けて翻訳」をしたり、忙しく活動していた。

羯南と会う頻度が高いのは彼との友情とも係わって重大な理由があった。それは子規（常規《つねのり》）の入京と勉学の件である。拓川のところには子規からしきりに嘆願と催促の手紙が来ていた。拓川は、六月一日、「常規の手紙に返答を作」った（「日記」）。「六月二日正午投」と「日記」にあるこの手紙が『子規全集』収録の子規宛拓川書簡一二通の最初である。拓川は、

「先日来、しばしばお手紙が到来しております。東遊（入京）をご希望のご様子で、しきりに返書をご催促なさっていますが、いちいちその通りに思います。しかしながら、当方より一言も答えないのは、答えたくないからではありません。よい答を聞かしたいがためであります。愚叔《ぐしゅく》（叔父の賤称）は常に自分の承諾を重んずるがゆえに、たとえ他人であっても一言約束したことは決して破ることをいたしません」

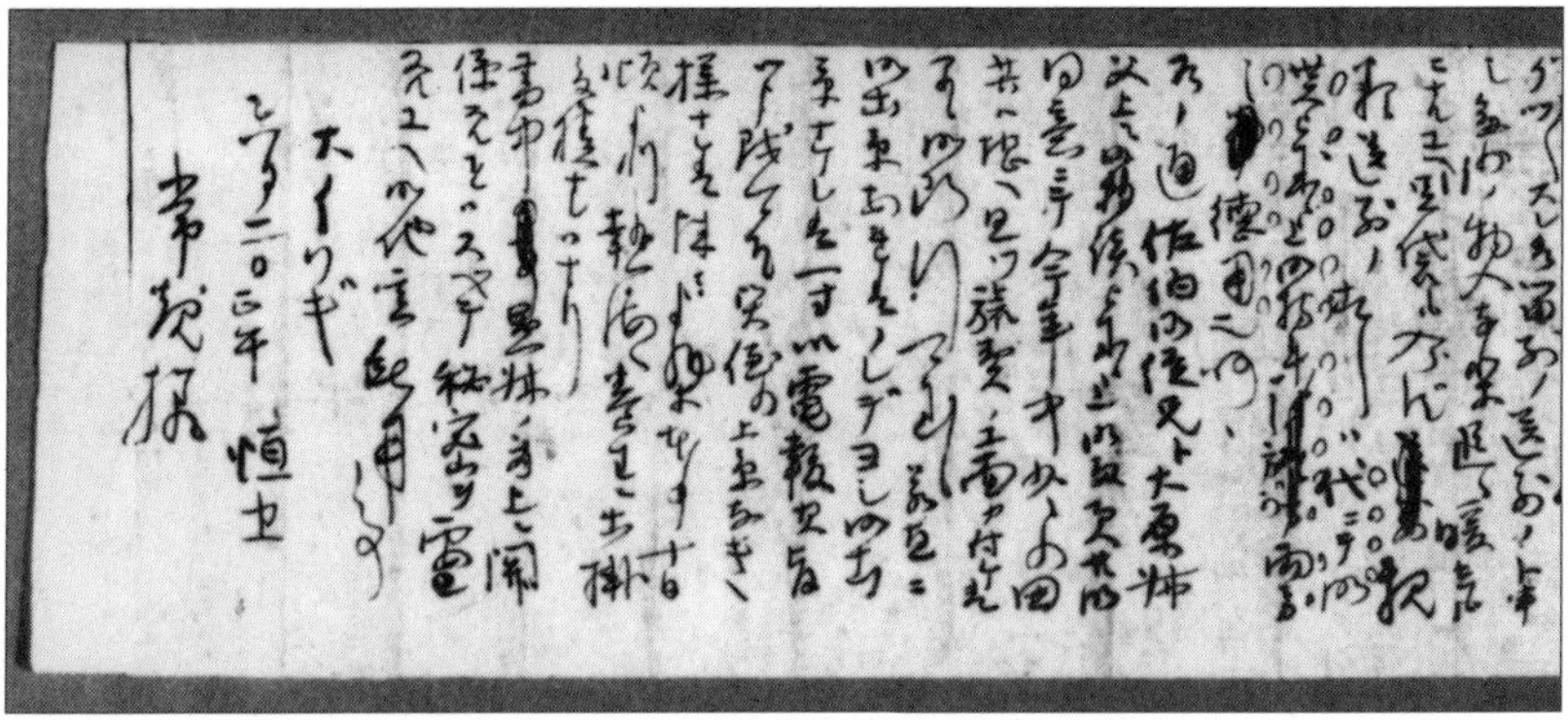

拓川が子規に入京を促すために書いた手紙（部分、1883〈明治 16〉年６月２日付、松山市立子規記念博物館蔵）

「恒忠叔父」は「七、八の両月間は東京にはいないつもりです。九月は用事がある。一〇月は遠遊のはずである。それならば、今の内にただちにおいでになられてはどうだろうか」。「右の通り、佐伯御従兄（年長のいとこ）と大原叔父上（後見人恒徳）」の「ご同意を得て」「旅費の工面が付き次第、早々とご断行されるのがよろしいでしょう。もし直ちにご入京するのであればそのままでよい。ご入京がすぐでなければ、一寸《ちょっと》お電報でその旨をお申し越し下さい」。「ことによると、本月一〇日頃より熱海へ養生に出掛けるつもりがあるからです」

などと認《したた》めた。「佐伯御従兄」とは子規の父の兄の息子佐伯政《まさ》直《なお》のことである。老人たちの「姑息《こそく》な心配」や余計な支出があるから、来るなら、「単衣《ひとえ》の着替え」一枚も持ってすぐ来いと返事したのである。外遊も言わず、そのための帰省にも触れていない。「養生」に行く心算などは、もちろん、あるはずもなかった。実に見事な返信だ。

拓川は自ら然るべき定職を得てから子規を入京させようと考えていたとすれば、留学によってその機会を逸した。彼は、甘える性格の持ち主である子規だから、むしろ自分がいない方がよいと考え直したのであろう。それで拓川は、同郷人・身内以外では、特に羯南に甥を託そうとしたのである。彼は甥を羯南に鍛錬してもらおうとしたのではなかろうか。

拓川の返書は六月二日に投函され、子規は八日に読んだ。彼は愛媛県立松山中学校（現松山東高校）をすでに五月に中退していた。一〇日に松山を出発した。子規の母八重は「来いという手紙の来た翌々日松山を出立しました。単衣物を一枚こしらえるというので、夜通し縫うた事など覚えて居ります」と証言している（「母堂の談話」）。

子規は神戸に上陸して一泊し、再び船で、一四日早朝、横浜港に着いた。横浜停車場（現桜木町駅）から七二（明治五）年に開通した汽車で新橋停車場（のちに汐留貨物駅。現在は高層ビル街）に到着した。子規は翌年に起稿した随筆『筆まか勢《せ》』に「去年六月一四日、自分ははじめて東京の新橋停車場に着いた。人力車で東京市日本橋区浜町（現中央区日本橋浜町）の久松邸まで行くのに銀座の裏を通ったが、こんなにきたない処《ところ》かと思った」と東京の第一印象を綴っている。彼が拓川と会ったのは翌日である。拓川は子規（常規）が「三並《みなみ》と一緒に来た。三並は晩に帰った。常規は泊まった。一六日、常規が帰った」と認《したた》めている（「日記」）。叔父は甥の将来について相談に乗ったのであろう。拓川は五月五日から向島（現江東区）の料亭東屋《あずまや》に下宿していた（「日記」）。六月二日付子規宛書簡には「東京向島梅若東屋」とある。

「日記」中の「三並」とは子規の二歳年長の三並良《はじめ》（一八六五〜一九四〇）という幼《おさな》なじみで、二人はいとこ同士である。彼は子規と小学校・中学校を通じて漢詩を作る仲間「五友」の一人であった（秋山真之は「五友」には入ってはいない）。松山中学校から愛媛県立医学校に転校したのち、子規より一年早く八二（明治一五）年に入京して独逸《ドイツ》協会学校（現独協大学）に入学した。しかし、長州藩閥色の強さに反発してストライキのリーダーとなり、退学処分を受け、ドイツ人宣教師のミニ学校に学び、受洗した。信仰雑誌『真理』を創刊し、九一年の「教育勅語」不敬事件では内村鑑三（一八六一〜一九三〇）の擁護に立ち、一九一〇年、日本ゆにてりあん協会が設立されると、その副会長に選出された（会長は安部磯雄）。また、一二（大正元）年、友愛会（のちの日本労働総同盟）の創立に加わり、評議員に就任した。二九年、官立松山高等学校（現愛媛大学）が創立されると、第一高等学校から転任し、のちに二代教頭になった。権力に迎合しない態度を終生貫いた牧師・哲学者として知られる。三並はあこがれの先輩拓川を頻繁に訪ねていた一人であった。

羯南は子規との初対面の印象を次のように記している（『子規言行録』序」）。

（拓川が）ある日、自分の寓居に来ていろいろ話したなかに、「このごろ、国元から甥のヤツが突然やって来たが、まだホンの小僧で何の目当《めあて》も無く、何にしに来たのかと聞いたら、学問しに来たと言っていた。僕も近々外国へ行くのだし、世話も監督もできるじゃなし、いずれ同郷の人に頼んで行くつもりだが、君の処へも行けと言って置いたから、来たらよろしく逢ってくれたまえ」という話もあった。二、三日たって、やって来たのは一五、六の少年で、浴衣一枚に木綿の兵児帯《へこおび》、いかにも田舎から出たての書生ッコであった。しかし、どこかに無頓着な様子があって、「加藤の叔父が行けと言いますから来ました」と言って、ほかに何も言わない。「ハァ加藤君から話がありました。これから折々遊びにおいでなさい。私の宅にも丁度アナタ位の書生がいますからお引き合わせしましょう」と言って、自分の甥を引き合わせた。

最初、彼は子規に頼りない印象をもったようだが、その続きには「やがて段々話をする様子を見ると、言葉のはしばしに余程大人じみたところがある。相手になっている者は同じ位の年齢でも、傍《そば》から見ると、丸で比較にならない」、「流石《さすが》に加藤の甥だと、この時、早くも感心した」と書いてある。羯南は子規をよく観察したのである。しかし、拓川の「日記」からすると、拓川が羯南に甥のことをそれとなく頼みに行ったのは、子規入京以前のように思われる。

その年、子規は現在の予備校に当たる神田の須田学舎、次いで同人社を経て共立《きょうりゅう》学校で東京大学予備門（第一高等学校の前身）に合格するために勉学した。共立学校で後に首相になり、二・二六事件で暗殺された高橋是清《これきよ》（一八五四〜一九三六）に英語を教えられたことは事実である。高橋は暗殺された原敬の後継首班であった。

翌八四（明治一七）年三月、子規は久松屋敷内に住む居候先の叔母藤野十重の夫漸《すすむ》に推薦され、旧藩主久松氏の育英会（常盤《ときわ》会）の給費生に選抜され、給費七円の支給を受け（書籍代は別支給）、極貧状態から脱出し、他家に下宿することもできた。同年夏、彼は不得意な英語を学ぶために進文学舎へも通った。ここでは坪内逍遙（一八五九～一九三五）に教えを受けた。逍遙は八三年に東京大学法学部政治経済学科を卒業し、東京専門学校（早稲田大学の前身）の講師に就任したばかりであった。子規は「先生の講義は落語家の話のようで面白いから聞く時は夢中で聞いて居る。その代わり、自分らのような初学な者には英語修業の助けにはならなんだ」と書いている（『墨汁一滴』）。しかし、九月、大学予備門予科に合格し、入学した。

予備門予科の文学関係の同級生には夏目漱石（一八六七～一九一六）・山田美妙《びみょう》（一八六八～一九一〇）らが、一学年上には尾崎紅葉（一八六七～一九〇三）がいた。郷友の秋山真之（一八六八～一九一八）も一緒に入学した。

真之は子規の東京行に大いに影響を受け、兄好古の承諾を得て、松山中学を中退し、入京したのである（八三年）。彼は、子規と同じように、旧藩主邸を訪問し、しばらく厄介になり、東京市麹町区平河町（現千代田区平河町）の元旗本屋敷に下宿する兄の居候となった。好古は八七年に留学するまでに東京で四度下宿を変えた。真之が世話になったのは二度目の下宿である。真之は子規のアドバイスで共に共立学校に学び、予備門予科に合格したのである。しかし、真之は、兄と同様に、常盤会の給費金を申請しなかった。県の学事課少属《しょうぞく》（下級公吏）であった父が公私の別に厳格で許さなかったからである。

好古は小学校の教員から軍人に転身した変わり種である。彼は、拓川と同様に、中学校はもちろん、小学校にも行っていない。藩校と観山の私塾で学んだのち、拓川が入京した一八七五（明治八）年一月、文学を志して大阪へ出、堺県（現大阪府）の助教検定試験に合格し、河内四拾五番小学校の五等助教になった。月給七円。次いで一カ月後、三等助教試験に合格して、大阪市の野田小学校に転任した。月給九円。三カ月勤務して五月、年齢を二年鯖《さば》を読んだにもかかわらず、官立大阪師範学校に入学が許可され（第三期）、翌七六年七月に卒業し、愛知県三等訓導（正教員）に採用され、愛知県立名古屋師範学校付属小学校に配属された。同校の主事（教頭）をしていた同郷人和久正辰《わくまさたつ》が引いたのである。月給三〇円。しかし、好古は真之の上級進学と親元への仕送りを考えて軍人になろうと考えた。けれども、師範出には三年間の教職勤務の義務がある。だが、和久の入れ知恵で好古は義務年限前に非常手段で教員を辞めることにした。すなわち翌七七年二月に依願《いがん》免職の形をとって三月に東京府予備教員に転じたのである。予備教員は名目だけの教員にしておく制度である。

好古は一八七七年五月に陸軍士官学校に入校し（第三期）、七九年一二月、士官学校騎兵科を卒業した。二〇歳。陸軍騎兵少尉に任官された。翌年七月、早くも東京鎮台（のちの第一師団）騎兵第一大隊小隊長に就任した。八二年に陸軍大学校学生候補に選ばれていた彼は、翌年四月、同校に入校した。すでに中尉になっていた。この年、彼は「末弟真之を東京に招致」した（「秋山好古年譜」中の「私歴」）。

真之は陸大に通学する好古と生活リズムが違い、一部屋で兄弟が寝起きする窮屈さがたまらなくなって、兄から離れ、子規の下宿へ移り、共に帝国大学（東京大学の後身。東京帝国大学の前身）をめざした。しかし、彼は、学費・生活費を支弁してくれている兄が勧める海軍（軍人）になることを決意し、八六年に海軍兵学校に入校した。

さて、子規は、八五年六月、第一高等中学校（大学予備門が四月に改称）予科の学年試験に落第し（語学と数学の学力不足のため）、留年となった。やがて親友になる漱石は、病気のため、進級試験を受けられず、同じく原級留めおきにされた。子規は八七年四月から高等中学の寄宿舎に起居したが、翌年四月、拓川と同じように、寄宿舎の賄「征伐」に加わり、九月に常盤会の寄宿舎に転居した。寄宿舎は、前年、久松氏が同郷の「書生」たちのために東京府本郷区真砂町（現文京区本郷真砂町）に建てた。子規が入寮した翌年、寄宿舎の監督は内藤鳴雪《めいせつ》（一八四七～一九二六）になった。鳴雪は子規の影響で俳句を始め、格調高い句で一家をなした。子規と漱石は同年七月、高等中学予科を卒業し、九月、共に本科文科に入学した。二人は、九〇年六月、共に卒業試験に合格し、翌月に本科を卒業、九月、帝国大学文科大学（のちの文学部）に入学することができた。子規は哲学科に入り、翌年二月、国文科に転科した。漱石は英文科に入り、成績優秀のため、文部省貸費生に選ばれた。子規の常盤会給費金は一〇円にアップされていたが、彼は、九二年七月、成績不良のために落第し、翌年九月には親類縁者が猛反対するなかで退学した。漱石は、この年五月、在学のまま、東京専門学校の講師となり、翌年七月、文科大学英文科第二回卒業生となり、大学院に進み、一〇月、学長外山正一《とやままさかず》の推薦で東京高等師範学校（東京教育大学の前身）英語教諭に就任した。年俸四五〇円。

その間、子規は八九（明治二二）年五月に喀血《かっけつ》し、およそ一週間続いた。その後も吐血を繰り返した。最初の吐血のとき、時鳥《ほととぎす》の句を数多く作り、初めて子規と号した。子規はほととぎすの異名である。漱石は最初の喀血時に子規へ見舞の手紙を認《したた》め、初めて俳句を記し、子規の随筆・詩集『七草集』（一八八八年）の批評を漢文で書いた。このとき、彼は初めて漱石と号した。子規は幼少から漢文に親しみ、中学時代は、自由民権運動に共鳴しつつ、友人たちと漢詩文作りに熱中していた。東京へ出てからは、漢詩を多作し、短歌も作ったが、俳句は八七年夏に帰省してからのようだ。八七年は野球に夢中になり始めた年である。漱石の見舞状をもらった子規は英語の得意な漱石が漢文に秀でていることに感心している。漱石は八二（明治一五）年に東京府立第一中学校（現日比谷高校）を一年で退学し、二松学舎で漢文を学んでいた。

子規と漱石は、もちろん、入学時から互いに相手を見知っていたには相違ないが、文学的な交友は八八年夏、高等中学予科卒業のころと言われている。文芸評論家の瀬沼茂樹は、本科に入学してからの子規との「邂逅《かいこう》」（めぐりあい）が文学者・思想家漱石の将来を「卜《ぼく》する」（定める）「重大な事件」だと書いている（『夏目漱石』）。ことに漱石の紀行文『木屑録』（一八八九年）に子規が記した「跋《ばつ》」（あとがき）にある二人の「辱知《じょくち》（かたじけなくも大変よく知ってくれている）」関係が、漱石の芸術・思想に直接的な「切磋を加え」た（磨きをかけた）と論じている。

子規は政治を志望して入京した。勉学の目的も政治家になることにあった。のちに彼は「一六、七歳頃の自分の希望は太政大臣となることにあった」と書いている（『仰臥漫録《ぎょうがまんろく》』）。共立学校で八八年『荘子』を聴講して哲学を志望するようになり、イギリスの経験論哲学に接して志望の度を強め、同年、美学という学問を知り、詩歌・絵画を哲学的に論ずるべく、美学を学ぶことを決意した（『筆まか勢』）。しかし、子規が在仏中の拓川から知人に託してドイツの詩人ハルトマンの『美学』第二巻を届けられたのは帝大入学の九〇年九月のことだが、翌年二月には国文科へ転じてしまった。漱石は、こうした子規の「移り気」とも言うべき思想的変転に翻弄されながら、しかし、刺激を受けて自らの思考を体系的に深化させていったのである。

拓川のフランス留学――「盗賊主義」批判

加藤拓川は一八八三（明治一六）年一一月にフランスへ留学に旅立った。

その前に、六月に帰省している。帰省前に、二五日に羯南と飲んだ。原と子規が話題になったことだろう。二六日、同郷の先輩へ挨拶に行き、二七日に横浜港で玄海丸に乗った（「日記」）。二九日に神戸港へ着き、同乗の田部香蔵らと別れ、別便で三津浜に到着した（「日記」）。家に帰ると「慈母」が大変喜んだ。七月には、西日本第一の高山石鎚山《いしづちやま》（一九八二メートル）に登り、郷友に「懇親会」を開いてもらい、道後温泉に遊び、あとから松山入りした定謨と一緒に松山城址（城山）へ行った（「日記」）。八月になって、四日「久松公の宴に侍《はべ》り」、八日「親戚や昔なじみを訪ねて別れを告げ」、九日「慈母・伯父伯母・兄弟姉妹・甥姪に別離の挨拶をし」、「見送られて三津に至り」、

「午後、久松公に随って出帆」した（「日記」）。

定謨・拓川一行は、神戸入港のあと、途中、奈良・京都に遊び、二〇日に伊勢神宮へ向かった。京都・大津間は三年前に鉄道が開通していたが、大津からは東海道を歩き、鈴鹿峠（海抜三五七メートル）を越えてその日のうちに関宿《せきじゅく》（現亀山市）に至って一泊した。翌日は日永《ひなが》（現四日市市）の追分《おいわけ》で東海道と別れ、伊勢本街道を進み、伊勢山田に宿を取った。二二日に参宮。二四日に四日市港を出航し、二五日、横浜に入港、日本橋浜町の久松邸に泊まった（「日記」）。帰京後の拓川は羯南・青厓・初見らと同宿し、子規・三並らを呼び、飲んでいた。九月一七日には青厓と柳橋《やなぎばし》第一の料亭亀清楼《かめせいろう》で遊んだ。豪勢なものである。四年前、「共に貧を談」じたであろう二人とは思えない。

一一月九日午後、拓川は小山久之助ら友人に新橋停車場で見送られ、横浜まで同道した羯南・青厓・初見・子規らは一泊し、翌朝九時出帆のフランス郵便船タイナス号乗船の拓川・定謨らを見送った。一行は、一六日夜、香港に到着し、上陸した。拓川一行は一八日夜、別の船へイオ号に移り、船内で子規に手紙を認《したた》めた。横浜で撮影した記念写真を羯南・初見、親類・同郷人へ発送することや衣類などの後始末を頼んでいる。へイオ号は二〇日正午に出航、一二月二三日にイラウア号に乗り換え、三〇日にエジプトのスエズに到着し、越年した。八四年一月二日朝、スエズ運河のポートサイドに着き、八日、マルセイユに入港し、一〇日夕、同地を出立して一二日朝にパリのリヨン停車場に降り立った（「日記」）。拓川の「明治一五年八月より同一七年一月に至る日記」（漢文）

マルセイユ旧港（2002年撮影）

はここで終わっている。あとは「明治二〇年　西葡《スペイン》出張日記」に飛ぶ。

拓川は、松山市立子規記念博物館の特別企画展図録『拓川と羯南』（一九八五年）の「年譜」によると、八四年の「春、（パリ）法科大学と私立政治学校に入学」している。しかし、前掲『拓川集』の「略年譜」はこの年「一月巴里《パリ》着」とあるだけで、翌々年六月まで空欄である。図録が正しいとしても、管見では、何をどのように学んだのかは全くわからない。しかし、拓川のフランス語は文章・会話共に秀でていたとする証言は多いから、勉学に励んだことは間違いない。一方、日記の記述は欠けているが、翌八五（明治一八）年五～一〇月には大阪の『立憲政党新聞』に「巴里通信」を毎月二回、一二回にわたって連載した。

そのなかには五月二二日に他界したビクトル・ユーゴーに関する記事長短五篇がある（五月二九日・六月五日パリ発）。「ビクトル・ユゴー死す」では、ユー

パンテオン（2008年撮影）

ゴーは「共和政治」を倒したナポレオン三世の「虐政」を「痛論」して「稜威《りょうい》」（皇帝の逆鱗）に触れ、ベルギーに亡命したが、「那《ナ》帝の非道を責め」、「仏帝《ふってい》」が敗れ「共和政府」が復活するや、帰国して「大いに士気を鼓舞した」と記し、「凶報《きょうほう》」に「全国の老若男女は父母を喪《も》するがごとく」、「フランスのユゴーではなく、ユゴーのフランスであると言うに至った」と報じている。

「仏人詩聖の病《やまい》を訪う」は、五月二三日に下院では賛成四一五票、反対三票で、上院では全会一致でユーゴーの国葬、五万フランの国葬費支出を議決したことを報じ、末尾には「政党分裂のフランスにおいては珍しい決議であると知るべきだ」とある。「葬式」には、「官報」がユーゴーを「パンテオンに葬るという布告」を掲載したと報じ、「パンテオンは国に大勲のあった人の遺骸を埋むる場所で、（フランス）革命の時、ミラボー（初期の指導者）を葬ったのを始めとし」、「ここに埋められれば自分だけでは受け切れない死後にまで及ぶ名誉である」と解説している。この記事はユーゴーの葬式が「俗葬」（無宗教）で営まれることも伝えているが、パンテオンは、ユーゴーの遺体安置以後、非宗教の「神殿」となった。ボルテール、ルソー、エミール・ゾラ、キュリー夫妻なども葬られている。ゾラはドレフュス事件の活動により、自由と人権、共和体制の擁護者として葬られたのである。

「ビクトル・ユゴーの国葬」は、六月一日の「国葬式の行列の人数は約二一万人」で、午前一一時に始まり、午後六時過ぎに終わったと報じ、「パリ市中の花の売りあげ高は百万余円に及んだ」と伝えている。「仏国に天下の三傑あり」は、一九世紀の「三傑」として、ユーゴーとスエズ運河を開通させたレセップス及び女優のサラ・ベルナールをあげ、その書き出しには「凡《およ》そ外国人の仏国《ふっこく》に遊ぶもののうちで、三傑の写真を土産に持ち帰ることは、日本で言えば、宛《あたか》も伊勢神宮や金《こん》比羅《ぴら》宮の御《お》守《まもり》を受けるようなものだ」とある。サラ・ベルナールについては、英国王が即位式に自ら招待し、彼女が参列したことを記し、「内外に重んじられている」のは「芸以外に人格があるからである」と認《したた》めている。拓川は彼

サラ・ベルナール（1844～1923。1898年撮影、『島崎藤村「破戒」を歩く』〈成澤榮壽著、部落問題研究所発行〉より転載）拓川より30年後に渡仏した島崎藤村はサラ・ベルナールの「老熟した演技」を観た（島崎藤村「戦争と巴里」）。写真のベルナールは拓川が最初に観劇した時点と藤村が観劇した時点との中間点で撮影されている。

女の演劇を何度も観ているようだ。

一連の記事を通覧すると、帝政の専制を排し、共和政治に共感を寄せて執筆していることが理解できる。もう一つ、大事なことは、坪内逍遙が『当世書生気質《かたぎ》』を分冊で刊行を開始して「文学士」が小説を書くということで大変話題になった八五年に、役者（河原乞食）、しかも女役者が尊敬を集め、文士が国葬になる彼《か》の国の様子を文明が半開で半封建の日本人に伝えようとした拓川の精神である。さすがに兆民の弟子だけのことはある。

拓川には、翌年の春に草した「愛国論緒言」という一文が残っている。フランスの思想家パスカルとモンテスキュー、イギリスの哲学者スペンサーの言を用いつつ、二七歳の拓川は次のように認《したた》めた。

愛は天賦《てんぷ》（生まれつき）の人情である。人々が自らの生命を惜しむのは自己を愛する証拠であって、父母・兄弟の痛苦を痛み、隣家の火災を気の毒がらない人がないのは親戚や郷党（郷里の人びと）を愛する証拠である。したがって、己《おのれ》を元にして、その考えを人に及ぼし、広く世界の同胞に及ぼすことこそ、本物の人情であると知るべきである。ところが、いまや愛国主義の発動はとかく盗賊主義と化して外国の怨みを招き、外国の怨みは人類総体の怨みとなるがゆえに、人間の世界にこの心（盗賊主義）がある限り、天下太平を望むことはむずかしい。天下太平がならないで人類の開化を望むことは旱魃《かんばつ》のやせ土に五穀豊穣《ごこくほうじょう》を祈るようなものである。

要するに、拓川は「盗賊主義」すなわち弱肉強食の暴力的覇権主義である帝国主義に発展する「愛国主義」の「発動」のある限り、「天下太平」「人類の開化」は望めないと論じ、「己」を愛し、「親戚・郷党」を愛するように「世界の同胞」がみな愛し合えるようにするには孔子《こうし》が教える「忠《ちゅう》恕《じょ》」（自己の真心《まごころ》を尽し、他人への限りない思いやりを持つこと）が大切だと主張しているのである。

彼は「緒言」に続けて、七章と結論からなる「愛国論目次」を掲げている。一「愛国の本義（本当の意味）」、二「愛国心の過去・未来」、三「土地所有権と愛国心の関係」、四「電信・鉄道と愛国心の関係」、五「愛国心より起る古今経済学者謬説《びゅうせつ》（誤った学説）」、六「天下を乱る《（ママ）》（乱す）ものは愛国者なり」、七「愛国の臣たらんよりは寧《むし》ろ盗臣たれ」、結語「真正の愛国心」が、それである。「盗賊主義」化した「愛国主義」「愛国心」を否定した、人間愛・人類愛こそが「真正の愛国心」なのだと、拓川は書きたかったのであろう。

フランスで拓川は、フランス語だけでなく、こうした天賦人権思想を学び、兆民と同様に、それと漢学・儒学とを結合させて思考したのである。

原敬の周旋で外交官に——駐仏公使館勤務

一八八五（明治一八）年五月に駐仏公使館一等書記官に任命された原敬は、八月に清国から帰国し、およそ二カ月後、外務卿の井上馨に見送られて横浜を発った。彼が着任したのは一二月二日夜であった。拓川は、公使館の二人の書記生らと共に、リヨン停車場で彼を迎えた。九日には、原は拓川ほか一人と演劇を観に行っている。おそらく拓川が誘ったのであろう。このように、拓川のフランスを始めとするヨーロッパでの動静は、しばらくの間、原の詳細な日記によってのみあきらかになる。原「日記」の厄介になることにしよう。

原は、さっそく、拓川の世話をする。一二月一一日、「福地源一郎に書状を送り、加藤恒忠、通信承諾の旨、申《もう》し送る」（原「日記」）。原が『大東日報』主筆時代から知己であった福地は『東京日日新聞』（『毎日新聞』の前身）の社長をしていた。拓川はそのパリ通信員となることを承諾したのである。「報酬」は「留守宅に送る約束で」。八六年四月、拓川は英国へ行き、二〇日にパリへ戻ったことも原「日記」なしにはわからない。

六月一七日、原は「加藤、交際官試補に任せられた旨、電報を得」た。彼は三月一〇日に拓川を「書記生に採用する」よう「発電」していたのである。原は「加藤の俸給について電報には通知がないので、問い返しの電報」を打った。その上で彼はこの件を「加藤氏へ通知」した。返電は一九日に来た。「加藤は奏任官五等、年俸四五〇ポンドであると」（原「日記」）。奏任官は判任官と勅任官の中間で高等官に属する。拓川は六月二一日から公使館に出勤した（原「日記」）。辞令は六月一五日付で出ている。かつて原は、年は不明だが、浪人中の拓川宛て二月二二日付葉書に「そのうち、望人（求人）もあるでしょう」と慰めの言葉を認《したた》めている。彼は自らの伝《つて》で拓川を外交官に就任させることができたのである。外務大臣（井上）秘書官斎藤修一郎の原に宛てた六月二五日付「内啓親展」書簡に「加藤恒忠氏のことはご満足のことと存じます」とあるから、原は井上に拓川の就任を要請したものと思われる。

原がパリに赴任したとき、駐仏特命全権公使蜂須賀茂韶《はちすかもちあき》はスペインへ出張中で、原は着任半月後にこの元徳島藩主に初めて面会した。蜂須賀は幕末に公武合体派の大名として活動した人物である。当時、私費を要する公使には大名華族がしばしば任命されていた。彼はその一人であった。駐仏公使のほかスペイン、ポルトガル、スイス、ベルギーの公使を兼任していた。蜂須賀は、八六年七月に、「賜暇《しか》」休暇（天皇から「暇」をもらう休暇）の形で退官した。彼の離仏後、九月二三日、原は臨時代理公使を兼ねた。八六年五月からフランスとの不平等条約の改正交渉が始まったから、フランスの外相に対する説明など、原は在外公館の代表として条約改正にも係わった。にもかかわらず、パリには皇族や大臣、政府高官が頻繁にやってきて、原は彼らへの対応に追われた。

拓川は、八七年一一月に公使田中不二麿に随行してスペインとポルトガルへ出張した。田中は六月四日に公使に任命され、一〇月五日に着任していた。彼は元司法卿で、第一次松方正義内閣でも法相を務めた。彼もスペインとポルトガルの公使を兼ねていたから、国王・摂政《せっしょう》（皇后）に国書を提出し、新任の謁見を行い、公使としての任務を遂行し、拓川は彼を補佐したのであろう。翌年一月にパリへ帰任した。

この年、拓川はベルギーの首都ブリュッセルへ二度出張している。四月の出張は駐独特命全権公使西園寺公望に面会することが主な任務であった。オーストリア公使だった西園寺は、八七年六月に駐独公使に任ぜられ、一二月にベルリンに到着した。彼は駐仏公使に代わってベルギー公使を兼任したので、拓川は公使の代理として任務の引き継ぎに出張したのである。ベルギーは今日ではフランス語とオランダ語、ごく限られた地域ではドイツ語も公用語だが、当時はフランス語だけが公用語であったから、西園寺や拓川にはお手のものの出張地であった。西園寺と拓川は初対面だったが、以後、拓川病歿までながく親交を重ねた。八月にはブリュッセルで西園寺と二人で晩餐を共にした。このときは兆民が話題にのぼったことだろう。

伯爵久松定謨はサンシール士官学校に入学することが決まった。しかし、拓川は外交官の職務があり、世話役を務めることができなくなっていた。彼の代わりに秋山好古が世話役を務めることになった。八六年、好古は東京鎮台参謀に補せられ、騎兵大尉に昇進していたが、七月に本職を免ぜられ、自費によるフランス留学を許可された。八七年、横浜を出発し、九月、パリに着いた。

八八年六月、好古もサンシール士官学校の聴講生になった。フランス陸軍省から「受講することを例外的に許可する」旨の八八年五月三一日付公文書が日本の陸相・外相宛に送られている。のちに九〇年一月二九日付で好古は陸軍省から「仏国留学」を「仰付《おおせつ》」かった。一年間の官費留学を認められたためである。学資金一六〇〇円が支給された。久松氏からの給金一〇〇〇円と俸給の半額の上にである。九一年八月、聴講期間を終えた好古はルーアンの竜騎兵第一四連隊に勤務し、一年間、実地研究に精を出した。定謨も士官学校の二年課程を同じく八月に卒業し、ツール歩兵連隊付《づき》として配属され、士官実習に励んだ。定謨は在京の原宛一〇月一九日付書簡に「陸軍大臣より電報にて陸軍歩兵少尉に任」ぜられたと報じている。

好古と定謨は九一（明治二四）年一二月に帰国した。好古の四年余りの留学は軍人では異例の長期間であった。日本陸軍は、大山巌がフランス中心に長期にわたる欧州視察を行ったことにも示されている通り、当初、近代軍隊をフランスから学ぶ方針であった。しかし、好古が陸大でドイツから招聘された教官から参謀教育を受けたことからあきらかなように、八三年に至って、プロシア（ドイツ）軍側から普仏戦争を観戦し、ドイツの勝利を実地に見聞した陸軍卿の大山がドイツ方式採用に踏み切った。しかし、好古は騎兵はドイツよりフランスの方が遥かに優秀であると学んで帰国したのである。彼は東京の騎兵第一大隊中隊長に補された。定謨は最終的には陸軍中将になった。

拓川と好古・定謨との交流は二人が士官学校を出てからの九〇年の拓川「日記」に頻繁に出てくる。定謨は一月二日にツールから来て、九日に帰っている。拓川は六日に「秋山の病」を見舞いに行った。官舎で好古は高熱を出していた。「日記」には定謨の名はないが、同行したことは間違いない。拓川は一三日にも見舞っている。平素、壮健な好古は医者嫌いで、薬も飲まずに治癒した。

発疹チフスだったらしい。

反対に病弱な拓川は医者と薬に頼り切った。九〇年一〇月末から一二月一二日まで、静養のためにサンクルー村へ、治療のためにヘレー亭というパリ郊外のホテルへ行っていた。彼は毎日のように「国手《こくしゅ》」（名医）に「来診」してもらいながら、「この夜、眠らず、ゾラ翁の劇評を読む」まではよかったが、一一月三日、「天長節」（天皇睦仁の誕生日）の日に、好古らと「合戦徹夜（徹夜マージャン）、翌午後に至る」こともあった。「花戦（花札）、明《あけ》に至」ったこともある。とは言え、「終日読書」、「読書不出」の日が多く、ゾラの小説に集中していたようで、一二月一五日の「日記」には「夜、ゾラの小説を読み了《おわ》る」とある。ゾラの主な小説を全て読了したということであろう。彼はのちに在京の松山同郷文芸会の席上でフランス文学、ことに自然主義文学を論じたことがある。夜、観劇に出掛けることもあった。「痛《いたみ》が甚々《はなはだ》」しくないときのことであろう。

拓川と好古が一緒にツールへ定謨を訪ねたことがあり、拓川がルーアンに好古を訪ねて宿泊し、翌日夜、好古にパリまで送って来てもらったこともあった。定謨と三人でベルサイユへ一泊で出掛けたこともある。三人の親交は拓川が他界するまで続く。

同じく昵懇《じっこん》の間柄だった西園寺とは手紙のやりとりも多い。東京から任地の拓川に日本の様子を詳しく頻繁に知らせているのは西園寺と原であった。拓川が二度目の駐仏公使館勤務のときのことだが、西園寺は彼に「中江篤介がまた東京にあり、時々面会しています」と書き送っている（一八九二年一二月二八日付書簡）。ベルリンからの「鶴前先生」（拓川）宛八九年三月一五日付西園寺書簡には「近日より英国へご一遊の由、伝え聞いていますが、真偽はどうでしょうか。本年は六、七月頃、貴地へ漫遊の企てがあります。その頃はパリにいらっしゃいますか。どうでしょうか」とある。拓川は、五月のロンドン出張のあと、パリで駐独公使の西園寺に会っている。一緒にモナコ公国のモンテカルロへも遊びに行ったこともある。西園寺は拓川を他者に「友人」と呼んでいる。

西園寺は公務で行ったベルギーへの帰り、ベルリンへの帰途であろう、駐仏公使館によく「来視」「来話」した（「日記」）。「来話」の主な相手が拓川だったことは間違いない。拓川は西園寺をホテルに訪ね、宿泊もしている。公務のベルギー行でないときにも、西園寺はパリへ頻繁に来ていた。先の拓川採用に触れた斎藤修一郎の原宛書簡には「蜂須賀の跡役は西園寺です。当年中には赴任するでしょう。蜂須賀より良なり」とある。西園寺は駐仏公使に予定されていたのであった。それが変更になった。西園寺はベルリンよりもパリを望んでいたのではなかろうか。しかし、当時のことである。外交官として必要な交際面でとくに有能な西園寺は「鉄血宰相」ビスマルクのドイツに赴任させられたのである。

八八年の秋から冬にかけてスペインへ再出発した際にも、拓川は、公務の合い間に、古い教会や宮殿を観光し、スペイン舞踏や闘牛も見物した。バルセロナ博覧会には三日間も通い、行き遭《あ》ったフランス留学中の画家久米桂一郎と「同遊」し、「二少女を見」たと記している。彼はヨーロッパで旺盛な好奇心を発揮していたのである。

原は八八（明治二一）年末に帰国命令を受け取った。翌年二月二四日にフランスを出国し、四月六日に神戸に入港、一九日に東京に着いた。直ちに外務省に出頭し、二七日に農商務省参事官に転任した。

八七年、第一次伊藤博文内閣は憲法草案準備と不平等条約改正で忙殺されていた。欧米列強との条約改正交渉の主な目標は領事裁判権の撤廃と関税自主権の確立であった。条約改正に関して意見書を出した農商務相谷干城《たてき》が罷免となり（七月）、ついで外相井上馨が辞任した（九月）。外相は伊藤が兼任し、保安条例施行のあと、翌年二月、大隈重信がその任に就いた。同年四月、伊藤に代わって薩摩藩閥の黒田清隆《きよたか》が首相に就任し、大隈は留任した。井上は七月に黒田内閣の農商務相になっている。井上に近い斎藤修一郎が原を農商務省へ引いたとも言われているが、原の岳父（妻の父）中井弘宛の八八年一一月一九日付大隈書簡（返信）によると、外務省の「都合」で「大山綱介を原氏の後任に任命し」、「同氏が帰朝の上は農商務省に採用することを井上伯と相談いたしておきました」とのことであった。大隈寄りの『報知』退社の一件もあり、おそらく大隈が原を避け、井上が信頼し、才能を買う原を引き取ったのであろう。大山は、拓川の「老友」平田の友人で、拓川にとっては仏学塾の先輩である（六一ページ参照）。任官は拓川より一カ月早いだけだが、二等書記官でパリに赴任し、二月一二日に公使館で原と事務引き継ぎをした。

原は、井上のあと、岩村通俊・陸奥宗光両農商務大臣の秘書官を兼ね、とくに陸奥に能力を高く評価された。帝国議会対策に忙殺されている陸奥のもとで、彼は控え目にしながらも、事実上、省内を仕切ったと言われる。原は、九二年三月、陸奥の退任と共に辞任した。しかし、同年八月には陸奥が外相に就任すると同時に、通商局長として外務省に復帰している。原は八月一三日の「日記」に「六カ月目にて再び就職である」と認《したた》めている。

一方、拓川は九〇年一二月一二日に一一月六日付の「御用帰朝の命」を受け取った（「帰朝前記事」）。おそらく病気のため、自ら申請（願出）していたのであろう。拓川は急に帰国仕度に忙しくなった。「帰朝前記事」を見ると、まず同日、久松邸・原・兄恒徳・香港領事館などへ「帰朝を報じた。そのあと、パリを発つ前夜の夜半過ぎまで忙しく友人たちと別れを惜しんだ。好古と語り合い、最後の晩餐のあと、遊びに出掛け、定謨と会い、公使館員と最後の「花戦」をやった。最後の「観劇」は一人であった。

二六日午後七時にパリを発った。大山書記官ら、公使館員、好古・定謨らが見送った（「帰朝日記」）。前夜、夜中まで「痛飲」した「伊地知農学士」は日本まで同行する。二八日午後四時、前夜泊めてもらった「黒川技監」らに見送られてマルセイユ港を「出帆」した。翌年一月四日、スエズ港に至り、六日、夏服に着換え、二七日、冬服に戻り、二九日、香港に着いた。

原「日記」の一月二二日の条に「仏国に在留している友人加藤恒忠が近日、帰国のはずなので、香港まで書状を送り置いた（宮川副領事に頼み）」とあるから、拓川は原の書簡をここで受け取ったことであろう。原のことである。東京ではインフルエンザが流行しているから気をつけよなど、細々《こまごま》と認《したた》めていただろう。同じく原「日記」の一月二六日の条には「在仏の加藤恒忠より来信があった。一二月二八日（去月）の便船にて出発、帰朝の見込みである」云々とある。両日の日記とも拓川のことだけが書かれている。

拓川は二月六日午後二時に神戸に入港し、翌日午後二時に「出帆」、「下痢、不眠」状態のまま、八日午後四時に横浜に「到着」した（「帰朝日記」）。原「日記」の二月九日の条には「加藤恒忠氏は、昨日パリより帰京したということで、本省へ来訪した。出入九年ぶりで帰朝した」とある。原は、この日、農商務省へ訪ねてきた拓川との再会を、喜びを抑えて淡々と記している。拓川の「帰朝日記」の最後は「（八日）夕、入京」し、親類の歓迎会があったのであろう、姉の十重ら「二夫人の琴はとても心地よかった」である。

外相秘書官・フランス再赴任

加藤拓川は一八九一（明治二四）年三月六日に公使館書記官に任命され、八月一六日に改めて外務省参事官に就任し、政務局勤務を命ぜられた。ついで一〇月三〇日に外務大臣秘書官に任ぜられた。外相は第一次松方内閣の、大津事件（九一年五月に起きたロシア皇太子襲撃事件）で引責辞職した青木周蔵《しゅうぞう》の後任、幕臣出身の榎本武揚《たけあき》であった。戊辰《ぼしん》戦争時に箱館（函館）で新政府軍と戦って降伏した、あの榎本である。
前掲「加藤恒忠略年譜」には「三月六日、公使館書記官に任ず」のあとに「奏任官四等」を授けられたとあるが、これは誤りである。「（明治）二八年一二月末日迄《まで》通算海外高等官在職年数調《しらべ》」

によると、拓川が二等書記官の五等三級に叙せられたのが九二（明治二五）年一〇月二五日だからである。ちなみに一等書記官の大山綱介は同じころに四等三級になっており、のちに拓川の義弟になり、外務大臣を務める石井菊次郎（一八六六～一九四五）は三等書記官で一一月に六等三級になっている。

拓川は、帰国した翌年三月二九日、駐仏公使館の二等書記官に任ぜられ、わずか一年半たらずでパリに舞い戻り、七月に再び公使館で勤務についた。

その間、一月二日に外相秘書官として、条約改正問題であろう、駐日イタリア公使と「激論」を交わし、その「帰途」、首相松方正義及び法相田中不二麿を訪問し、西園寺に歌舞伎に「招観」され、入京した「慈家兄」恒徳と尾上「菊五郎が演ずる塩原多助を観劇」し、二月、「下痢」をしながら、初見らと「大酔い」になり、三月、「久松伯の祝宴」に侍り、「田中（不二麿）子爵の晩餐」や駐日「清公使の午餐」に招かれ、「原の新居」や羯南らを訪問し、三〇日から翌月一〇日まで病床に臥《ふ》した（「日記」）。

四月二一日、郷里に向かい、二四日、三津浜に至り、五月一二日まで松山に「滞留」し、一九日に「帰京」した（「日記」）。この時は三津浜から松山停車場まで一八八八（明治二一）年秋に日本最初の軽便鉄道が開通したからそれに乗ったはずである。二一日、西園寺と「対酌《たいしゃく》」、二四日、羯南・原・青厓・日南ら七人と「別飲」し、二七日、弟恒元《つねもと》や子規と「墨堤《ぼくてい》」（隅田川畔）に遊んだ（「日記」）。

パリのリヨン停車場（2008年撮影）。拓川らが利用した当時と外見はほとんど変わっていない。

六月にはいって、二日、西園寺らが「別会」の宴を開いてくれ、三日には、後日、フランスで世話をすることになる小松宮彰仁《こまつのみやあきひと》から「招飲」された。好古と何度も歓談したことは言うまでもない。原は五月三一日の拓川送別会に出、六月五日には拓川を「横浜まで見送」った（原「日記」）。

拓川は、「痳痛《りんつう》」（腹・腰の病気の痛み）のうちに、六月五日、東京を出発、七日、神戸を出航し、七月一五日、マルセイユに入港、一七日にパリに着いた（「日記」）。同日、石井菊次郎らがリヨン停車場まで出迎えてくれ、午後、公使の野村靖に対面した（「日記」）。野村は長州閥で、前職は枢密顧問官（憲法に基づく天皇の最高諮問機関である枢密院の議員）、のちに内相となった。

東京で拓川との別離を惜しんでくれた人びと

のうち、西園寺は賞勲局総裁を、原は外務省通商局長を、好古は士官学校馬術教官を務めていた。羯南・青厓・日南は共に新聞『日本』で活動し、子規はまだ帝大落第の直前だったが、六月、新聞『日本』に初登場し、俳句革新に着手するところであった。

拓川の二度目の駐仏公使館勤務で随分時間を取って対処しなければならなかったのは「ポルトガル事件」であった。

一九世紀後半、英・仏両国がリードするヨーロッパ列強のアフリカ分割競争が激化するなかで、普仏戦争（一八七〇～七一年）に勝利したドイツのビスマルクの提唱により、八四年にベルリン会議が開かれ、分割の恣意的「ルール」、すなわち「実効支配」の原則が決定された。ヨーロッパ最初の植民地所有国であるポルトガルは「歴史的所有権」を主張したが、一蹴されたのである。そこでポルトガルは、八六年、大西洋側のアンゴラからインド洋側のモザンビークを結ぶ植民地帝国の領有権を独・仏の内諾を得て主張し、実効支配を進めた。しかし、九〇年、エジプトから南アフリカに至るアフリカ縦断政策を採る英国から即時撤退を要求され、期待した独・仏の協力が得られず、その最後通牒《つうちょう》の受諾を余儀なくされた。そのため、ポルトガルの王党政府は国民の信頼を失った。英国の最後通牒に抗議した一部共和派が九一年に起こした反乱は未遂に終わったが、以後、共和派の反王政運動は持続的に展開され、一九一〇年には共和革命が一応成功した（政情不安は続く）。拓川の言う「ポルトガル事件」とは、一連の共和派の暴動や政変であると思われる。

彼は「日記」の九二年八月一七日の条のあとに「九月一〇月は葡国《ポルトガル》事件のため、別に公用日記あり」と認《したた》め、二カ月間、「日記」を記載していない。異例のことである。事件に集中していたことが窺える。拓川はしばしばフランス外務省へ赴き、ときには公使に随行して外相らと「面会」し、本国外務省とも「機密」の「来電」「送電」を繰り返している。ポルトガル外相からも公使宛に「来電」があり、駐仏ロシア公使が「来訪」して「密話」を交わしたこともあった（「日記」）。

「ポルトガル事件」は拓川の嫌悪する列強の「盗賊主義」と係わる問題であり、彼にはやり切れないことだったはずである。しかし、列強とはわが国の不平等条約の改正問題が絡んでおり、彼としてはめずらしく、辛抱して取りくまざるを得なかったことであろう。拓川は一貫して筋を通した人物だったと言われるが、必ずしもそうではなかったのである。

九三年五月一四日、野村に帰国命令の翌日、曽祢《そね》荒助《あらすけ》「公使任命」の「来電」があり、曽祢は九月一二日に着任した（「日記」）。曽祢も長州閥であり、前職は衆議院副議長で、のちに農商務相・蔵相・韓国統監などを務めている。野村の帰国、曽祢の着任の間（五～九月）、拓川は臨時代理公使であった。一一～一二月、曽祢に随行して、スペイン、ポルトガルへ出張した。マドリードでは摂政（皇后）に公使新任の「謁見、国書捧呈《ほうてい》」を行い、首相・外相を訪問し、リスボンでは国王・皇后に「謁見」、外相と「面会」した。マドリードでは英・仏・独・伊・オーストリアの各国大使（公使ではなく）とも「面会」している（「スペイン出張日記」）。これは条約改正問題の折衝であろう。

日清戦争が行われた一八九四～九五年の「日記」は、至極簡単である。相変わらずスペイン、ポルトガルに出張はしているが、九四年六月二五日のフランス大統領の暗殺と同年一二月八日のパリ

Ⅳ

日清・日露戦争期の拓川とその知友

日清戦争をめぐる西園寺公望と原敬の動向

日清戦争は朝鮮の支配を巡る日本と清国の戦争である。わが国は、一八七五（明治八）年に朝鮮に軍事的強圧（江華島事件）を加えて締結させた日朝修好条規をもとに、朝鮮を「独立」国と見なし、清国との宗主・従属関係を否認し、朝鮮に対して宗主国であることを主張する清国との対立を激化させた。こうした事態のなかで、甲申政変後の八五年、陸奥宗光主導の日本外交は、両国が朝鮮に出兵する際には相互に事前通告することを約束した天津条約の締結を得た。

一八九四年二月、甲午《こうご》農民戦争（東学教徒が中心となった農民の蜂起）が勃発し、六月、朝鮮政府がその鎮圧のために清国へ出兵を要請したので、これに呼応して日本も出兵した。しかし、日本の軍事的介入を恐れた農民軍の指導者は朝鮮政府軍と和解し、身を引いた。そのため、日本公使館の警護と居留民の保護の名目で大兵力を派遣していた日本軍は駐留する名分を失った。

そこで陸奥と参謀次長川上操六の主導で清国との開戦を不可避にする方向が打ち出された。日本軍を撤退させず、陸奥主導で清国が反対することを見通した日清両国による朝鮮内政の共同改革を清国に提案した。しかし、予期した通り、清国、朝鮮の同意を得ることができず、結局日本は清国との開戦の大義名分を手にすることができなかった。そこで日本は朝鮮国王を捕らえ、日本に対して清国排除を正式に依頼させることにし、綿密な作戦計画をもとに七月二三日未明、朝鮮王宮に侵入してこれを占領し、国王を「とりこ」として清国軍攻撃の口実を得た（中塚明『歴史の偽造をただす』）。そして二五日、朝鮮の豊島《プンド》沖における日本海軍の清国軍艦に対する砲撃によって、日清戦争は開始された（宣戦は八月一日）。

西園寺は、日清戦争前の九三年一一月、貴族院副議長に、戦中の九四年一〇月、文相に就任した。そして戦後の下関講和条約の締結（九五年四月）や三国干渉の処理（受諾。同月）のあと、病床にある陸奥に代わり、明成皇后（閔妃）暗殺事件時（後述）には外相臨時代理の任にあった。ついで九六年四月に兼任外相となった。

その間、彼は、対清宣戦布告直後の八月二〇日、特派大使として朝鮮に派遣された。伊藤は女婿《むすめむこ》の末松謙澄《けんちょう》を西園寺に付けた。外務省編『日本外交文書』には「朝鮮国皇室慰問使」とあり、その外相宛「復命書」には「国王及び王妃に謁見し、また大院君（国王の実父）を始め、朝鮮人中の有力者たちや外国の公使らと往来・交際して、対朝鮮政策について微力の及ぶところは考究・計画に怠らなかった」とある。日清開戦について日本軍が事実上軟禁している国王や武力を背景に面会を強要した明成皇后（閔妃）に申し開きをし、大院君らの動静を観察・見聞しに行ったのであろう。このときの西園寺について岩井前掲『西園寺公望』は日清開戦の経緯を「逐一承知していたことはまちがいない」と記している。

次に、原は日清戦争にどのように係わっていたであろうか。この時期の原「日記」も、拓川の「日記」と同じく、とは言っても、拓川ほどの極端さはないが、飛び飛びになっており、もともと所感（感想）は非常に少ないが、所見（意見）も少なくなっている。しかし、陸奥が他界した九七（明治三〇）年八月二四日の原「日記」には「陸奥伯が薨去《こうきょ》した」、「伯が農商務大臣となるに及んで」「伯と初めて公用を共にするに至った。以後、今日に至るまで自分は全力を挙げて伯を補佐し、伯もまた、深く自分を信任した。そして今日、幽明《ゆうめい》（あの世とこの世）を異《こと》にした。悲しまないようにしたいと欲するが、どうしてそうできようか」と、感情を露わにして、以下、死直前の二人の言葉のやり取りを細々《こまごま》と綴っている。策士中の策士であった陸奥に「深く」信頼された原は、日清戦争中は通商局長であったから、前掲『日本外交文書』の日清戦争関係文書にも登場してはいないが、「全力を挙げて」外相を「補佐」したことは間違いないのである。

原は西園寺が外相臨時代理に就任する直前の九五年五月に外務次官になっている。陸奥の巧妙な人事だと言えよう。原は西園寺の臨時外相代理・兼任外相・外相時代の次官であったが、西園寺を批判的に見ていた。「自分が西園寺を助けたことは少しばかりではなかった。しかし、彼は、かつて陸奥伯が評した通り、あまりにも単純で不熱心、かつ周到な意思もなく、自分が苦労することには限りがなかった。その割には彼が自分の尽力を認めているとも思われず、実に呆《あき》れかえるばかりだった」とのちに回想している（原「日記」一九〇七年一月一三日の条）。

これは三国干渉や明成皇后（閔妃）殺害事件などへの対応が念頭にあっての言であろう。明成皇后（閔妃）殺害事件とは、三国干渉後、時の「親日」政権に対抗して国王や王妃がロシアに接近するのを断ち切るため、元陸軍中将の日本公使三浦梧楼が日本軍守備隊と大陸浪人らに、一〇月八日未明、王宮を襲撃させ、明成皇后（閔妃）を殺害、遺体を焼いた事件である。王妃を殺害された国王は、翌年三月、ロシア公使館に避難し、親露政権を成立させた。

陸羯南は日清戦争をどう見たか

一方、羯南と新聞『日本』は日清戦争前後にどのような態度を取ったのであろうか。新聞『日本』のナショナリズムの論調は、対欧米列強問題では、強圧的な列強に対してあまり批判的ではなく、条約改正交渉に見られるような、列強に卑屈ないしは軟弱な態度を取り続ける日本政府に対してきびしい批判を向けるものであった。ところが、対朝鮮・清国問題では、清国の中華思想に基づく華夷《かい》（漢民族を文明の中心・最上とし、他を野蛮・未開民族とする）の秩序を否定しつつ、西欧文明を基準に日本よりも開化の遅滞している両国をストレートに批判するものが多くを占めた。

羯南は、そうした立場から、閔氏政権も清国政府も朝鮮の開化を阻んでいると一方的な「理解」を示し、天津条約に基づくわが国の「正当」な「遺兵の目的」は「必ずしも居留人の保護に止まらない」とした（『日本』一八九四年六月九日付、「朝鮮事変の大勢」）。その一方で、甲午農民戦争の勃発に際して、幕末の攘夷・倒幕運動を念頭に、同情の念を示している。「二〇余年前においてはわが国もまた東学党があったことを記憶すべきである」、「彼等（当時の倒幕派だった人々）は隣邦《りんぽう》の東学党に対し、定めて同情を持っているはずだと思う」、「そうでなければ彼等は人情を解しない者である」と（『日本』一八九四年六月一二日付、「東学党の志を悲《かなし》む」）。

政府首脳でさえ、日清開戦に至る経緯を正確には知らされていなかったのだから、やむを得ないことではあったが、羯南は概要をも正確には知らなかった。政府筋から出される一方的な、かつ欺瞞に満ちた情報をもとに思索し、論じたのであった。早くから「西洋」に対する「東洋」を強く意識していた彼は、「東洋」の平和と朝鮮の真の独立を願っていた。そのための朝鮮派兵を是としたのである。

羯南は「天津条約は彼我《ひが》（清国と日本）共に朝鮮を中立地と見做《みな》し、世界・国際の上においてはこれを独立国と見做」す「条約である」と言い（『日本』一八九四年七月六日付、「天津条約を如何《いかん》」）、「（朝鮮の）今回の事変を軽く見れば遣兵の必要はないと言えるが、重く見れば独《ひと》り居留人の保護または京城廷《けいじょうてい》（朝鮮政府とその王宮）の救援にとどまらず、進んで東洋の釣合《つりあい》をも保たせないわけにはいかない」と述べている（前掲「朝鮮事変の大勢」）。そして、それを阻むものとして清国政府をきびしく糾弾しているのである。すなわち「今、清廷は擅《ほしいまま》に朝鮮を属国または東藩《とうはん》（東方の一つの藩）と称して水陸の兵を朝鮮に派遣」しているが、「これは天津条約を蹂躙《じゅうりん》する軍隊である」と論じているのが、それである（前掲「天津条約を如何」）。

朝鮮の国政改革についても、彼は「在京城の公使は朝鮮国王に向って国政改革の勧告を行い、国王もまた、勧告を容認して、まず姦臣《かんしん》（悪だくみをする家来《けらい》）閔族（明成皇后一派）を斥け、そしてその国の名臣《めいしん》（よい家来）にして国王の父君である李昰応《イハウン》氏（大院君）を推挙して、これに国政を委任した。ここまでできれば、その先は、彼ら廷臣が、国王を輔佐して改革を遂行していくかとい

う と、実際の事情は決してそのようにはならない。必ず日本政府より間接なりとも朝鮮政府を輔佐して改革に腕《かいな》を貸し、朝鮮政府をしてすみやかに民心を安んずる策を立てさせるべきである」と論じている（『日本』一八九四年八月五日付、「朝鮮の改革は急也」）。主観的には朝鮮の独立を翼《こいねが》いながらも、日本政府の情報を鵜呑みにし、それに逆行した社説になってしまっているのである。

そうなると、対清宣戦の「詔《みことのり》」もわが意を得たりであった。羯南は「詔の言う」「朝鮮は帝国日本がその始めに啓発・誘導して列国の仲間入りをさせた独立の一国である。そして清国はいつも自ら朝鮮を属邦《ぞくほう》と称し云々」に賛同し、「朝鮮の独立を強固にし、東洋全体の平和を保障するためには、支那（中国）と一大決戦する必要がある」と、これを支持したのであった。日清戦争支持は言論人の間でも広範に拡大し、キリスト者の内村鑑三は日清戦争を「文明の義戦」と称していた。

日清戦争に突入すると、他社と同様に、新聞『日本』も青厓ら七人の有力記者が思い思いに志願して戦地に特派された。自由な社風の日本新聞社らしいが、経営的にはたいへんだった。

しかし、日清停戦後、下関講和会議で遼東半島割譲を清国に要求した日本政府に批判を加えた羯南は、三国干渉の報を耳にして、東アジア情勢を英・露両国の対立を主軸として把握していたがゆえに、三国干渉を排英主義と理解し、「東洋」の平和を念頭に、日英同盟論が台頭しないことを期待しつつ、「遼東還地の事局に対する私議」を社説として新聞『日本』に発表した。約九〇〇〇字、普通の雑誌で一〇ページ分の、新聞としては異例の長い論文である。

論文は、「過《あやま》ちは則《すなわ》ち過ちであり、責任は則ち責任である」の立場から、天皇が「遼東の永久所領は東洋の平和の利益にならないと言う三友邦（友の国）の忠言を容《い》れ」「割譲された領土の還付を裁可」し、「詔」でこれを公表したが、「聖旨（天皇の言葉）のように、東洋の平和に不利であると思うならば、始めから割譲させなければよろしい」、「敗国に要求してこれを取り、強国の言うことを聴いてこれを還《かえ》す。国の面目をどうしたらよいのか」、「外交当局の人は講和条件で内では聖主《せいしゅ》（天皇）をわずらわし、外に国威をないがしろにした咎《とが》を自ら引き受けることができないか」、「はなはだその厚顔を怪む」と述べ、善後策として、日本の「承諾」なしに他国へ割譲しないことなど、五点を提案し、「全権大臣」（伊藤・陸奥）の引責を要求している。

羯南は下関条約の締結内容と三国干渉をわが国の名誉を傷つけた無能・無策だと批判しているのである。「臥薪嘗胆《がしんしょうたん》」（薪の上に寝て身体を苦しめ、苦《にが》い熊の胆《きも》を嘗《な》めて恥を忘れないという中国の故事）を合い言葉に対露敵対心が煽《あお》られたのとは逆の冷静な具体的提案もなされている。こうした論理の展開から、帝国主義を是としていない羯南の態度が窺える。

大雑把に言えば、羯南は、病気や発行停止処分とたたかい、秘密外交の情報操作に翻弄《ほんろう》され、歴史的に見れば、誤りを犯しながらも、わが国民と国家のあるべき道を真面目に追求しようとしたのである。

子規の日本新聞社入社と日清戦争への従軍

子規は九二（明治二五）年一二月に日本新聞社に入社した。彼は後見人の叔父大原恒徳宛一一月一九日書簡で、「月俸一五円」だが、「私はまず幾百円くれても」他社に「はいらないつもりです」と認《したた》めている。羯南を中心とした自由闊達《かったつ》な社風のゆえである。ここが子規の死去するまでの職場であり、文学活動の拠点となった。入社前の一一月、郷里から母八重と妹リツを羯南の下谷区上根岸（現台東区根岸二丁目）の新居の隣家に呼び寄せた。羯南が何かと世話をしてくれた。帝大退学は翌年三月である。

新聞『日本』がたびたび発行停止処分を受けるので、日本新聞社はその代替紙として、九四年二月一一日、絵入り小新聞『小日本』を小日本新聞社名で創刊した。編集担当者は古島一雄の強い推薦で子規に決まった。月給は二〇円から三〇円に。文芸欄の絵は洋画家小山正太郎《しょうたろう》・浅井忠《ちゅう》の弟子中村不折《ふせつ》（一八六六～一九四三）が担当することになった。紹介者は羯南の友人浅井である。浅井は、小山と共に、工部美術学校でアントニオ・フォンタネージから日本人で初めて西欧の伝統的な表現方法を本格的に教授され、明治美術会の中心的存在であった。彼は子規とも知己となった。子規は不折と親交を深め、彼から洋画の「写実」論を学び、文学における「写生」に開眼し、文学の近代化を志向する。漱石らに影響を与えた子規提唱の写生文は主として浅井、ことに不折の写生論に教示されたものである。主としてと言うのは、子規は、不折と一緒に小山正太郎の不同社に学んだ二歳年長の同郷人下村為山《いざん》からも影響を受けているからである。このように日本の文芸に大変意義のあった『小日本』紙だが、経営上の困難から同年七月一五日をもって早くも廃刊となった。

夏目漱石が松山中学校に赴任していた時の下宿「愚陀仏庵」（復元、1986年撮影）。元は現二番町三丁目にあったが、萬翠荘敷地内に復元・移築された。2010年の豪雨被害のため、全壊した。

九五年四月、子規は日清戦争に特派記者として従軍し、遼東半島の旅順《リューシュン》に上陸、月末から新聞『日本』に「陣中日記」の連載を開始した。五月には金州《チンチョウ》の第二軍兵站《へいたん》（後方基地）に軍医部長森鷗外を訪ね、一週間滞在し、連句を行い、文学談義をしている。一面的に言えば、呑気な話である。しかし、彼は日本軍の中国人民に対する抑圧・蛮行と新聞・雑誌記者への高圧的態度に嫌悪感を抱いた。

一〇日に金州から傷心のうちに帰国の途についたが、船中で喀血し、神戸病院に入院した。重篤に陥ったが、一カ月後に退院し、須磨でおよそ一カ月静養ののち、八月末に松山に戻り、主として、漱石の下宿（愚陀仏庵）に二カ月近く厄介になった。漱石は四月に松山尋常中学校教諭に就任していた。月給は八〇円で、校長よりも高額だった。彼は子規の落第直後の夏休みに子規を郷里に訪ね、気に入っていた。子規の滞在中、俳人たちが来訪して、句会が開かれ、もちろん漱石もこれに参加した。子規は一〇月に松山を発ち、月末に帰京したが、途中で歩行困難になった。翌年三月、脊椎《せきつい》カリエスと診断され、最初の手術をした。

日清戦争での秋山好古の動向

好古は九二年一一月に少佐に昇進し、翌年五月に騎兵第一大隊長に補された。九四年一〇月に、日清戦争参戦のため、広島市の宇品港（現広島港）を出帆した。宇品港はこの戦争以来、アジア太平洋戦争まで、陸軍の輸送基地となった。

日清戦争に派兵された日本陸軍は九月一日に朝鮮で編成された第一軍と一〇月三日に日本で編成された第二軍とで構成されていた。長州閥の重鎮、前枢密院議長・大将山県有朋を軍司令官とする第一軍は第五師団（広島）・第三師団（名古屋）及びすでに朝鮮で戦闘中であった混成第九旅団からなり、薩摩藩閥の前陸相・大将大山巌を軍司令官とする第二軍は第一師団（東京）及び第六師団（熊本）のなかから編成された混成第一二旅団からなっていた。秋山率いる騎兵第一大隊は、最初、第一師団に編入された。第二軍は、逐次、宇品港を出航し、遼東半島に上陸した。第二軍には、翌年二月に第六師団の残り半数と第二師団（仙台）が加えられ、これらの軍隊は山東《シャントン》半島に上陸し、

【日清戦争関連略図】

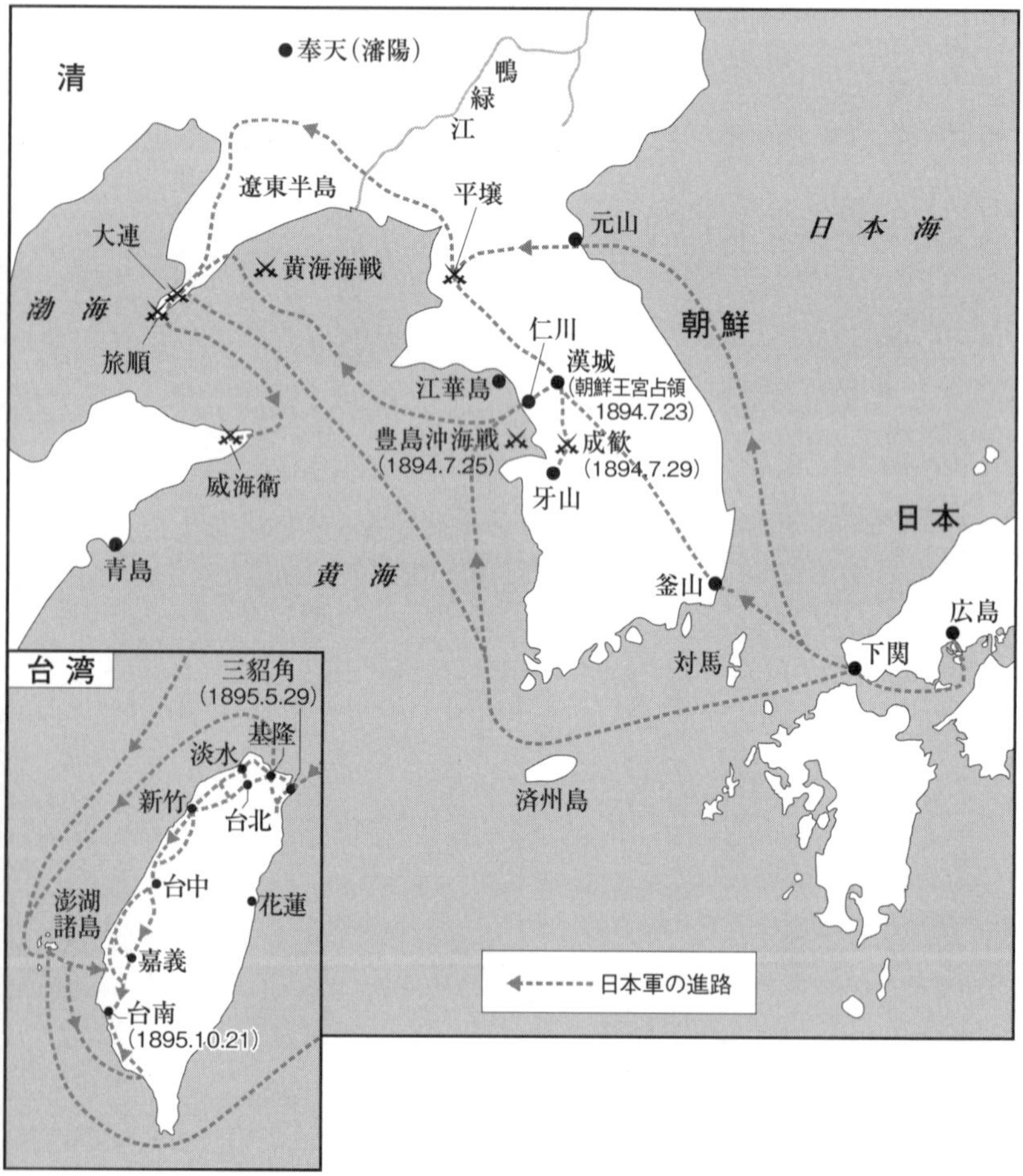

奉天（瀋陽）
清
鴨
緑
江
遼東半島
平壌
元山
日本海
大連
黄海海戦
渤海
旅順
朝鮮
仁川
漢城
（朝鮮王宮占領
1894.7.23）
江華島
豊島沖海戦
（1894.7.25）
成歓
（1894.7.29）
牙山
威海衛
日本
青島
黄海
釜山
広島
対馬
下関
済州島
台湾
三貂角
（1895.5.29）
基隆
淡水
新竹
台北
台中
花蓮
澎湖
諸島
嘉義
台南
（1895.10.21）
日本軍の進路

黄海海戦で清国が「惜敗」したあと、北洋艦隊の根拠地になった威海衛《ウェイハイウェイ》（現威海）を攻撃した。
好古は、初め、騎兵第一大隊のほか、歩兵第二連隊の第三中隊を指揮下に復州城《フウチョウチョン》支隊長に任命され、九四年一一月、基地を出発して行軍中、「龍口《ロンコウ》に於《おい》て敵騎兵と戦闘、撃破」した（前掲「秋山好古年譜」中の「官歴」）。ついで彼は、同月、第二軍が大連《タイリエン》湾に侵入した連合艦隊との合同作戦で要害の旅順を攻撃する前に、大山の特命で、騎兵第一大隊に第六大隊の一部を加えた第二軍直属の独立捜索騎兵隊（通称秋山騎兵支隊）隊長に任じられ、騎兵斥候《せっこう》多数を走らせ、詳細な敵情偵察と地形調査を行い、旅順攻略意見を軍司令官に上申した。一一月二一日、旅順は一日で陥落した。

旅順を始め、遼東半島南端で休養し、越年した第二軍主力のうち、第一師団は海城《ハイチョン》方面で苦戦している第一軍（軍司令官は山県に代わって中将野津道貫《みちつら》）の第三師団を援助するために厳冬のなかを北上した。第一師団のうち、混成第一旅団（旅団長・少将乃木希典《まれすけ》）は、一月三日、普蘭店《フーランティエン》を出発し、遼東湾沿岸を約一八〇キロ先の海城へ向かった。

好古率いる騎兵第一大隊およそ一〇〇〇騎も乃木旅団に属し、かつ、これに先行した。秋山の前掲「官歴」には「一月一〇日、蓋平《カイペイ》ニ戦闘以来、各地ニ転戦」とある。蓋平（現蓋県《カイシェン》）の清国軍の抵抗は激しく、乃木旅団の犠牲は大きかった。二万の大救援軍が近づいているとの斥候の報に接し、秋山騎兵隊は営口《インコウ》に迂回《うかい》、透けて見えるほどに翼《よく》を拡げて防戦した。蓋平の清国軍は持ち堪《こた》え切れずに退却し、救援軍は引き揚げていった。好古は旅順攻略後の「官歴」には「蓋平」だけ地名を記している。第一軍と第二軍第一師団は牛荘城《ニュウチョワンチョン》（現牛荘）・海城など占領し、田庄台《ティエジュアンタイ》を占領して撤退する際にこれを焦土と化した（三月）。

その間、第二軍の主力は威海衛を占領し、連合艦隊（司令長官・中将伊東祐亨《すけゆき》）は北洋艦隊を降伏させた。また、日本から派兵された常備艦隊第一遊撃隊（司令官・少将東郷平八郎）と後備歩兵連隊で編成した一支隊が澎湖《ポンフー》島を占領した。これは台湾《タイワン》割譲を狙った作戦である。

好古は五月に騎兵中佐に昇進し、六月に宇品に帰還、翌年八月、乗馬学校長に就任した。

日清戦争の実態

日清戦争における日本軍の犠牲者は、一応、表1の通りである（藤村道生『日清戦争』）。死者約一万三五〇〇人の九割近く、動員兵力およそ二四万人のおよそ五パーセント強が病死であることは注視する必要がある。そして表2に示されているように、脚気による入院患者数が総数のおよそ三分の一を占めていることも注目に価する（白崎昭一郎『森鷗外』）。表3の通り、陸軍でも一部では麦飯支給によって日露戦争時にはすでに脚気が克服されつつあったのに（同右）、兵食の「権威」だった鷗外が米飯に固執していたことが、戦地における脚気患者の多さに反映していると言えそうである。

表1で重要なことは、「入院患者」と「死者」には軍人・軍属以外に徴用された軍夫・職工が含まれていないことである。この点について大谷正「日清戦争」は、陸軍公刊の『明治廿七八年日清

戦争』所載資料をもとに、九四年六月から翌年一二月までの朝鮮・清国・国内の出戦部隊及び国内部隊における傷病者数二八万五八五三人中、死者が二万一五人であるから、戦死者・変死者を含めると、日清戦争全参加者中の死亡者総数は二万数千人にのぼると推定している。凍傷を含む病人・病死者が多いのは、衛生面と服装上の不備が要因であった。

日清戦争における日本軍犠牲者のうち、軍夫・職工の死者は七〇〇〇人以上にのぼり、全体の三分の一を占めた。軍夫は日給五〇銭で侠客《きょうかく》を含む人夫請負業者によって募集され、賃金のピンハ

表1　日本軍の犠牲者　（単位：人）

動員	日本の動員全兵力	240, 616
	軍　夫	154, 000
	合　計	394, 616
	うち、海外派遣兵	174, 017
入院患者	概略延べ人数（①）	170, 000
	（内訳）	
	戦闘による傷痍者（②）	4, 519
	伝染病・脚気（①—②）	165, 481
	内地に後送された重症者	67, 600
死者	戦死・傷死・変死	1, 594
	病死者（赤痢その他）	11, 894
	合　計	13, 488

※期間：1894 年 7 月 25 日～95 年 11 月 18 日。ただし、日本国内勤務は 95 年 5 月 13 日まで。

※出典：藤村道生『日清戦争』（岩波新書）184 頁の記述及び 183 頁の表を元に作成

表2　戦地及び国内の入院患者・死亡者数

病　名	患者数	死亡者数	死亡(%)
脚　気	34, 783	3, 944	11. 3
腸チフス	5, 248	1, 493	28. 4
コレラ	9, 753	5, 709	58. 5
マラリア	11, 214	665	5. 9
赤　痢	12, 205	1, 964	16. 1
その他の神経系病	1, 492	135	9. 0
急性胃腸カタル	13, 138	1, 703	13. 0
その他の胃腸病	11, 102	381	3. 4
その他の栄養器病	2, 601	23	0. 9
合　計	101, 536	16, 017	

※期間：1894 年 6 月 6 日～ 95 年 12 月 31 日

※出典：白崎昭一郎『森鷗外』（吉川弘文館）148 頁掲載の表を元に作成

ネをされながら、炎天の荒野や厳冬の凍った悪路を馬の背の鞍《くら》に荷を積む駄馬《だば》、馬に車輛を曳かせる輓馬《ばんば》はまだしも、自ら大八車を扱い、さらには重い背負子《しょいこ》を背負って行軍させられた。彼らは、股引《ももひき》・法被《はっぴ》に草鞋《わらじ》姿で仕込杖や長脇差、なかには私物の日本刀・ピストルを持つという出立《いでた》ちで、外国観戦武官の目には、日本軍は、日本側が説明する正規兵で構成される「文明国」の軍隊ではなく、非正規兵が多数混入している「野蛮国」の軍隊と写った（戦争そのものが野蛮なのであるが）。

日清戦争で日本軍は人道上許されない残虐行為を行った。まず、宣戦布告前の豊島沖海戦で、巡洋艦浪速《なにわ》艦長・大佐東郷平八郎は、清国兵約一五〇〇人を輸送中の英国商船高陞《こうしょう》号を戦時国際法に則った手順を踏んで撃沈したが、その際、白人船員だけを救助し、船員を含む中国人を救助しなかった。東郷は国際公法に基づいて沈着冷静に指揮をとって立派であったとの評価は一面的で不当

表3　麦飯による脚気患者の減少

年次	大阪鎮台罹患率（%）	近衛師団罹患率（%）
1878	58. 1	26. 9
79	39. 5	12. 5
80	31. 1	11. 2
81	23. 6	22. 9
82	24. 7	37. 0
83	42. 8	49. 0
84	35. 5＊	48. 7
85	13. 2	27. 0＊＊
86	5. 6	2. 9
87	7. 9	9. 8
88	3. 0	2. 7
89	1. 0	9. 6
90	0. 3	2. 5
91	0. 8	1. 3
92	0. 5	3. 2
93	2. 9	1. 6

※＊＝12月より麦飯
＊＊＝12月より麦飯
※出典：白崎昭一郎『森鷗外』（吉川弘文館）153頁掲載の表を元に作成

である。

また、日本軍は牛荘城・営口や山東半島での戦闘で抵抗した住民多数を殺戮《さつりく》し、田庄台を灰燼に帰した。ことに旅順攻略の際、無差別に住民・兵士数千人を虐殺した行為は国際的な非難を浴びた。一方、東学農民軍に対しては皆殺し作戦をとり、最後は朝鮮半島の西南端、珍島《チンド》まで追いつめて殺戮した。その数は三万から五万にも達するといわれる（趙景達『異端の民衆反乱』）。

下関講和条約で清国から割譲されることになった遼東半島は、前述の通り、還付した。羯南は露・仏・独三国を「友邦」と表現したが、実際にはこの三国の艦隊が日清両国のあちこちの港に停泊して軍事的圧力をかけていたのである（英・米・伊の艦隊も）。同じく割譲されることに決定されていた台湾及び澎湖島のうち、台湾では島民が五月に「台湾民主国」の独立を宣言し、ゲリラ戦を展開した。この独立戦争に対して、日本政府は二個師団約五万の兵と軍夫およそ二万六〇〇〇人を投入し、日本軍はこの戦争を内戦と規定して抵抗する島民を虐殺した。六月に軍政の台湾総督府が設置され、一一月に鎮圧を宣言したが、九六年三月の総督府の民政移管後も独立運動は一九一〇年代まで続いた。日本にとっては、台湾独立戦争は直接的な最初の植民地獲得戦争であった。

日清戦争で触れておかなければならないもう一つは、清国からの「賠償金」の使途である。下関条約締結後の対清交渉で決定された「賠償金」は、遼東半島還付代金三〇〇〇万両《テール》（約四五〇〇万円）を含め、銀二億両（約三億一〇〇〇万円）であった。その使途は次ページの図1の通りである。「賠償金」の約八五パーセントが軍事費に当てられ、軍備の拡充が行われていく。皇室費用も目立

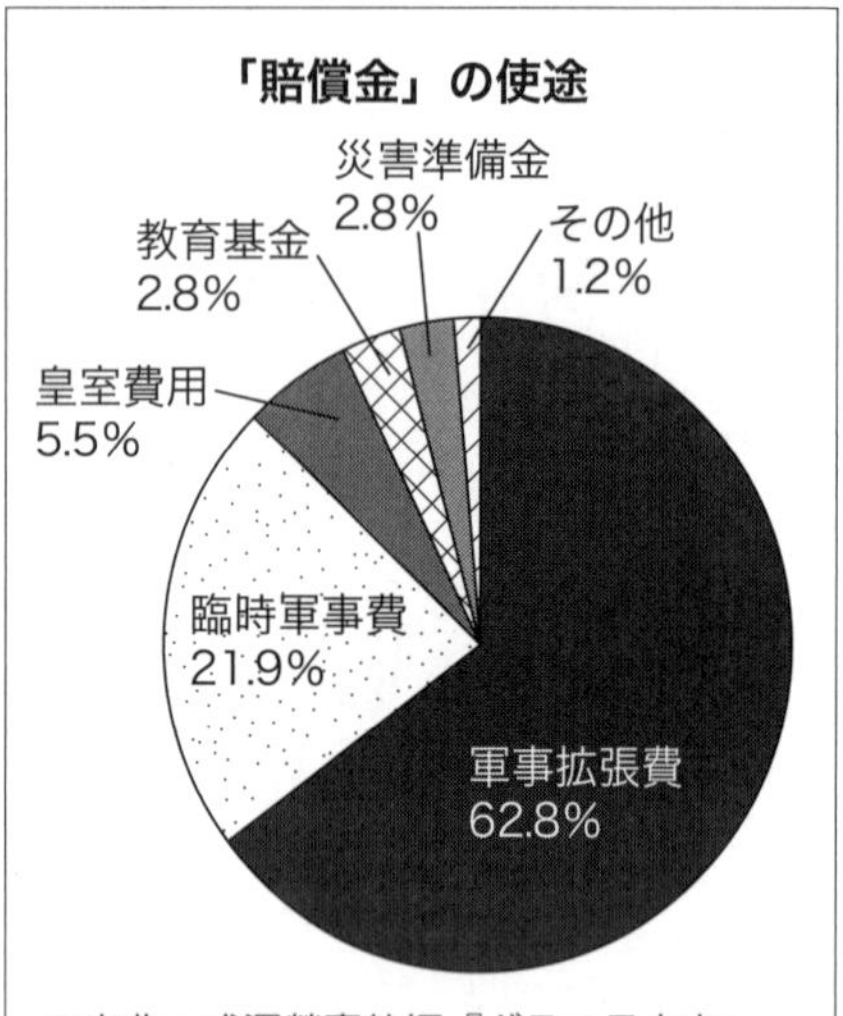

※出典：成澤榮壽他編『グラフ日本史』（一ツ橋出版）82頁掲載の図を元に作成

つ。中国人・朝鮮人・台湾島民と国民に多大な犠牲を強いておいて、いい気なものである。その他は主として官営八幡製鉄所の建設費で、これも軍備増強と密接不可分の関係がある。

下関条約（日清講和条約）の内容で最も重要なのは第一条で、「清国は朝鮮国の完全無欠なる独立自主の国たることを確認す」とある。条約は清国が朝鮮を独立国であると承認したことが定められている。「日本は」とは書いていない。条約は清国が朝鮮から完全に手を引いたことを意味する。日本は、次に朝鮮を巡ってロシアと対立するが、日露戦争の勝利によってロシアもまた朝鮮から排除し、朝鮮を植民地化していくことになる。

日清戦争は、日露戦争と比較してかなり小規模であったが、列強監視のなかでの朝鮮支配を巡る中国との本格的な戦争だった。同時にこの戦争はアジア太平洋戦争の敗戦まで続く統帥権の独走が際立った戦争でもあった。明治憲法は、第一一条に「天皇は陸海軍を統帥す」とあって、統帥権すなわち帝国軍隊（皇軍）を指揮・命令する権限を天皇の大権であると定めており、統帥権の行使には内閣・国務大臣の輔弼《ほひつ》も帝国議会の承認も不要となっていた。天皇の統帥権行使を輔翼する主な機関は参謀本部（陸軍）及び軍令部（海軍）だったが、これら軍令機関は、原則的には、大元帥である天皇の指揮・命令を陸海軍各級軍隊への伝達機関であった。こうした万能であるはずもない一人の人間の「統帥権の独立」性が内閣の政策・政略と乖離《かいり》した独走・暴走を生み出すことになった。

しかしまた、一方では、第一二条には「天皇は陸海軍の編制及《および》常備兵器を定む」とあり、この「編制」と「常備兵器」は予算を伴うものであるから陸・海軍両大臣を通して内閣が関与し、その予算案は第六四条に基づいて「帝国議会の協賛を経」なければならなかったから、第一一条と矛盾が生じた。混乱は免れないのである。日清戦争では陸奥・川上らがこの統帥権の欠陥や矛盾を利用し、既成事実を先行させたのであった。

日清戦争と係わる拓川の動静は、残念ながら、具体的にはまったくわからない。しかし、文献資料は何も残されていないが、平素の往復書簡の内容からして、原から日清戦争に関する情報は得ていたことであろうし、前掲『日本外交文書』から類推すると、フランス外務省その他からも情報がはいっていたであろう。「盗賊主義」に反対する思想・意識を持ち続けていた彼である。苦悩を深めていたことは間違いない。しかし、この時期の彼は、忍従しつつ、「痛飲」しつつ、職務を遂行していたのである。

加藤拓川は、一八九七（明治三〇）年三月一〇日、パリを発って、「四月〇日、神戸に達」したところ、「岸姉（岸姓になっているすぐ上の姉三重《みえ》）が来て待って」いた。一二日に「横浜に着く」と、秋山好古ら「七友が迎えに来て」いた。一三日に「入京し、帝国ホテルに投宿」した（「日記」）。

二二日には好古らと飲食を共にしただろうに、「日記」には以上のほかはほとんど何も書かれていない。歓迎会も、管見では、すでに外務省を去っていた原敬が呼びかけた六月一六日の原宅での小宴しか判明しない。「加藤恒忠が、先日、パリより帰京したので、（司法省）法学校の同志の友人らを招き、小集会を催した。ただし、自分と同時ごろに退学した友人だけにして、加藤恒忠、国分高《たか》胤《たね》（青厓）、陸実（羯南）、中原邦平、吉田義静《よしずみ》が来訪した」（原「日記」）。

拓川の結婚

拓川は一八九七（明治三〇）年四月三〇日に外務省外相首席秘書官兼書記官（大臣官房秘書課長兼記録課長）に任命された。ついで、一九〇〇年五月二一日、人事課長に就任し、その職務柄から弁理公使にも任じられた。前掲「略年譜」には「人事課長のためのようだ」とある。弁理公使は特命全権公使の下位で、公使館書記官が臨時に任命される代理公使の上位身分である。

その間、「略年譜」によると、帰国した年の八月一九日に樫村《かしむら》ヒサ（壽《ひさ》。壽子）と結婚した（入籍は翌年一月二四日付）。ヒサは一八七七（明治一〇）年一〇月七日生まれ。結婚時、三八歳の拓川と一八歳九カ月の年齢差があった。ヒサの父清徳《きよのり》（一八四八～一九〇二）は帝国大学の前身の東京大学医学部の教授を務め、ドイツへ留学した帯官洋行の嚆矢であり、当時としては数少なかった医学博士で、明治天皇睦仁《むつひと》の侍医を務め、駿河台に広い敷地（現在の明治大学）をもつ山龍堂病院の院長であった。ヒサは彼の長女で、彼女の妹タマ（三女）が拓川の外務省の後輩石井菊次郎の連れ合いになっている。また、ヒサの母ゑいは拓川の親友の一人賀古鶴所《かこつるど》（一八五五～一九三一）の妻ケイの姉である。賀古は樫村清徳の東大での門下である。拓川は間もなく公使になるはずであるから、結婚する心算になったようだ。公使には「奥様」がいないといけないからである。

日清戦争が開戦した直後の子規宛拓川書簡に「久松家の土蔵へ預けて置いた衣類入りの荷物、書籍入り箱、各壱個を時々検査致してくれるよう申し遣《つか》わします」という件《くだり》がある。拓川はフランス留学時から二度目の駐仏公使館勤務時まで、離日時の留守宅を持たず、久松邸に預けていたことがわかる。書簡には続けて「何とぞご配意、カビのつかぬようにご注意下されたく」云々とある。

加藤夫妻の最初の住居は麻布区山元町（現港区麻布十番）であった。この家は、すでに拓川宛六月一七日付子規書簡の宛先になっているから、しばらく拓川が一人で住んでいたのかも知れない。次の七月六日宛書簡には「後筆ながら、叔母様へもよろしくお願い申し上げます」とあるので、このとき、すでに拓川とヒサは結婚していたことになる。ヒサは子規より一一歳年若の「叔母様」であった。八月三〇日付原宛書簡に「小生去る一九日ザッと婚礼相済ませ」たとあるから、八月一九日は結婚式の日である。この年と推定される九月六日付書簡は原宛の礼状だから、拓川から婚礼の知らせをもらった原が「祝い」を送ったのであろう。翌年五月一六日付子規書簡によると、拓川の宛先は芝公園第一〇号（現港区芝公園四丁目）になっており、夫妻は一年足らずで転居していたのである。

ヒサの談話の一節に拓川は「幾度となくヨーロッパに行った人間だから非常なハイカラであるべきはずのものですが、その実、バンカラのバンカラだと言われていた位で、非常な自由主義者であったその反面にまた、非常な専制主義者でもありました。結婚前、私は恐ろしく我儘者でいつも所々へ顔を出しておりましたが、結婚してからはほとんどどこへも出ず、家に燻《くすぶ》っておりました」とある（『拓川集』第六冊—追憶篇—）。拓川の意識と態度を端的に表現していると思える。ヒサはしばしばストレスが溜まったようである。

日清戦争後の中国の半植民地化と拓川の動静

さて、拓川が首席秘書官を務めた外相は薩摩藩閥出身者を首班とする第二次松方正義内閣の大隈、同内閣及び第三次伊藤内閣の西徳二郎、第一次大隈内閣の大隈（兼任）及び第二次山県内閣の青木周蔵の五代三人であった。

日清戦争で民党が協力的態度を採ったことを契機にして、戦後、藩閥政府内と民党内で共に提携しようとする動きが強まった。戦争直後の一一月、自由党が第二次伊藤内閣との提携を宣言し、伊藤の後継首相の松方は九六（明治二九）年九月、立憲改進党の後身進歩党の協力を得て第二次松方内閣を成立させた。しかし、進歩党は経費節減・内閣改造などを要求し、松方がこれを拒否するに及んで提携は崩壊した。次の首班伊藤は自由・進歩両党の協力を得ようとしたが、自由党の板垣退助と進歩党の大隈が共に内務大臣のポストを要求したので、伊藤は総選挙対策上の遠望からこれを容認することができず、政党に超然とした立場の第三次内閣を組織した（九八年一月）。同内閣は比較的「若手」が起用された少壮内閣でもあった。しかし、同年六月、自由・進歩両党は政府の軍備増強などを目的とする地租増徴案を衆議院で否決した。そのため、伊藤内閣は衆議院を解散したが、両党が合同して憲政党を結成したので、伊藤内閣は総辞職し、第一次大隈内閣が成立した。憲政党は、憲政擁護・政党内閣樹立をスローガンに掲げ、総選挙で圧倒的多数の議席を占めた。しかし、このわが国最初の政党内閣は旧両党間の対立の激化により、憲政党（旧自由党系）と憲政本党（旧進歩党系）に分裂し、わずか四カ月で退陣した。

拓川は、第二次松方内閣の外相大隈には大きな不満をもっていた。外務省を辞めた直後の原に「早鉄が弁理公使に任命された件は意外」で「外務省中」で「不平の声が多かったようです」と伝え、「譜代」の中枢は「小村氏の外には鍋島と小生の二人のみになり、誠に心細き次第です」と嘆いている（一八九七年一〇月一二日付書簡）。「早鉄」とは大隈の側近の一人早川鉄治《てつじ》のことで、若いのにどんどん「出世」した。当時の日本では、縁故による任命は当たり前のようだったが、拓川は大隈が余りにも不適任な者を弁理公使に任命したことに腹を立てたようだ。「小村氏」は次官の小村寿太郎《じゅたろう》、「鍋島」は外務書記官の鍋島桂次郎である。鍋島は拓川の次の次に駐ベルギー公使になっている。拓川の次に駐ベルギー公使を務めたのは秋月左都夫で、彼は司法省法学校の賄「征伐」の発頭人の一人で禁足処分になったが、退学にはされなかった。司法省法学校の後身東京大学

（のちに帝国大学）を一八八五年に卒業している。

大隈は、進歩党が同党の要求を拒絶した松方との提携解消を決議したため、九七年一一月、外相兼農商務相を辞任した。だが、拓川は「外相後任」人事を巡って「西男《だん》の為に黒田伯《はく》がヤッキの運動」をし、「肝腎の本人の意向は不承知」なので、やきもき「心配」した（原宛一八九七年一一月五日付書簡）。薩摩藩閥のドン黒田清隆は同じ薩摩の西徳二郎（一八四七〜一九一二）を薩摩藩出身の松方に強く推したのである。西は渋ったが、結局、外相就任を承認した。彼は、一八七〇年にロシアに留学し、サンクトペテルブルク大学法学部を卒業、七六年、駐仏公使館二等書記官を振り出しに外交官となり、八六〜九七年には駐露公使を務めた専門外交官の草分け的存在である。彼は日清戦争中におけるロシアの戦争への介入や戦後における朝鮮への権益拡大を抑止するために努めたロシア通外交官の第一人者と目された人であった。

拓川は、ロシアが満州（中国東北部）へ進出するなかで、西が外相として駐日ロシア公使ローゼンと締結した、いわゆる満韓交換論に基づく朝鮮における日露の支配権に関するロシアとの協定（一八九八年四月、西・ローゼン協定）などに秘書官として係わったものと思われる。西は駐露公使時代の九三年末から翌年初めにかけてパリへ行き、拓川とも面識があった（拓川「日記」）。

第一次大隈内閣が為《な》すところなく崩壊したあとに成立した第二次山県内閣は、九八年一二月、憲政党の支持を取り付けて地租条例「改正」を行い（田畑の地租を地価の三・三パーセントに増徴）、一九〇〇（明治三三）年三月、政治・社会運動を取り締まるために治安警察法を制定した。その間、欧州列強は日清戦争の結果から清国の弱体を認識し、日本への多額の賠償金の支払いに苦しむ清国から多額の借金を担保に租借権・鉄道敷設権などを強要して、九八年六月のドイツによる膠州湾《チャオチュウワン》租借を皮切りに、清国の半植民地化を開始した（中国分割）。

これに対して、清国人民の希求を反映した義和団が「扶清滅洋」を唱えて勢力を拡大し、一九〇〇年六月に北京の日本を含む列国の公使館に攻撃を加え、清国政府も義和団を支持して、列国に宣戦した（北清事変）。列国は英国の主導で八カ国からなる連合軍を編成し、日本はその主力となる混成一個師団二万二〇〇〇人を派遣した。連合軍は、八月、義和団を鎮圧して北京を占領し、清国を降伏させた。清国は、翌年九月、列国と北京議定書（辛丑《しんちゅう》条約）を締結し、半植民地化の度を強めた。北京議定書により、清国は元利合計九億八〇〇〇万両《テール》（歳入の一二年分相当）にものぼる巨額の賠償金を三九年間にわたって支払うことになり、列国から、北京郊外から天津を経て山海関《シャンハイコアン》に至る指定一二カ所に軍隊を駐屯する権限を承認させられた。北清事変はロシアの満州軍事占領に利用された。そのため、日ロ両国の緊張が強まり、日露開戦の直接的な契機となった。

拓川は北清事変の直前に外相青木の首席秘書官から人事課長に転じた。しかし、北清事変では、一九〇二（明治三五）年末に功金一〇〇〇円を「下賜」されている。外相首席秘書官として「貢献」をしたものと思われる。

人事課長としての拓川はとくに後輩の評判が大変高かった。その一人は彼について後輩たちを「其の人の将来のためをも考慮して、適当な所へ派遣されました。だから当時外務省に入った悉《ことごと》くの人たちは、加藤さんに『名人事課長』の讃辞を奉ったものです。加藤さんはそうした下僚に対する深い同情と思いやりがありました」と語り、のちの首相吉田茂らが同感の意をあらわしている（「拓川追悼座談会」。石井菊次郎ら、外務省の後輩一〇人が出席）。先の大隈人事についての批判に見えるように、拓川は人事に関して「公平」「公正」であったのであろう。

一九〇二年二月、拓川は二代目の駐ベルギー特命全権公使（正式名称は白耳義国駐劄《ちゅうさつ》帝国特命全権大使）に任命された。しかし、三月、日本赤十字病院に入院し、出国は五月になってからであった。この間、一八九八年一〇月に長男十九郎が、一九〇〇年六月に次男六十郎が誕生し、入院中の四月に母大原しげが永眠した。

師・兆民の死

拓川の知友に目を向けると、まず、好古は一八九七年一〇月に騎兵大佐に昇進し、九九年一〇月、騎兵実施学校（乗馬学校）長に加え、獣医学校長を兼任した。一九〇〇年七月、北清事変の勃発により、派遣される第五師団（広島）兵站《へいたん》監に任ぜられた。兵站とは、軍用品を作戦部隊に供給・輸送し、補給線を確保する機関である。同月、北清事変に従軍し、事変後の翌年、清国駐屯軍参謀長、同軍守備隊司令官を経て、一〇月、清国駐屯軍司令官に任ぜられた。外交と情報収集を主要な任務とする駐屯軍司令官には、列国駐屯の清国では、軍政能力のほかに、語学力が必要だった。その点で彼は適任者であった。日本駐屯軍は北京の玄関口天津に司令部をおいた。この常備軍は盧溝橋《ろこうきょう》事件を契機に日中全面戦争に突入する初手の軍隊「支那駐屯軍」の前身である。好古は一九〇二年六月に陸軍少将に昇進し、翌年二月、社交上の都合から妻多美を呼び寄せた。しかし、四月、騎兵第一旅団長に転じ、帰国した。これは日露戦争が想定されるなかでの人事であった。

原は一八九六年六月に外務次官から駐朝鮮公使に転じた。明成皇后（閔妃）殺害事件のあと、三浦に代わって公使を務めていた小村が外務次官に就任するのと入れ替わりの人事である。しかし、彼は在任わずか三カ月で一〇月に帰国し、翌月、外相大隈に辞任を願い出て、翌年二月から待命となり、九月に免官となった。なぜ、次官を辞めたのかは原「日記」では不明である。しかし、西園寺のもとで次官を務めたのは陸奥の復帰を期待していたからだから、九七年八月に陸奥が死去し、その望みが絶たれたことと深く関係していたことは間違いない。

正式退官の直後、原は『大阪毎日新聞』の編集総理に就任し、一年後の翌九八年九月、社長になった。ついで彼は、一九〇〇年七月、立憲政友会の結成準備に参画し、九月の結成後、大阪毎日新聞社を退社、一二月、政友会（総裁・伊藤博文）の幹事長に就任した。伊藤の盟友井上馨の後押しがあったことは想像するに難くない。政友会は、第二次山県内閣の超反動的な政策に批判を強めた憲政党が、政党結成を目論んでいた伊藤に接近したことを契機として誕生した（憲政党は解党）。原は、一二月、政友会員を中心とする第四次伊藤内閣（一〇月成立）の逓信大臣となった。しかし、伊藤内閣は短命に終わった。原は、これに替わった山県の後継者、長州閥の桂太郎を首班とする第一次桂内閣（一九〇一年六月成立）を相手に、衆議院予算委員長として「対峙」した。

西園寺は、九八年一月、第三次伊藤内閣で再び文部大臣に就任し、四月に病気で辞任したあと、第四次伊藤内閣の成立時に枢密院議長となり、内閣班列（総理顧問ないし副総理級閣僚）にも任命され、二度にわたって首相臨時代理を務め、伊藤政権末期には首相臨時兼任であった。枢密院議長は一九〇三年七月まで務め、同月、政友会二代総裁に就任している。彼は伊藤・原及び旧友の松田正久らと共に政友会結成の中心的存在の一人であった。

拓川の師中江兆民は、政治的活動や事業経営で失敗を繰り返し、機械的な職業「平等」論を唱えて群馬県で公娼設置を働きかけるなど、奇行とも言うべき行動も起こしていた。彼は、一九〇一年三月、東京から大阪へ赴き、翌月、再起不能に陥った。喉頭の癌が進行したのである。医者から余命一年半と告知され、気管切開の手術を行ったのち、六月から「生前の遺稿」と題する『一年有半』を執筆し、八月に脱稿、幸徳秋水に手渡し、九月、博文館から刊行した。「我日本《わが》、古《いにしえ》より今に至る迄《まで》哲学無し」と言い切って自由・平等と民権を高唱し、その原理から現実の政治批判を加えたこの哲学的随想集は二十数万部も売れ、福沢諭吉の『学問ノススメ』以来のベストセラーとなった。

無理を承知で帰京した兆民は、続いて徹底した唯物論の評論集『続一年有半―無神無霊魂』を九月に執筆し、一〇日間で脱稿、一〇月、同じく博文館から出版した。この著も十数万部を売りあげた。そして、再起不能から八カ月後の一二月一三日、民権の哲学者中江兆民は、東京市小石川区竹島町（現文京区水道二丁目）の自宅で不帰の人となった。死因は食道癌であった。

一二月一六日、東京の青山会葬場（現青山斎場）に約一千人が参列し、兆民の遺言通り、いっさいの宗教的儀式を伴わない、葬儀委員長板垣退助命名するところの、わが国最初の告別式が挙行された。『続一年有半』に明確に示された兆民の無神論の実践であった。参列者には、板垣・片岡健吉・大井憲太郎ら、自由民権運動以来の友人、拓川・原・初見・秋水ら、仏学塾以来の門人、元軍医総監石黒忠悳《ただのり》、柴四郎（東海散士）・徳富蘇峰・三宅雪嶺らがいた。門下生を代表して野村泰亨が永別の辞を述べた。石黒は兆民がフランス留学前に健康診断をした際の医者であった。遺骨は青山墓地にある母柳子の墓の隣に埋葬された。遺言により、墓は建てられなかったが、一九一五（大正四）年一二月、拓川・野村らが発起して、「兆民中江先生瘞骨《えいこつ》之《の》標《ひょう》」を建てた。「瘞」とは「埋」のことで、母親の墓と同形の、高さ一四〇センチ余の「標識」が薄い台座の上に立っている。

青山墓地に立つ「兆民中江先生瘞骨之標」（1989 年撮影）

　すでに仰臥の状態にあった子規は叔父の師である兆民の『一年有半』を新聞『日本』一九〇一年一一月二〇・二三・三〇日付掲載の「命のあまり」で、自分と同様に、「天職を尽したのでも何でもない。要するに病中の鬱《う》さ晴らしに相違あるまい」、「平凡浅薄」だと、世評をはばからずに批判して物議を醸《かも》した。紀貫之とその編になる『古今集』を扱《こ》きおろした「歌よみに与ふる書」(『日本』一八九八年二月一二日付より一〇回連載)と同じ調子の論評である。

子規は『ホトトギス』誌を拠点とする俳句や「歌よみに与ふる書」に見られる短歌を始めとする文学の革新に、理論と創作の両面で情熱を傾注したが、病人としての彼は妹リツに対するような駄々を捏《こね》るのとは異なるが、拓川に対しても甘え切っていた。子規の叔父恒徳(後見人)宛書簡を見ると、金銭的な無心をしていることもあるが、日常的な生活上の報告が主であった。しかし、拓川に対しては随分泣きごとを述べている。例えば、一八九七年六月一七日付書簡には、

「金の事については毎度御厄介にのみなりまして相済みませんが、この場に及んで別に仕方ありませんので、常に仰せに甘えている次第です」

「毎月の財政はもちろん一文も余らないので、この半季(一年の)末に至ると逼迫致しますが、この前は新聞からの慰労金(二〇円でした)が出て間に合いました。しかし、本年のように何も書かず寝ていてそれを当《あて》にするわけには参らず、まず無いものと存じます。そうなりますと、忽《たちま》ち困却いたします。もっとも大部分は月払いですが、残りますのは佐藤医師の診察料(二〇円)と宮本医師の診察料とです。宮本の方は新聞と深い関係があるので今までは診察料を払ったことはありませんでしたが、この度《たび》は一方ならない厄介になりましたので、丸で黙っ

子規が亡くなるまで暮らした子規庵（復元、2010 年撮影）。東京都台東区根岸二丁目にあり、左すじ向かいに台東区立書道美術館がある。同館には、美術品のコレクターでもあった中村不折が 1946 年に財団法人として設立し、2000 年に台東区に移管された中村不折記念館が併設されている。

ておくわけには行かないと存じます（金額は幾らでもよいけれど、一〇円内外、一五円なら十分かと存じます）。重ね重ねの事で申しあげにくいのですが、事によればまたまた御厄介にならないわけにはいかなくなりますので、今から御願い申しあげておきます（今月末か来月はじめ）」

とある。彼はこの種の書簡を拓川がベルギーへ赴任するまでしばしば送っている。日本新聞社、おそらく実は羯南にも金銭的にかなり世話になっているようだが、病床にあっても刺激的な批評を発表していた子規のもう一面が窺える。母八重や妹リツ、羯南を始め、俳人高浜虚子・河東《かわひがし》碧《へき》梧《ご》桐《どう》や画家の浅井忠・中村不折ら、彼をあたたかく支える人たちがあったからこそ、子規は元気のよい評論が書けたのである。一九〇〇年四月、東京美術学校教授だった浅井がフランスへ留学する送別会も、子規のために羯南・不折・鳴雪・虚子・碧梧桐ら、みんながせまい子規庵に集まって催したのであった。

子規の恩人羯南の国民主義の基調は国民の自由と平等にあった。にもかかわらず、誰よりも新聞発行禁・停止に反対し、換言すれば思想・言論・出版の自由を高唱して自由な社風を擁護した羯南だったが、日清戦争前、必ずしも自由主義を全面的に是とはしていなかった。その彼は、明治初期の殖産興業政策の進展によって到来した資本主義経済における「自由」な活動が不平等を拡大していく点に危惧の念を抱き、国民主義の立場から、当然のことながら、批判を加えていた。

しかし、羯南は、戦後、ことに三国干渉後における国家主義・軍国主義の主張が強まるなかで、俄然、自由主義・個人主義を強調するに至った。「個人主義の濫用は、国家の権力を以って抑えられる。国家主義の濫用に至っては、法律の範囲内に於ける個人の力では克《よ》く制することはできない」などと論じているのが、それである（社説「国家主義の濫用」〈『日本』一八九六年三月二三日付〉）。ジャーナリスト羯南の思想的特徴は、時勢を慮《おもんぱか》った論旨の調整、時には転換があったことである。

日清戦争後における羯南の政治的課題の第一は、戦前のそれが朝鮮の独立保全だったように、清国の独立保全であった。三国干渉後、欧州列国の中国分割に危機感を強めた羯南は新聞『日本』の社説「帝国主義の解」で「帝国主義は種々の形式に於いてする侵略主義である」と論じた（一八九九年三月二五日付）。しかし、彼は、政治的活動としては、九八年一一月、公爵近衛篤麿を会長に「支那保全」を目的とする東亜同文会の創立に尽力し（社説「東亜同文会の宣明」〈『日本』一九〇〇年八月一七日付〉）、池辺三山らと共に幹事に選出された（翌年三月、幹事長に就任。のちに相談役）。

羯南起草の東亜同文会趣意書には日清両国は「文化は相通じ、風教（風俗・教化）は相同じ。情を以ってすればすなわち兄弟《けいてい》の観があり、勢《せい》を以ってすればすなわち唇歯《しんし》の形《けい》（相互に密接不可分の関係）がある」と記されている。しかし、正確に捉えれば、日中は「同文」とは言えないし、「文化」も「風教」も異にするから、この趣旨は現実性を欠く観念論である。

ともあれ、北清事変の勃発と派兵という緊迫した情勢は、羯南の行動と『日本』紙の論調を急変させる。列国の中国分割に反対して中国を「保全」するための派兵をやむを得ないとする既成事実肯定論は、中国東北部（満州）を事実上占領しつつあるロシアに対する強硬論に転化していくことになるのである。羯南は、近衛らと共に、対露開戦論に傾斜し、より広く結集すべく、開戦論を秘めて「支那保全・朝鮮擁護」をスローガンに、一九〇〇年九月、国民同盟会を発会させ（社説「国民同盟会の昨今」〈『日本』一九〇〇年一二月三日・七日付〉）、『日本』紙は同会の宣伝紙の役割を果たすに至った。羯南は帝国主義批判者ではなくなってしまったのである。この国民同盟会には旧自由党が伊藤博文と提携して立憲政友会を結成したことに憤慨した兆民も、政界再編を目途にして参加していた。

駐ベルギー公使時代——子規の死

一九〇二（明治三五）年二月七日、駐ベルギー公使に任ぜられた拓川は、右膝下静脈炎のため、三月一八日〜四月二一日、東京の日本赤十字病院に入院した。拓川の名簿「入院中来訪諸君」には、たくさんの外交官、政治家、羯南・中原邦平・野村泰亨ら司法省法学校・仏学塾時代からの友人の名が記されているが、「久松伯爵」の面会が最も多い。久松・好古・原の連れ合いも見舞っている。

二月一八日と二一日付拓川宛西園寺書簡によれば、三月一二日ごろに西園寺の駿河台邸に招かれている。書簡には「本野氏も招く予定です」とある。本野《もとの》一郎（一八六二〜一九一八。初代ベルギー公使、のちに駐露公使・大使、外相）は青年時代から拓川とフランス語の手紙を交換している友人で、わが国の刑法・民法の立法に従事した法学者ボアソナードら、フランス人に混って、彼の仏文書簡が少なからず残っている。彼は近く駐仏公使として赴任することになっていた。彼は拓川の駐ベルギー公使在任中に二度ブリュッセルへ訪ねている（拓川「芳名録」）。

五月三日、ようやく横浜港を出航し、七月四日、ブリュッセルに着任、同一六日に国王に信任状を提出した。横浜港まで見送りに行った原は「日記」に「加藤恒忠、白耳義《ベルギー》公使として出発に付き、見送る。加藤高明と帰路、相携えて帰京」と認《したた》めている。加藤高明は原が逓相を務めた前内閣（第四次伊藤内閣）の外相である。仰臥の子規は、叔父が「欧羅巴へ赴かるゝを送りたてまつりて」、「春惜む宿や日本乃《の》豆腐汁」の一句を添えて、自庵に近い豆腐料理屋「笹乃雪」の一折を贈った。

拓川の出帆後の五月一八日、三男忠三郎が誕生した。比較的体調のよかった日に子規は拓川宛に「御留守宅の皆々様は御変わりも無い御様子です。殊に御男子が御出生で、忠三郎と御命名されました」、「令児の御出生は五月一八日でしたから、誰も皆、今度は五十八《いそはち》と命名するだろうと言われましたが、余り太鼓持めいておかしいので、叔父様の御旧名を取って忠三郎と御名づけたそうです」と、「雀の子忠三郎も二代哉《かな》」の一句を添えて知らせている（一九〇二年七月二七日付）。

豆腐料理　笹乃雪（東京都台東区根岸二丁目、2010 年撮影）

一八九八年一〇月一九日生まれの長男、一九〇〇年六月一〇日生まれの次男は誕生日にちなんでそれぞれ十九郎・六十郎と命名されていたのである。この書簡で、拓川の岳父樫村清徳が永眠したこと、近々、ヒサが久松定謨と共に渡欧することが知られる。ただし、子規は「御子供は御淋しくなられます」と書いているが、ヒサは出産を終えて三人の子どもと共に夫の任地に赴いたのである。ヒサは一九〇四年六月に長女あやをブリュッセルで出産した。

一九〇一年にフランスに留学し、翌年からアカデミー・ジュリアンに学んだ中村不折は、日露戦争前後、駐ベルギー公使の拓川にパリで世話になっている。彼は「私は加藤さんを巴里で知った。正岡子規の関係で名前だけは知っていたが、初めてお会いしたのは巴里の汚ない私の下宿であった。外交官なんて云う華やかな役人生活などをしている人は、そうそう我々のような貧しい一書生の下宿などを訪ねてくれるものではないが、加藤さんは、南京虫のいる汚ない私の下宿へワザワザ訪ねて来られたのだ。其の後も閑な時には、ちょいちょいと私の下宿へ来てくだすった」、「加藤さんはよく人の世話をされるひとであった」、「当時、在留巴里の画家連中で作っていたパンテオン会というのがあって、加藤さんはよくそこへ出かけて来られて何かと世話をされたもんだ。会費が足りない時にはポケット・マネーを投げ出してくれた」と語っている（『拓川集』追憶篇）。

ベルギー公使時代の拓川と妻のヒサ。子どもは長男の十九郎（写真／正岡明氏蔵）

不折は「閑な時には」と言っているが、多忙をきわめる拓川は、寸暇を惜しんで極度の難聴でフランス語を話せず、苦労していた不折を励ましに訪問したのである。彼は高齢者には親切で、後輩の面倒もよく見た、やさしい人だったが、不折の場合は子規の友人であり、羯南の新聞社の人だったから格別だったのである。

　パンテオン会はその後東京でも開催されていて、不折との縁で、貴族院議員時代の拓川は、一九一七（大正六）年三月、貴族院からローマで開催の万国議員商事委員会（五月）に派遣され、帰国直後の一〇月二九日に参加している。得意になって土産話をしたことだろう。なにしろ、朝鮮から満州の哈爾浜《ハルピン》経由で「バイカル通過」のあと、ロシア三月「革命ノ報ヲ聞」きながら「露都」へ行き、「氷河ヲ渡」り、「始テ麦酒《ビール》ヲ飲」み、「始テ黒色ノ土ト雨ヲ見」、ストックホルム、コペンハーゲン、オスロ、ロンドンなどに寄った刺激的な大旅行だったのだから（「日記」）。しかし、この大旅行は病弱な拓川にとっては命懸けのことであり、三人の息子に宛てた遺書を認《したた》めている（三月一五日付）。

　拓川の駐ベルギー公使在任中の最大の出来事は歴史的には日露戦争であった。日露戦争に関する彼の最初の仕事は、他国の駐剳公使も同様だが、対露宣戦をベルギー国に通知し、中立を堅持するよう要請することであった。拓川はその旨を、宣戦の翌日（二月一一日）、ベルギー政府に通知した。ベルギー政府は二月一二日の「官報」に「永久中立国ナル旨ヲ布告シテ臣民ノ注意ヲ喚起シ、之《これ》ヲ犯ス者ハ刑法ノ規定ニ従テ所(ママ)罰スベキ旨」を発表した上で、一五日に「必ズ中立ヲ有効ナラシムル処置ヲ執ル旨」の回答文を寄せた。拓川は、二月一八日、外相小村寿太郎宛にその旨を打電すると共に、付属文書「対露宣戦ニ関スル通知文」「自国中立布告」「対露宣戦通知ニ関スル回答文」等を添付して、送付した（外務省編『日本外交文書』）。

送付した付属文書のなかにはベルギーの国際法の大家エルネ・ナイスの「石炭ト中立国ノ義務」と題する論説も含まれていた。それには「艦隊及《およ》ビ軍艦ハ」「石炭ヲ搭載セル運送船ヲ伴イ」「中立国民ヨリ石炭ヲ購入シ」「国ノ法権ノ及バザル海上ニ於テ積込ミヲ為ス」ことはできるが、「中立国ガ交戦国一方ノ軍艦ニ其《その》港湾ヲ開放シ、茲《ここ》ニテ石炭・糧食ノ積載ヲ許スコト」は「国際法ニ背反（違反）」するとある（『日本外交文書』）。『日本外交文書』を見る限り、拓川以外の各国駐箚大・公使からはこのような報告は外務省に届いてはいない。日本政府はこの趣旨に基づいてフランスに抗議し、バルチック艦隊にその植民地の港湾を利用させなかった。国際法に暗い日本であるから、あるいは拓川の報告が有効であったのかも知れない。

当時評論家として著名だった鳥谷部《とりたにべ》春汀《しゅんてい》は、「外交官概評」（一九〇五年執筆）で、駐英大使林董《ただす》、駐米公使高平小五郎、駐墺公使牧野伸顕、駐仏公使本野一郎らと共に拓川をとりあげ、最も詳しく論評した。そのなかで彼は「仏蘭西書生の標本」とも言うべき拓川について「我が外交官中の一奇男児なり」と書き出し、その人格は「外面磊落《らいらく》のように見えて、内面には鋭敏な神経質の分子があり」、「口を開けば舌鋒鋭く多弁で、最も批評にすぐれ、能《よ》く人の急処を衝く。ゆえに人は彼を評して外交官中の毒舌家という」と認《したた》めている。春汀は拓川が「外国使臣と折衝するに際して、果たして毒舌を弄するかどうかは固《もと》より余の知る所ではない」と結んでいるが、拓川は臆することなく相対したようだ。

不折の言が示している通り、日露戦争中、拓川はベルギーからパリへ頻繁に赴いた。もちろん、仕事のためにである。拓川は西欧各国へ出掛けているが、親しかった駐フランス公使本野一郎と共に、駐仏公使館の他の誰よりもフランスに知己が多いから、中立国とは言え、ロシア寄りのフランスの情報を的確に聴取・収集することや抗議を含めて折衝することができたわけである。西園寺公望も「殊に近ごろはきわめて多事で御苦労されている御様子で敬慕に堪《た》えません」と便りしている（一九〇四年四月二三日付書簡）。

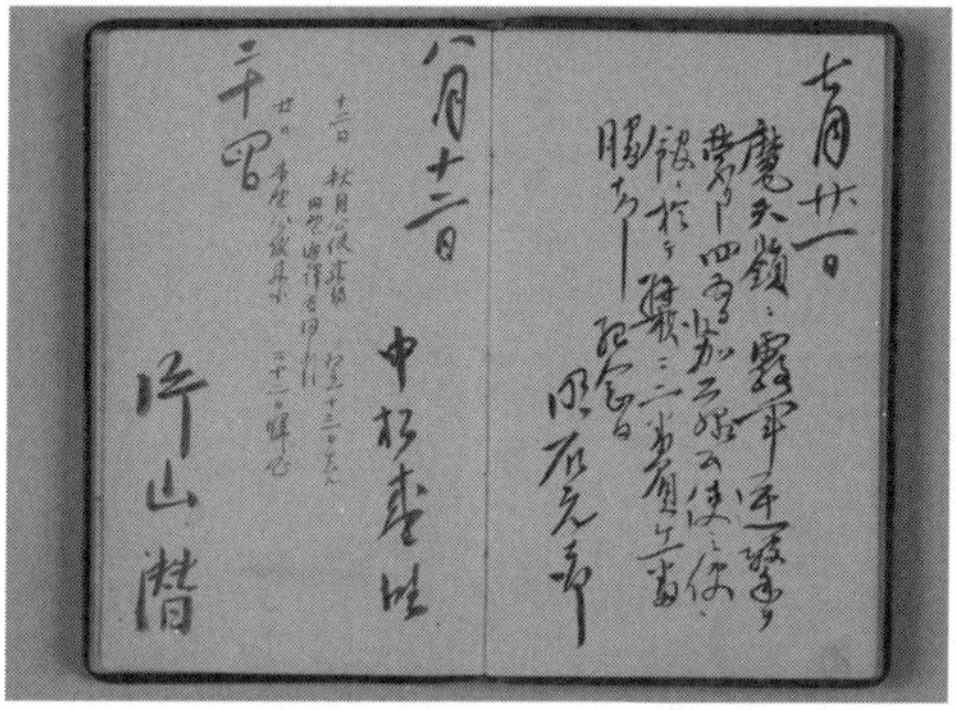

駐ベルギー公使時代の拓川の「芳名録」（正岡明氏蔵）。「片山潜」「明石元二郎」の自署がある。

日本の社会主義者片山潜（一八五九〜一九三三）がオランダで開催された第二インターナショナル（国際労働者組織）第六回大会に出席したあと（一六六ページ参照）、拓川はブリュッセルの公使館で片山に面会している（一九〇四年八月二四日。拓川「芳名録」）。拓川は、日露戦争に対する世界の労働者階級の動向について、彼から情報を得たと見て間違いない。一カ月前には参謀本部付（欧州駐在）として諜報活動をしていた陸軍大佐明石元二郎（前駐露公使館付）が来ていたから（同右）、片山は拓川が明石から得た何らかの情報を示唆されたこともあるかも知れない。拓川は本心で、すなわち反「盗賊主義」で片山と会話したことであろうから。

子規は、拓川がベルギーに向けて出発直後の一九〇二年五月五日から『日本』紙に「病床六尺」を連載し、九月一七日まで書き綴り、翌日、「絶句三句」を残して、一九日午前一時に自宅（子規庵）で他界した。作家小堀杏奴（森鷗外の娘）は、「陸家の人々」に、子規の「苦しみがどれほど烈しい地獄の業苦に似たものであるかは」「日記を」「見る迄もなく明らかだが、それでいてなお彼を幸福の人と感じるところがあるのは、家人以外にも、夜に入って呼べば直ちに駆けつけ、愛情を尽くして慰め、且つ励してくれる羯南氏のような信じ、愛することのできる友人を持っていることだと思う」と、「梨の実を持って見舞に訪れた」羯南の長女（数え一七歳）に触れて書いている（『陸羯南全集』第四巻「月報」）。羯南の連れ合いてつ子は子規が病気になってからは「私共の方で屡々《しばしば》伺いました」、「子供は朝に晩に出かけました」と述べている（「正岡さん」）。子規はよい隣人の家族にどれほど救われたことか。

羯南と拓川との子規の病状・歿後を巡るたびたびの往復書簡は共に真情あふれるものがある。外務省で多忙極まる拓川の羯南宛一八九七年一二月一三日付書簡の追伸に「病人も長く見舞っておりませんけれど、引き続き快方の趣、安心致しております。なお、大小、御気付きの事がありました節は一寸《ちょっと》御申し聞かせくだされたく」とある。ブリュッセルで子規の訃報に接した拓川は「正岡儀、多年一方《ひとかた》ならない御厚恩に浴し、今更どのように感謝申しあげてよいかわかりません。せめて最後の事だけは老兄の御世話を減省いたしたいと存じておりましたところ、又々外遊のために最終まで御厄介になり、恐縮の至りに存じます」、「遺族の事に関しては、今春、お別れした時にお話いた

子規居士墓（中央、2012 年撮影）。右は母八重の墓、左は正岡氏累代の墓。左端は新しい「子規碑」。子規の墓がある大龍寺（東京都北区田端四丁目）には、陶芸家板谷波山・玉蘭夫妻の墓もある。

しました通り、高浜・河東両人に愚意を申し述べ、大体お任《まか》せいたしましたけれど」「母妹より御裁断を仰いだ節には、小生に代わり、御指導くださいます様、懇願奉ります」と（一九〇二年一〇月二七日付書簡）、一切を羯南に委任している。

羯南は拓川宛一九〇五（明治三八）年七月一〇日付書簡で「正岡家は依然隣家にいらっしゃいます。この春には子規の墓石もできました」と報告している。拓川は子規の生前から彼の万一の場合のことを羯南に細々と頼んでおり、墓碑建立はその一つであった。手廻しが良過ぎると思われる向きもあろうが、拓川が子規の死去を二カ月後に知る時代のことであり、周到でなければならなかったのである。子規の墓は当時は畑地の多い東京府北豊島郡滝野川村田端《たばた》（現北区田端）の八幡《はちまん》坂下の真言宗和光山大龍寺に設けられた。

田端にはのちに田端文士村ができる。ここへ居住した嚆矢は画家の小杉放庵（一九〇〇年）で、早くは陶芸家の板谷波山・玉蘭（画家）夫妻、洋画家の山本鼎ら美術家が主であったが、文学の芥川龍之介、室生犀星、太田水穂・四賀光子夫妻、滝井孝作、堀辰雄、川口松太郎らが居住して文士村と呼ばれるようになった。片山潜や平塚らいてう（一六四ページ参照）も住んだことがあり、芥川はここで自死した。歌人の土屋文明も松本高等女学校校長を退任後、『信濃教育』誌編集主任として一九二五年四月に長野市へ赴任するまでの一〇カ月程を文士村で生活した。

羯南の右の書簡には「不折は、帰朝後、中々大家風を吹かせますゆえ、この頃呼び寄せ、戒めておきました」との件《くだり》がある。中村不折は一九〇五年にフランスから帰国した。同年、日本新聞社を退社し、朝日新聞社の社員となった。子規を通じて知己となった夏目漱石の『吾輩は猫である』上中下篇（一九〇五・六・七年）の挿絵を描く。羯南の不折批判はこうした経緯と関係があるだろう。

政友会幹部の原敬は、日露開戦の前段階の一九〇三年一二月、西園寺公望・松田正久と打ち合わせたのち、首相桂太郎と面談し、挙国一致体制づくりに協力することを約束した。その直前まで憲政本党と共に藩閥桂内閣打倒を唱えていた政友会の急変には裏取引があった。原は桂に、日露戦後、政友会と連立内閣を組むか、あるいは西園寺を首相に推薦するか、いずれかを選択することを約束させていたのである。

西園寺は、政友会総裁を辞して枢密院議長になった伊藤と入れ替わりに政友会総裁になっていた。

日露戦争前後はその任にあり、戦中の挙国一致体制に協力する態度をとった。しかし、戦争を冷静な態度で見ていたようで、目立った政治的な活動はしていない。ただ、戦争たけなわの一九〇四年九～一〇月、陸上の戦地からは離れているとは言え、東シナ海を渡って上海から揚子江《ヤンツーチャン》を遡り、景勝地として知られる洞庭湖《トンチンフー》を経て長沙《チャンシャー》まで行き、漢口《ハンコウ》（現武漢《ウーハン》）へ戻って洋務派（体制内改革派）官僚の中心的存在の一人、湖広《フーコワン》総督張之洞《チャンジトン》と会見している。本人は「清国漫遊」と称しているが、かえって作為が感じられる。

日露戦争概観

拓川の親友秋山好古が軍事的に重要な役割を担った日露戦争を、晩年の彼の思想と行動を考察することとも関連して概観する。

日清戦争後における日本の台頭を自らの世界戦略に利用しようとした英国は、一八九一年にモスクワとウラジオストクとを結ぶ最終的には全長九二八八キロメートルに及ぶ通称シベリア鉄道の本格的敷設に着工したロシアを東アジアにおける最大の脅威ととらえ、南下政策を謀るロシアと朝鮮（韓国）・満州を巡って対抗関係にある日本と利害が一致するため、一九〇二（明治三五）年一月、第一次日英同盟に踏み切った。日本側の日英同盟推進の中心は外相小村寿太郎であった。

日清戦争後、清国との宗属関係から解放された朝鮮は、一八九七（明治三〇）年一〇月、国号を大韓帝国と改め、国王高宗が皇帝に即位した。韓国は皇帝権力を強化して、土地の所有関係をある程度明確にして地券を発行し、地租を中心とする財政の安定化をめざし、殖産興業・軍事力強化をはかるなど、地主本位の、不徹底ながらも近代化政策を推進した。また、列強には門戸を開放し、各国勢力のバランスをとって対外関係の安寧を保とうとしたが、ロシアと日本を中心に、英・米・仏などの利権獲得競争は激しく、韓国は列強の侵食に苦しめられた。

しかし、当初、日本政府中枢にもロシアとの妥協を追求する伊藤博文らの動きがあり、英国も日露の武力衝突を望むものではなかったから、日本は自らの東アジア政策に超大国英国の強大な実力を、英国は日本の軍事力を、それぞれの対露戦略に活かそうとしたのである。事実、日英同盟の成立は、さっそく、ロシアに脅威を与え、北清事変（一九〇〇年）以来のロシアの満州軍事占領とその確保に関する清国との条約締結の目論見は、日英両国の強い反対と清国に対する強圧によって阻止された。一九〇二年四月、ロシアは清国と満州還付条約を締結し、一年六カ月以内に満州から撤兵することになったのである。

だが、ロシアは同年に第一回撤兵を実施したものの、翌年四月の第二回以降、撤兵を実行しなかった。それだけでなく、ロシアは鴨緑江《アムノッカン》を越えて韓国内に軍事施設の建設を開始するなど、満州以外の地域にも勢力の拡大をはかろうとしていた。ロシア皇帝ニコライ二世は、八月、東洋艦隊（旅順艦隊・ウラジオストク艦隊）司令長官だった海軍大将アレクセーエフを旅順に新設された極東総督に任命した。

こうしたロシア政府の満州を巡る政策の変化に、一九〇三（明治三六）年四月二一日、首相桂太郎と外相小村寿太郎は、元老の伊藤博文と共に、元老山県有朋を京都市南禅寺町草川（現左京区南禅寺草川町）の別荘（無隣庵《むりんあん》）に訪ね、対露政策を協議し、これに基づいて六月に御前会議が開催された。出席者は五人の元老（伊藤・山県・大山巌・松方正義・井上馨）と首相・外相及び海相（山本権兵衛《ごんべえ》）・陸相（寺内正毅《まさたけ》）であった。元老は天皇の政治顧問的役割を果たした政治家で、憲法その他の規定はなく、いずれも薩・長両藩出身の維新の「功臣」である。この時期、元老だった黒田清隆・西郷従道《つぐみち》（元内相・海相）はすでに他界していた。御前会議は「満韓問題」について、「韓国問題」ではロシアにいささかも「譲与」しない、「満州問題」ではロシアに「譲歩」する（ロシアに多少なりとも譲歩させる）との小村提案を対露協定案として決定し、七月、ロシア側に提示した。

しかし、ロシア側は清国に対して強圧を続け、日本との協議は「韓国問題」のみを対象とする方針だったから、交渉は進展しなかった。けれども、清国は日本の圧迫と国内の反対があって、ロシアの要求を受諾しなかったから、一〇月、ロシアは対清交渉を停止し、満州の占領を続け、対日交渉一本に絞る方針に変えた。そこで、日本政府は一九〇四年一月の御前会議で、満州とその沿岸は日本の「利益範囲外」とすることを承認するが、日本や外国が清国と締結している「条約」に基づく満州における「権利」「特権」を「阻礙《そがい》」しないことなどをロシアが承認するよう要求する対露提案を決定し、ロシア側に手交した。「条約」とは英国や日本などが清国と結んでいた通商条約のことである（英国は一九〇二年九月に、日本は一九〇三年一〇月に締結）。

日本政府のこうした動きのなかで、ニコライ二世の意向は最終的には日本による「韓国占領」を容認するに至っていた。したがって、韓国に犠牲を強いることで、日露開戦を回避する可能性は相当あったことになる。

この経緯からあきらかなように、両国の首脳は開戦の決意を固めて交渉していたのではなかった。したがって、政府系新聞も主戦論を採ってはいなかった。両国は、軍備増強を進めつつ、戦争を辞さない決意を示して、それぞれ、満・韓の権益を独占的に確保しようとしたのである。

しかし、わが国内では韓国の「安全」を脅かす「悪しきロシア」が極端に喧伝され、それが真実であるかのように思い込まされ、陸羯南の場合はすでに見たが（一二八ページ参照）、一九〇三年一〇月、黒岩涙香《るいこう》の『万朝報』までもが非戦論から主戦論に変わった。新聞は、ごくごく一部を除き、対露同志会（会長近衛篤麿）や東京帝国大学などの七博士による強硬な日露決戦論と連動して急速に主戦論に転じ、国民に対してほぼ全面的に開戦論を煽《あお》った。

好古の弟真之をその一人とする陸海軍の中堅将校らが開戦論を主張し、幹部に上申、すでに一九〇三年五月には参謀本部の部長会議で早期開戦の意志統一が行われ、参謀総長大山巖は早期開戦論を天皇に上奏していた。短絡的に言えば、シベリア鉄道が全面的に開通してからでは遅いというのである。一二月、元老・政府首脳会議は開戦不可避と「決断」し、開戦準備に着手、直ちに海軍中将東郷平八郎（一九〇四年六月に大将）を司令長官とする連合艦隊が編成された。連合艦隊は第一艦隊（司令長官・東郷）・第二艦隊（司令長官・中将上村彦之丞《ひこのじょう》）からなり、開戦間もなく、第三艦隊（司令長官・中将片岡七郎）が麾下《きか》に入った。

❖日露開戦

翌一九〇四年一月になって、ロシアの対日交渉の最終案が日本に提示された。しかし、二月四日、御前会議はロシアとの国交断絶と開戦を最終的に決定し、直ちに軍事行動を開始した。すなわち、同日、第一二師団（久留米）に韓国臨時派遣隊の編成とその派遣が命令され、五日、近衛・第二（仙台）・第一二師団からなる第一軍（軍司令官・大将黒木為楨《ためもと》）に動員が発令され、台湾・澎湖島を含む日本沿岸の各要塞に防衛が命ぜられた。同日、連合艦隊司令長官に出動命令が出され、六日、同艦隊は佐世保港から出動した。八日、韓国臨時派遣隊が仁川《インチョン》に上陸し、連合艦隊がロシアの旅順艦隊（東洋艦隊主力）に夜襲をかけ、九日には仁川港外のロシア軍艦を沈没させた。このように日本の攻撃によって戦闘状態に入ってから、同日、ロシアが、翌日、日本がそれぞれ宣戦を布告した。二月一一日、宮城（皇居）内に大本営を設置し、翌々日、第一回大本営御前会議が行われた。

二月一六日に第一二師団の本隊が仁川に、三月一〇日、近衛師団・第二師団が平壌《ピョンヤン》に近い大同江《テトンカン》河口の鎮南浦《チンナムポ》に上陸を開始した。一月二〇日に韓国が日露両国に宣言した中立を無視したのである。韓国の主権とその国民の人権を蹂躙しつつ、清国との国境に近い義州《ウィチュ》周辺に集結した約四万二五〇〇人の第一軍は、日本政府が韓国政府に強要して調印させた日韓議定書をもとに、韓国

【日露戦争概略図】

出典：原田勝正・監修『日露戦争の事典』（三省堂）50 頁掲載の図を元に作成。
※陸上の戦闘の印⚔は省いた。

全土を占領し、四月二九日夜から鴨緑江を渡河し、五月一日、およそ一万六〇〇〇人のロシア軍と激突、同日のうちに九連城《チュウリエンチョン》地域を占領した。一一日には鳳凰城《フォンホワンチョン》に到達し、ロシア主力軍の駐屯している遼陽《シェンヤン》攻撃のための補給を待った。

これより先、三月一五日、第二軍（軍司令官・大将奥保鞏《やすかた》）の編成が発令された。第二軍の編成は第一（東京）・第三（名古屋）・第四（大阪）師団及び野戦砲兵第一旅団で、四月九日に騎兵第一旅団（旅団長・少将秋山好古）が、同二一日に第五（広島）・第一一（善通寺）師団が加えられた。他に、五月三日、大本営直轄の第一〇師団（姫路）が独立軍として発令された。

六月三〇日、第三軍（軍司令官・大将乃木希典《まれすけ》）・第四軍（軍司令官・大将野津道貫《みちつら》）の編成が命ぜられた（ただし、第三軍の編成が決定されたのは五月二七日で、六月四日にはすでに遼東半島に上陸していた）。第三軍には第一・第九（金沢）・第一一師団及び後備歩兵第一・第四旅団、野戦砲兵第二旅団・後備工兵隊（攻城砲兵司令部指揮下）が、第四軍には第五・第一〇師団及び後備歩兵第一〇旅団が配属された。第一師団と第五師団はそれぞれ第二軍から編成替えされ、第一〇師団は独立軍から編入されたのである。同日、満州軍総司令部（総司令官・元帥大山巌、総参謀長・陸軍大将児玉源太郎）が編成されたから、日露戦争における日本陸軍の陣容がいちおう整ったことになる。この時点で、一三個師団中の大半、一〇個師団にプラス七個旅団を満州に投入したのである。

その間、連合艦隊は、二～五月、旅順艦隊を封じ込めるための旅順港閉鎖作戦を三度敢行してすべて失敗した。これは決死の作戦と言われるが、閉鎖に使われる日本船が軍港からのサーチライトに照らされ、旅順要塞から砲撃する威力を甘く判断した結果である。しかし、四月一三日、東洋艦隊司令長官・中将マカロフが、連合艦隊が敷設した機雷に触れた旗艦の沈没で、約七〇〇人の乗組員と共に戦死し、艦隊の士気を低下させた。だが、ロシア政府は、四月三〇日、本国のバルチック艦隊を太平洋第二艦隊として派遣することを決定した。司令長官は少将ロジェストウェンスキー（間もなく中将）。同日、東洋艦隊は太平洋第一艦隊と改称した。バルチック艦隊の来襲以前に旅順艦隊を無力化することが日本軍にとっては必要不可欠であった。

バルチック艦隊派遣の情報は英国から直ちに日本に提供された。英国はすでにおよそ半世紀をかけて世界の主要都市や植民地との間に海底ケーブル網（モールス信号）を敷設していたのである。日本も軍事通信用海底ケーブルを韓国、ついで遼東半島に敷設しつつあった。

この情報収集以前、第二軍は第一軍の鴨緑江渡河に合わせて遼東半島に上陸する計画だったが、海が荒れて遅延した。五月五日、大連《ターリエン》北郊に上陸を開始した第二軍約三万六〇〇〇は、五月下旬になってようやく上陸を完了した。また、第四軍は第一軍と第二軍の中間点に当たる大孤山《タークーシャン》に上陸し、ロシア軍主力が遼陽から南下して第一軍と第二軍を分断し、旅順駐屯軍と共に第二軍を挟撃することを防ぐ楔の役割を果たした。五月二六日、第二軍は金州《チンチョウ》・南山《ナンシャン》を総攻撃し、連合艦隊の艦砲射撃にも支援されながら、死傷者およそ四四〇〇人の犠牲を出して、翌朝、占領した。ロシア軍は二六日夜、旅順方面に敗走した。第二軍は五月三〇日、大連を無血占領してロシア軍を分断し、旅順を孤立化させた。

六月になって、第一軍は一個旅団・三個大隊、第二軍は一個旅団を増強し、先遣の独立第一〇師団が配属されている第四軍と共に遼陽の攻撃に向かった。第三軍は旅順の要塞を包囲・攻撃し、これをバルチック艦隊来襲の二カ月程度以前に陥落させ、旅順艦隊を無力化するために編成されていた。六月四日、第三軍は遼東半島に上陸した。四軍を束ねるのが、参謀総長を山県に代わり、総司令官に就任した大山である。彼は七月一五日に大連に到着した。

❖秋山好古の動向

ここからはしばらく騎兵第一旅団長秋山好古に焦点を当てて見ていくことにする。好古は、旅団長に就任した一九〇三年の九月、「満韓問題」に関する日露交渉が難航しているなか、シベリア沿海州のニコライエフスク・ナ・アムーレ（尼港）で行われるロシア陸軍の大演習に招請された参観武官として、ロシア語のできる歩兵大佐と共に派遣された。彼は、まず、ウラジオストクで軍港司令官を「表敬訪問」し、司令部から軍港を眺め、要塞司令官やウラジオ艦隊（東洋艦隊支隊）司令部も訪ねた。ニコライエフスクでは豪雨による道路決壊のために遠方の軍隊が集合できず、二旅団の対抗演習だけであったが、好古は天津駐在当時の知己が率いる竜騎兵団をはじめ、ロシア陸軍の実態を詳細に観察した。ついで、好古たちはハバロフスクへ行き、黒龍江総督府に総督代理を訪問した。この相手も天津時代の知己で、旅順訪問の公認を得た。旅順でも旧知の極東総督アレクセイエフの「好意」で日清戦争時とはレベルを異にする大要塞を視察することができた。先方の「好意」には日本側に戦意を喪失させようとする意図があったことはもちろんである。

秋山騎兵旅団は、日露開戦後、五月一九日に宇品を出航し、二三日に張家屯《チャンチアトゥン》に上陸、配属された第二軍と行動を共にしたが、偵察任務のために先行したり、機動性を活かした援軍のための別行動をとることが多かった。秋山旅団では、彼自身が参謀出身であり、司令官が作戦をたてた。秋山旅団には第五師団から歩兵二個大隊、さらに第二軍司令部直隷の一個大隊、砲兵第一旅団から一個中隊が配属された。総司令部もようやく騎兵隊の重要性を認識したようで、ここに好古がかねてから提案していた馬に曳かせる繋駕《けいが》機関砲隊が誕生した（新たに増派した騎兵第二旅団にも）。

軍隊の編成に触れておく（歩兵を主として見る）。旅団は二個連隊からなる。師団は歩兵四個連隊と騎兵・砲兵・工兵・輜重《しちょう》兵の各連隊からなり、平時で人員は九〇〇〇人と七〇〇〇人の二種があって、戦時には増員され、日露戦争時の編成定員は平均一万八五〇〇人であった。連隊は数個大隊または中隊からなり、大隊は四個中隊と機関銃中隊または小隊からなる。中隊は三〜四個小隊からなり、小隊は平時には約四〇人であった。

第二軍の本隊は南下してきた満州軍総司令官・大将クロパトキン率いるロシア軍主力としばしば戦い、撃退しながら、兵站輸送の遅滞により、武器・銃砲弾の欠乏やそれ以上の兵糧不足から追撃できず、休息と減食を余儀なくされた。しかし、秋山旅団は交戦しつつ、索敵行軍を続け、斥候による敵情捜索に従事した。第二軍は七月二四日に至ってようやく四個師団総掛りでロシア軍を攻撃し、翌日、大石橋《ターシーチァオ》・営口《インコウ》等を占領した。七月三一日、秋山旅団は総司令部の命令で秋山支隊と称し、主力部隊の移動に先発して北進し、全軍の作戦行動のための偵察も行うこととなった。

旅順攻撃の第三軍を除く、全軍一三万余は、八月二八日、遼陽のロシア軍（二二万余）を攻撃した（遼陽会戦）。九月四日、ロシア軍が退却し、日本軍は辛うじて勝利を収めたが、死傷者はおよそ二万三五〇〇人にものぼった。銃砲弾は欠乏し、栄養不足の兵士は疲労をきわめ、追撃は不可能であった。ついで、沙河会戦は一〇月八日に両軍が激突し、ロシアが攻勢に出、日本軍が反攻、一八日にロシア軍が後退して対峙が続いた。その間、秋山支隊は、広範な戦線で、二個中隊規模の二個挺進隊（約四〇〇人）を発動させて、およそ一万のコサック騎兵団を攪乱し、その機動力を阻止した。この戦闘での死傷者は約二万五〇〇〇人、ロシア軍はおよそ一万二〇〇〇人であった。

❖旅順要塞攻略戦

旅順要塞攻撃は遼陽・沙河両会戦よりもはるかに悲惨なものであった。参謀本部・総司令部と連合艦隊は、バルチック艦隊の来襲に備え、早期攻略を第三軍に要求した。総司令部は、当初、遼陽会戦を九月頃と想定していたから、八月中に攻略させ、第三軍を会戦に動員しようと考えていた。参謀総長山県は満州軍総司令官の大山に第三軍の全軍が現地に集結する以前から要塞攻撃を開始させるよう訓令した。要塞攻略を安易にとらえていたのである。秋山好古が日清戦争当時と比較できないほどに堅固になった旅順要塞の偵察報告を陸相寺内正毅に送り、旅順情報の収集が強調されていたが、活かされていなかったと言える。地図も日清戦争当時のものを使用していたようである。

白玉山から旅順港を望む。旅順市内の至る所から眺められる中央の塔は、日露戦後、日本軍が建てた慰霊塔で、現在は「白玉山塔」と呼ばれている。

第三軍司令部は、武器・銃砲弾が整わないまま、八月末までに攻略するとの杜撰な計画をたて、八月一九日に開始された兵力約五万七〇〇〇人による第一回総攻撃は失敗したまま、遼陽決戦が開始されるので、二四日に中断した。九月一九日に再開したが、二三日に中止した。死傷者は約一万五八〇〇人。第二回総攻撃は、日本国内の要塞に設置されていた二八センチ榴弾砲一八門を移動させて、一〇月二六日に開始したが、砲弾が極度に不足し、巨砲の破壊力を有効利用できずに終わり、三一日に中止した。動員兵力約四万四〇〇〇人中、死傷者三八〇〇人余。

第三回は一一月二二日に旅順攻略を急か《せ》せる天皇の勅語が第三軍に下され、二六日に攻撃を開始した。一二月五日、巨砲の効果もあって、旅順港を見下ろせる二〇三高地を占領した。翌日、第三軍は旅順艦隊を砲撃し、一一日、同艦隊を壊滅させた。旅順のロシア軍が降伏したのは翌年の一月一日であった。参加兵力六万四〇〇〇人中、死傷者は約一万七〇〇〇人。四度の戦闘で第三軍の戦死者はおよそ一万五四〇〇人、戦傷病者は約四万四〇〇〇人にも及んだ。一方、ロシア軍は兵力約三万五〇〇〇人中、戦死者はおよそ七七〇〇人、負傷者・病人は約一万五〇〇〇人をかぞえた。

❖奉天会戦

第三軍を除く、日本軍中の約五万四〇〇〇人は、一九〇五年一月二四日、黒溝台《ヘイコウタイ》へ侵攻し、倍するおよそ一〇万五〇〇〇人のロシア軍に反撃され、戦術の誤りもあって苦戦を強いられた。先行した秋山支隊は約八〇〇〇人の兵力で三〇キロにも及ぶ最前線を守備し、悪戦苦闘した。しかし、二九日、ロシア軍が後退したので、辛うじて「勝利」した。「秋山好古年譜」には「一〇月一〇日〜一月二五日黒溝台」とある。死傷者は日本軍がおよそ九三〇〇人、ロシア軍が約一万二〇〇〇人であった。

続いて三月一日、最後の大決戦、奉天《ウォンテン》（現瀋陽《シェンヤン》）会戦が始まった。「秋山好古年譜」には「二月二七日〜三月一〇日奉天会戦」とあり、ここでも秋山支隊は先行していたことがわかる。第三軍も参戦し、第三軍配属の第一一師団と後備第一師団とであらたに編成された鴨緑江軍（軍司令官・大将川村景明）と合わせ、約一九師団・二五万弱の日本軍は約三〇師団・三六万強のロシア軍を攻撃した。第三軍は全軍の左翼から、鴨緑江軍は右翼から北進して総攻撃に加わった。第一軍は相手の左翼を、第四軍は正面を、第二軍は右翼を攻撃し、鴨緑江軍は相手の左側背を、第三軍は右側背を迂回して攻撃した。騎兵第二旅団をも隷下においた約一万人の大騎兵団に編成された秋山支隊は、第三軍に先行して奉天北方に進攻し、奉天に向かうロシアの一個師団およそ二万五〇〇〇人と対戦した。

奉天会戦は空前の大激突となった。しかし、三月一〇日、ロシア軍は哈爾浜に向かって鉄道を使用して退却した。哈爾浜で陣容を立て直し迎撃しようとしたのである。日本軍は鉄路の遮断を企てたが、ロシア軍の抗戦と銃砲弾不足で包囲することができなかった。この会戦で日本軍の死傷者は約七万人であった。ロシア軍は約九万人の死傷者を出したほか、約二万人が捕虜となった。日本軍はすでに戦力の衰退が極限に達していた。三月一一日、先遣部隊の秋山支隊の一部が奉天の北東七〇キロの鉄嶺《ティエリン》を占領した。「秋山好古年譜」には「三月一一日鉄嶺」とのみある。しかし、哈爾浜へ追撃する余力は皆無であった。

❖日本海海戦

その間、連合艦隊は、旅順艦隊の壊滅前に遡るが、一九〇四年八月一〇日の黄海海戦では作戦上のまずさから旅順艦隊に決定的な打撃を与えることはできなかった。しかし、一四日の蔚山《ウルサン》沖海戦では、旅順艦隊の支援に向かうウラジオストク艦隊を第二艦隊が発見し、砲撃戦の末、壊滅させた。

第二艦隊は将兵・物資の海上輸送の脅威になっていたウラジオ艦隊の捜索を続けていたのであった。
一方、バルチック艦隊（太平洋第二艦隊）は、日本政府・軍部首脳の予測よりはるかに遅れ、一九〇四年一〇月一五日にリバウ軍港を出航した。しかし、太平洋第一艦隊主力の旅順艦隊が壊滅したので、ロシアは二月一五日に、急遽《きゅうきょ》、太平洋第三艦隊を編成して第二艦隊の後を追わせた。日本や英国の抗議により、フランスはロシアの艦船に植民地の港湾を使用させなかったので、両艦隊の物資補給は困難をきわめた。両艦隊（バルチック艦隊と呼ぶ）は五月半ばにヴェトナムのカアムラン湾でようやく合流し、一四日に出航、二七日早朝、朝鮮海峡に進攻した。

連合艦隊は、同日、ウラジオ軍港に向かうバルチック艦隊を迎撃した（日本海海戦）。双方の戦力はほぼ互角だったが、遠洋航海の末に到達したロシア艦隊は、砲弾の質的差異のほか、砲撃技倆と士気の低下の点からもあきらかに不利であった。両艦隊は朝鮮海峡で激突し、戦闘は一日半に及んだが、連合艦隊は、戦艦六隻をはじめ、一九隻のロシア軍艦を撃沈し、五隻を拿捕、病院船二隻を抑留したほか、中立港へ入港して武装解除された艦船も八隻あって、ウラジオに着港したのはわずかに三隻であった。大勝利の要因は敵前一八〇度回頭して同航戦（平行して走り戦う）を展開した初戦の砲撃戦術にあると強調された。作戦で中心的役割を果たした参謀・海軍中佐秋山真之も当初はそう強調した。しかし、この完勝を決定づけたのは、彼ものちに指摘している通り、多数の駆逐艦、殊に水雷艇の活動であった。ロシア側の戦死者は約五〇〇〇人、捕虜は六一〇〇人余で、日本側の死傷者は約七〇〇人、艦船の損害は水雷艇三隻のみであった。この日本海海戦の結果は、余力のあるロシアを講和のテーブルに着かせる有利な条件となった。

❖講和に向けた動き

一九〇四年二月四日、御前会議がロシアとの国交断絶を決定したその日、伊藤博文は側近の金子堅太郎（元農商務相・法相）に対米工作を指示した。金子は第二六代米国大統領セオドア・ローズヴェルトの大学生時代からの友人であった。伊藤の金子への依頼は早期講和を目論んでのことであった。参謀総長の山県は奉天会戦直後の一九〇五年三月二三日に意見書「政戦両略論」を桂・小村ら政府首脳に提出し、早期講和の実現以外に危機を打開する方法はないと主張していた。

日本海海戦後間もない五月三一日、日本政府は駐米公使高平小五郎に米国大統領に日露講和の斡旋をするよう要請することを訓令し、六月一日、高平はローズヴェルトに懇請した。ローズヴェルトは、六月九日、日露両国に対して講和勧告文を手交、日本政府は九日に、ロシア政府は一二日にそれぞれ受諾した。ローズヴェルトは、日露講和の斡旋により、ノーベル平和賞を受賞したが、中米諸国に対して強圧を加えており、けっして平和主義者ではなかった。しかし、米国は、日露戦後、自ら主張する清国の門戸開放政策を推進するために、日本の調停依頼に応える必要性があったのである。

アフリカの植民地問題などで互いに抗争していた英・仏・独は、いずれも日露戦争の早期終結を望んでいた。イギリスは日本が「勝ち過ぎ」て「満州」を独占することを警戒していたし、フランスは、ドイツとの対抗上、ロシアと協力し合う立場にあったからである。

ローズヴェルトの講和勧告を受諾したのち、日本陸軍は「火事場泥棒」式にサハリン（樺太）全島を占領した（七月）。

講和会議の前段階で、日本は経済的にも軍事的にも戦争継続が不可能になっていた。日露戦争の経費はおよそ一八億円で当時の一年の国家予算の六倍であった。経費のうち、八億円弱は外債で、あとは国民から募った国債と増税で都合した。日露開戦直後の一九〇四年二月二四日、外債獲得のために日本銀行副総裁の高橋是清が欧米へ出発した。外債は主として英・米両国から集められた。海外の新聞は宣戦布告なしの出撃に批判が多かったが、その一方、通信網の発達した英国が発信する情報による初戦「勝利」の報道は、外債募集に有利であった。増税は、地租・酒税のほかに、所得税・営業税、醤油税・通行税などで、専売益金がとくに増税率が高かった。財政規模は戦前の一九〇三（明治三六）年度の一億四六一六万円余から戦後の一九〇六年度の二億八三四七万円弱へとおよそ二倍に膨張し、生活必需品への増税は物価高騰を引き起こし、とくに中下層民の生活をおびやかした。

日露講和会議は八月一〇日、米国大西洋岸のポーツマス軍港で開始された。日本の全権委員は外相小村と駐米公使高平、ロシアの全権は元蔵相ヴィッテ（のちに首相）と駐米大使ローゼンであった。ロシア皇帝は主戦派の駐米大使を替えて前駐日公使ローゼンを任命したのである。ロシアでは、一九〇五年一月、首都サンクトペテルブルクで血の日曜日事件に始まる革命運動が高まっており（ロシア第一革命）、六月には日本海海戦での敗北と係わって黒海艦隊の戦艦ポチョムキン号で水兵が反乱を起こした。これらはロシア政府をして講和に臨ませる一要因となった。八月二九日の第一〇回講和会議で日露双方は妥協し、九月五日に調印した（一〇月に公布、一一月に批准書交換）。戦場となった清国からの条約の締結に関与させよとの要求はいっさい無視された。帝国主義戦争の本質が露骨に示されている。

ポーツマス条約の主な内容は、ロシアは韓国における日本の優越権を承認し、旅順・大連の租借権及び長春〜旅順間の鉄道権益を日本に譲渡し、鉄道守備日本兵の配置を承認し、サハリン（樺太）南半分を日本に割譲し、沿海州の漁業権を日本に承認したことの五点である。領土割譲は、賠償金を要求する日本とこれを拒否するロシアの妥協によるもので、無賠償は欧米列強も強調していた。

しかし、軍属を合わせると、およそ一三〇万人を動員し、戦没者約八万八〇〇〇人、戦傷病者約四四万人も出して、生活苦に耐えて戦争に協力した日本国民は、連戦連勝と伝える報道を聞かされていたから、講和条約の内容を不満とする人たちが多かった。報道の軍事統制を強制されていた新聞もほとんどが講和条約の破棄、戦争の続行を主張し、いっせいに政府を攻撃した。そのため、九月五日、東京の日比谷公園で講和条約反対の国民大会が開催され、少なからざる民衆が、国民大会に弾圧を加えた責任者（内相）の官邸を始め、講和支持の新聞社、警察署・交番、キリスト教会などを焼き打ちした（日比谷焼き打ち事件）。政府は戒厳令を発布して軍隊を出動させ、これを鎮圧した。

日露講和条約批判と非戦を唱えた人びと

政府・軍部の無責任の結果である日比谷焼き打ち事件の一方で、冷静に講和問題に対処しようと努めた人もいた。政友会総裁の西園寺公望もその一人であった。さらにすすんで、世界の大局を見つめた日露講和条約批判や日露開戦前段階からの非戦論（反戦論）とそれらの主張者の思想は、拓川の思想、殊に晩年の思想と関連があるので、とりあげておこう。

❖児玉仲児

日露講和条約批判者の一人に自由民権運動出身の元代議士児玉仲児《ちゅうじ》（一八四九〜一九〇九年）がいる。かれは紀伊国（現和歌山県）那賀郡中山村（のちに粉河町《こかわちょう》。現紀の川市）に生まれ、居住した。児玉は、日露戦争終結直後、北海道にあった長男亮太郎《りょうたろう》（のちに代議士。原敬のブレーン）宛に三通の書簡を送っている。

その第一信には「戦争ほど馬鹿馬鹿しいものはない。国民の歓迎と称するお祭り騒ぎの、東郷あたり、大山あたりは恰《あたか》も火上に躍る虫のようなものだ。顰蹙《ひんしゅく》のほかはない」とあり、講和会議開始直前の第二信では「清政府の講和談判に関与することを望むのは」「至極当然のことであり」、日本の「領土や償金に対する多大不当の欲望は結局失策の原因になるのではないか」と、公平な見解

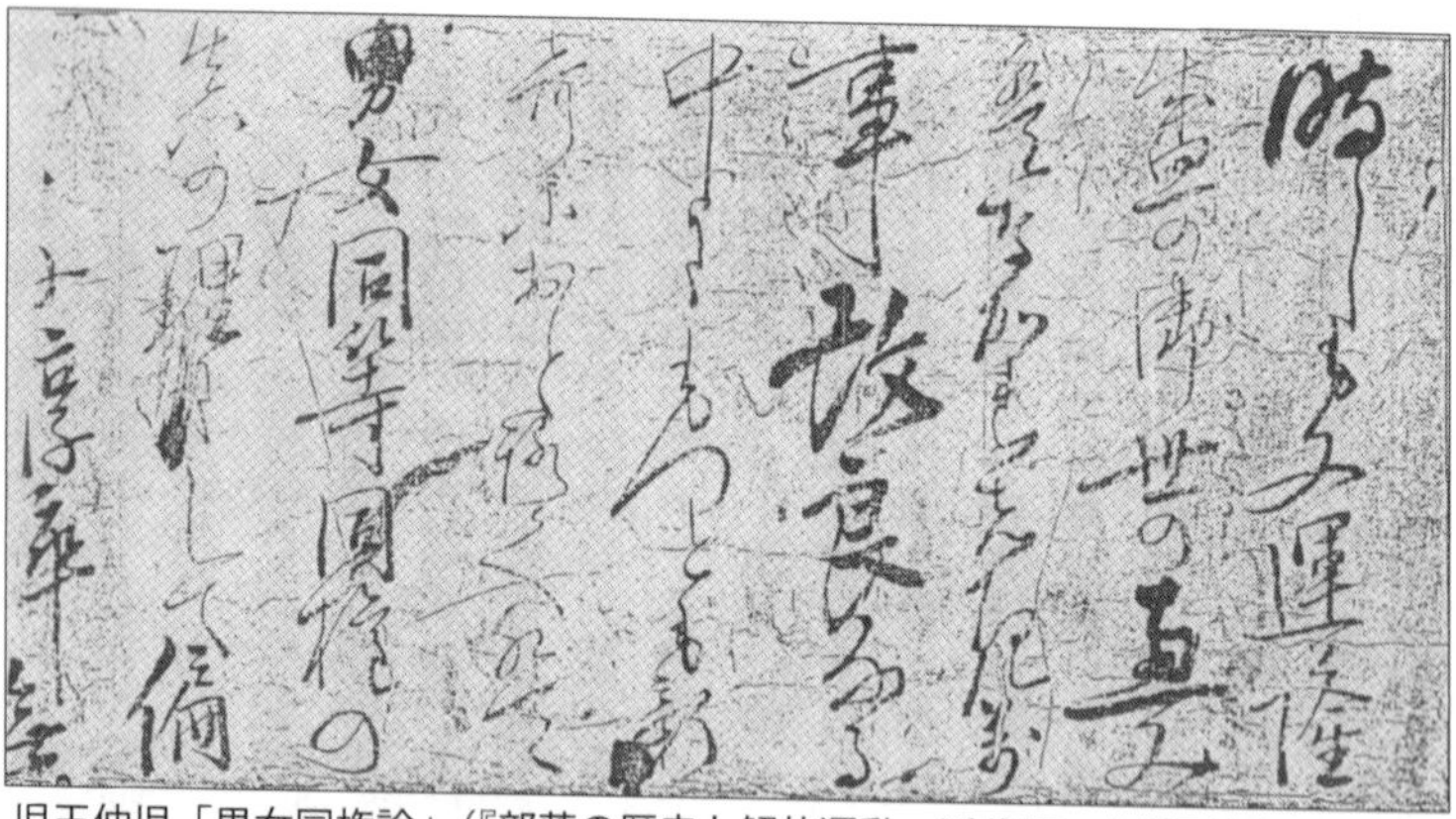

児玉仲児「男女同権論」(『部落の歴史と解放運動　近代篇』〈成澤榮壽著、部落問題研究所出版部〉より転載)

とそれに基づく危惧の念を認《したた》め、賠償獲得を扇動する国家主義者を批判した。

そして条約調印直後の第三信には「(九月)五日以来の東京の騒ぎはどうか」、「実に言語同断である」、「昨年二月八日」の開戦以来、「我が国民は幾多の不調子を続けたと思う」、「この上は人智の予測できない不調子を演出し、一国滅亡に至って後に止むであろう」と予測した。夏目漱石が小説『三四郎』で「広田先生」に日露戦後の「一等国」日本を「亡びるね」と言わせたのと同じ趣旨である。

児玉は一〇月に地元粉河で「日露講和批評・戦後経営」と題して講演し、長男への手紙と同様の内容を述べた。この講演の要旨は、『紀伊毎日新聞』に連載された。

その要点は、一、戦争終結の「大事」に、なぜ臨時議会で日露両国の経費や死者などの「形勢」を報告し、審議しなかったのか、二、多く殺戮し、される戦争に「正義」「仁義」はない、三、ロシアも多額の軍事費を支出したに相違なく、「如何に厚顔な人も自分勝手の熱を吹け」ないはずで、「償金は取れないことは明《あきらか》なるに持ち出したるは不満だ」、そもそも「償金を取るなどという風潮は過去に属する」ことなのに、「自ら称して文明というが、この問題を担ぎ廻わる間はなお半開（文明開化の）にも行かない」であった。

このような快気炎をあげたあと、彼は富士山麓で世界平和博覧会を開催しようと提唱した。児玉は一方では半封建的地主・小作制を経済的基盤としながらも、中山村の農家が働き手を兵士に取られ、戦死者を出し、生活に難渋している様子を見、支援の手を差し伸べながら悲憤し、「人間」本位の立場で生産点から戦争そのものを罪悪視していたのである。

講演のなかで、児玉は日露非戦論を唱えた群馬県の安中《あんなか》教会の牧師柏木義円（一八六〇〜一九三八）の言説に触れている。柏木は同志社における新島襄門下であった。児玉は慶応義塾で福沢諭吉の直弟子だったが、反封建思想だけを学んだ観がある。彼は新島襄に私淑した。児玉の次男充次郎は、いやいやながら、兄と同様に同志社に学ばされ、父と同じくキリスト者となり、内村鑑三の影響を受け、和歌山で日露非戦を唱えて活動し、のちに粉河基督教会の初代牧師に就任した。充次郎の活動は紀州新宮における医師「毒取《ドクトル》大石」こと大石誠之助《せいのすけ》、真宗大谷派僧侶高木顕《けん》明《みょう》、大石の甥西村伊作（のちに文化学院を創立）らの非戦運動と繋がるものであった。大石は社会主義者幸徳秋水・堺利彦らの『平民新聞』を経済的に支援していた。

児玉仲児は、上下のない大円卓テーブルで食事をするなど、福沢流の形式的な「平等」主義も実践したが、天賦人権に基づき、福沢をはるかに超えた徹底した男女平等論を主張し、未解放部落民を雇用するなど、部落差別撤廃ととりくんだ先進的な人物でもあった。

❖安藤正楽

愛媛県宇摩郡中村（のちに土居町《どいちょう》。現四国中央市）の富農に生まれた安藤正楽《せいがく》（一八六六〜一九五三）は、福沢の『学問ノススメ』の影響を受けて学問を志し、明治法律学校（現明治大学）で国際法を学び、歴史学を研究し、日露開戦の前年（一九〇三年）に愛媛県会議員に当選した。彼は、日露戦後の一九〇七（明治四〇）年、県会で陸軍砲兵演習場へ通ずる軍用道路を県費で開設する県当局の計画に反対する識見と格調の高い反対演説を行った。

安藤は、まず、欧米諸国民間に個人尊重の意識が高揚しつつある一方、日露戦後のわが国でも「国家本位の極弊」が露呈していると指摘し、「軍国主義を徹底する為」の「軍事上の設備を県事業」とするの非を論じ、「県には県の為《な》すべき事業がある」と言い、「試みに問う。教育は如何《いか》なる状態か。学校について言えば、義務年限延長（四年から六年に）の結果として県下に完全なる小学校があるか、どうか。郡立学校にすら、他にも誇り、かつ安心できる学校があるか。一《ひとつ》もないではないか」、衛生・土木・港湾・河川・治安は「どうか」、次々に具体的な問題点を列挙し、熱誠をもって問いかけ、「誠に県の利害を考え、県民の福利を増進しようとしてこの案を出したとすれば」「大いに間違っている」と、知事に計画の撤回を要求したのである。しかし、県提案は可決され、この質問は彼の県会における最後の演説となった。

　彼は、この演説の二カ月前、日露戦争の帰還兵たちに依頼されて、地元に「日露戦役紀念碑」の碑文を撰書した。当時から安藤は書家として全国レベルで知られていた。彼は「出征」兵士を少しも讃えず、戦争というものを人びとに考えさせようとした。平易な碑文には、非戦のためには「他なし。世界人類のために忠君愛国の四字を滅すにありと予は思う」と認《したた》められた。

　これを見つけた官憲は驚愕し、一九一〇年一一月、（伊予）三島警察署は安藤を検挙し、碑の破壊を命じたが、彼は拒絶した。警察当局は、安藤の題額「日露戦役紀念碑」の文字だけを残し、全

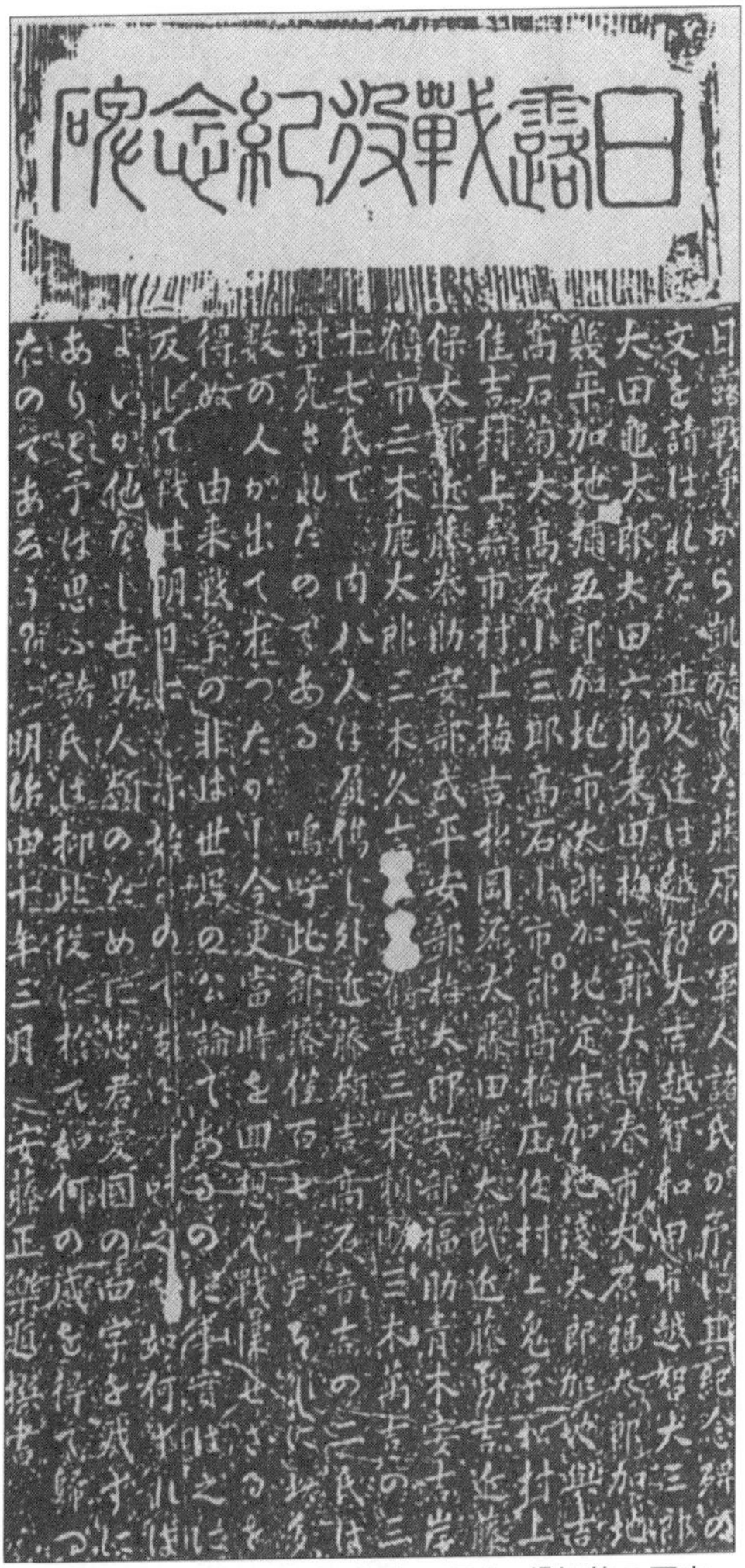

安藤正楽「日露戦役紀念碑」拓本（『部落の歴史と解放運動　近代篇』〈成澤榮壽著、部落問題研究所出版部発行〉より転載）

文を削り取った（全文の拓本が残っている）。この年五月、「大逆」事件の検挙が開始されていた。安藤は、翌年一月、秋水・大石誠之助らが処刑された日に釈放された。

安藤は、この記念碑文を書いた前年に、二人の戦死者の遺族に請われ、二基の墓碑銘を書いた。碑銘はいずれも漢文で、戦死者の「名誉」をいささかも讃美せず、その死を悼み、哀しみ、戦争の悲惨さを嘆いた。県会最後の演説や「日露戦役紀念碑」もそうだが、非戦平和の思想が鮮明である。墓碑のため、この二つは破壊されずに現存している。

徹底した平和主義者の安藤は非戦平和の詩歌を多数遺している。徴兵検査に立ち会って、老父母や貧しい家族を思い、心まで徴兵されるなと詠み、軍国主義を直截に批判し、自らの古代史研究を踏まえて絶対主義的天皇制を批判したのである。天皇制ファシズムの荒れ狂った時期を悶々と生きた彼は、敗戦の年の秋、自らの感慨を漢詩二編に詠んだ。一編は自らの「仮死五〇年」を嘆き、もう一編は日本軍国主義の侵略戦争が「拋棄」されたことを「天日」（お天道様）に感謝している。

安藤正楽は児玉仲児と同様に部落問題や女性問題についてもすぐれた実践がある。彼は未解放部落の児童が他の子どもたちと別学にされている差別問題を三回にわたって県会で県当局を追及した。彼の質問の特徴は、県下学齢児童全体の不就学の多さ、教員不足による教育効果の低さなど、「国民教育の普及」上の解決すべき課題の重要な一つとしてとりあげている点にある。この質問のなかで、安藤は同時に障がい児学校の設置も要求している。

安藤は日本画家としても知られ、白樺派の芸術家と交流し、工芸の世界に個人主義を成立させた陶芸家の富本健吉らと雑誌『白樺』の展示頒布会にたびたび作品を出品した。歌人与謝野晶子と親交があり、彼女の肖像画も描いている。彼は自己の個性と才能を活かして精力的に活動した晶子に明日の日本女性を見出していたのであろう、一九二三（大正一二）年、安藤は新潟県の豪農の生後間もない女児に、能力を最大限に発揮して自由に生き、能力を人類の幸福のために活かせとの願いを託した手紙を送った。知己の夫妻に娘をそのように育ててほしいと認《したた》めたのである。彼は女性の人格尊重を信条とし、日常、身近で実践した。

❖原田琴子

雑誌『青鞜』には唯一の反戦小説がある。原田琴子《ことこ》（一八九二～一九七三）の「戦禍」がそれだ。総力戦が展開された第一次世界大戦中の一九一五年一一月に発表されたことに意義がある。この小説は、夫の日露戦争への「出征」が新妻に過重な苦痛を強い、彼女を狂い死にに追い込み、幼児や夫の父母、全家族が不幸になる様相を普遍性をもって描き、「人類」にとって「無益にして徒《いたず》らな殺生」を問うた、家父長的「家」制度批判の小説でもある。

原田（旧姓斎賀）は千葉県五井町《まち》（現市原市）の生まれ。酒造業を興した祖父の反対で千葉県立高等女学校への進学を認められず、一九〇七年、裁縫ならよかろうと許可され、東京家政女学校（現東京家政大学）へ入学した。しかし、忠君愛国・良妻賢母主義の教育に飽き足らず、二年後、成女高等女学校（現成女高等学校）へ編入学した。

一九〇八年三月に平塚明《はる》（らいてう、一八八六〜一九七一）が夏目漱石の弟子森田草平《そうへい》と心中未遂と喧伝された塩原事件を起こした。彼女に対する批判・攻撃が集中するなかで、彼女の数少ない理解者の一人に宮田修《しゅう》がいた。彼は彼女の知性と能力を高く評価し、将来に期待する文章を発表した。原田はこれを読んで、女性の人格尊重を主張する宮田が校主（理事長に相当）を務めていた成女へ転校したのである。

原田は一一年に成女を卒業し、日本女子大学校（現日本女子大学）へ入学した。在学中に「良縁」があったら嫁ぐ条件で父に許可された。しかし、一二年春、前年に結成された青鞜社に参加した彼女は女子大の半強制的な精神修養に馴染めず、一年半で中途退学した。

ところが一二年秋、生家の相続人の姉が他界し、帰省した彼女は亡姉の夫との結婚を当然のこととして迫る「家」制度の重圧に抵抗しなければならなくなった。原田は家出し、一四年初め、宮田宅に居候した。その間、祖父は逝き、小湊鉄道の創業者である父は家出を要因にノイローゼになった。父は娘に譲歩した。彼女は宮田の助手を務めながら、平塚らいてうを中心とする青鞜社で積極的に活動し、一三年秋からは有力メンバーの一人となった。短歌・小説・翻訳などを『青鞜』誌に多数発表し、同誌後半期の最も主要な執筆者の一人でもあった。

原田は、青鞜社の活動と平行して、文芸誌『我等』に短歌を発表し、同誌終刊後は、一五年発足の潮音社（主宰太田水穂）の同人となり、一六年二月の『青鞜』終刊後は歌誌『潮音』が彼女の主な発表の場となった。一八年一二月、彼女は原田実と結婚した。彼も水穂門下で、スウェーデンの女性解放論者エレン・ケイを日本で最初に紹介した教育学者であった。

しかし、二人が結婚するまでには二年近くを要した。彼は戸主の長男、彼女は戸主の唯一の実子。両人の生家は当事者の合意を無視して相手が当方へ来るべきだと争った。二人は旧民法下の「家」制度に基づく無理解とたたかった。結局、生まれた子どもの一人に戸籍上の斎賀を相続させることで結着した。結婚後、原田琴子は、この体験を活かして、『万朝報』と『国民新聞』に約五〇〇枚と七〇〇枚の「家」制度を批判した長編小説を連載した。人間性、ことに女性の人格無視を追及した二つの小説は、家父長的な「家」にかわって一夫一婦の「家庭」が強調され始めた時期に発表された。そのため、守旧的にせよ、開明的にせよ、矛盾に苦しむ人が少なくなかった当時、彼女の小説は好評であった。

原田琴子は作歌を続け、六二年に歌集『さざ波』を上梓した。目を引くのは戦時下の短歌である。占領下にあるポーランド国民の悲しみに「ドイツを憎む」と歌い、日本に侵略されている中国に思いを馳せて「牛馬のごとくも人の屠られてハルハ河岸の目も泣くらん」と詠んだ。そして「あとがき」に「戦争に反対する文字を掲げて」「チンドン屋の」「ように町から町へ脚のつづくかぎり歩いてまわりたい」と認《したた》めた。彼女には部落問題を扱った作品はないが、娘時代から成育地域の未解放部落を心に掛けていたという。

❖幸徳秋水・堺利彦・片山潜・内村鑑三・田中正造・与謝野晶子・木村熊二

対露開戦論に転換した『万朝報』を退社した幸徳秋水・堺利彦（一八七〇～一九三三）が一九〇三年一一月に創刊した『平民新聞』（週刊）で、弾圧を受けながら、開戦前から「愛する同胞」に向かって戦争反対を訴え、開戦直後に「露国社会党」に反戦の連帯を呼びかけたことはよく知られている。『平民新聞』はロシアの文豪トルストイの長文の反戦論の全訳も掲載した。

また、一九〇四年八月に開催された第二インターナショナルのアムステルダム大会で日本代表片山潜がロシア代表プレハーノフと連帯の握手をして日露両国人民は友人であると表明し、満場の拍手がこれに応えたこともかなり知られており、秋水・堺と共に『万朝報』を辞した内村鑑三が『聖書之研究』誌で反戦平和を説いたことも同様である。

さらに内村が熱心に支援した足尾鉱毒事件の田中正造（一八四一～一九一三）が部落差別の不条理と、自らの過去を反省しつつ、鉱毒被害のために最も犠牲を強いられた若い女性の人権擁護を訴え、それと同時に非戦と平和を高唱したこともだいぶ知られるようになった。足尾銅山の銅で製造された砲弾が日露戦争で使用され、その最中に鉱毒の遊水池とするために、栃木県議会で秘密裡に、谷中村を水没させることが決定された。この一事だけからも、田中は戦争を許せなかったはずだ。

与謝野晶子（一八七八～一九四二）が『明星』一九〇四年九月号に発表した厭戦詩《えんせんし》「君死にたまふこと勿《なか》れ（旅順口包囲軍の中に在る弟を嘆きて）」は当時から大変注目された。

しかし、日本人による最初のキリスト教主義の学校、明治女学校の創立（一八八五年）の中心となり、初代校長を務めた長老派プロテスタント一致教会牧師木村熊二（一八四五〜一九二七）は、一八九三年、招かれて長野県北佐久郡小諸町（現小諸市）の小諸義塾を開設してその塾頭（校長）に就任したが、義塾へ補助金を拠出している小諸町長の要請にもかかわらず、日露開戦直後に軍事国債に応募することを辞退し、そのことが要因になって義塾が閉鎖に追い込まれていったと知る人はほとんどいない。木村は閉塾に追い込まれる危険性を十分承知の上で自らの良心に従い、戦争協力を拒絶したのである。木村の葬儀で知人を代表して弔辞を述べた内村鑑三は、名利を捨てて良心に生きたキリスト教界の先達である木村に対して敬慕の誠を捧げた。

非戦・反戦の意志と行動は探せば全国に無数にあるだろう。掘りおこしが求められる。そのことは国民がアジア太平洋戦争に至る戦争責任を自覚的にあきらかにし、明治維新以来今日までの一四〇有余年の半分近くを米国の人身御供《ひとみごくう》にしてきた沖縄の解放にも繋がり、日本の未来を切り開くことになるだろう。

V

保護国韓国を巡って

――「盗賊主義」に我慢ならず

韓国の保護国化

日露戦争に功労ありとして一九〇六（明治三九）年四月に特別叙勲を受けた駐ベルギー公使加藤拓川は、同年、マドリード大聖堂で行われたスペイン皇帝アルフォンソ一三世の結婚式に日本の特派使節として夫妻で参列した。そして六月、赤十字条約改正会議（於・ジュネーブ）に日本全権委員として出席した。赤十字条約は一八六四（元治元）年にスイスのジュネーブで締結された戦争による傷病者や捕虜の保護を目的とした国際協力の条約で、日本は一八八六（明治一九）年に加入を承認された（原「日記」）。本部の赤十字国際委員会はジュネーブに設置され、現在もジュネーブにある。ジュネーブは国際連合欧州本部をはじめ、かずかずの国際機関が置かれている世界有数の国際都市である。

赤十字条約改正会議への列席は駐ベルギー公使時代の拓川にとっての最大の出来事であった。国際会議に全権委員として出席するのは主催国に駐剳する公使であるのが一般であり、スイス連邦は駐墺公使の兼任だったが、一八九九（明治三二）年から公使だった牧野伸顕《のぶあき》（大久保利通の次男。のちに外相・宮内大臣・内大臣）はこの年三月に文相に就任しており、空席であった。そのこともあったが、専門外交官だった拓川がその任に当てられたのであろう。しかし、これには韓国保護条約（第二次日韓協約）に基づく保護国韓国の外交問題が絡まっていた。

日露戦争中、韓国侵略を強めた日本は、韓国人の抵抗を圧殺しつつ、一九〇四年八月、第一次日韓協約を締結し、政府は日本人を韓国の財政・軍部・警務などの各顧問として送り込み（外交顧問のみ親日的米国人）、すでにいわゆる顧問政治を開始していた。

ついで、ロシアが日本の韓国に対する優越権を認めたポーツマス講和会議の開始前後に、首相桂が米国陸軍長官タフトと東京で、日本が米国のフィリピン統治を認める代わりに、米国に韓国における日本の優越的地位を認めさせる秘密の覚書を手交し（桂・タフト密約）、一方、英国とは駐英大使林董が英国で第二次日英同盟協約に調印し、同盟の適用範囲を英国の植民地インドまで拡大する代わりに、英国に韓国に対する日本の保護権を認めさせた。

このように米・英・露三国との帝国主義国同士の容認を得た上で、一九〇五年一一月、枢密院議長の伊藤が、「韓国皇帝御慰問之《の》為」との名目で、天皇の「勅使」として韓国へ特派された。彼は、韓国駐劄軍を背景に、抵抗する皇帝高宗に強圧を加え、高宗の言質を取り、皇帝と大臣との君臣関係を利用し、詭弁を弄して参政（首相）ら大臣たちを恫喝して外部大臣（外相）に駐韓日本公使林権助との第二次日韓協約調印を強制した。

第二次日韓協約は、第一に天皇が韓国の条約締結権を実質的には全面的に剥奪し、のみならず、第二に日本の韓国統監（レヂデント・ゼネラル）が韓国政府の関与なしに皇帝に「内謁」する権利を有するというものであった。日本政府は、この協約をもとに、翌月、「統監府及び理事庁官制」を公布し、漢城（現ソウル）に統監府を、漢城を含む韓国内一〇カ所に理事官（レヂデント。直訳すれば駐在事務官）を長とする理事庁を設置した。

天皇の直隷下にあり、駐劄軍司令官に対する命令権を始め、さまざまな権限をもつ統監は、韓国皇帝に「内謁」の上、指揮下の各地理事官を通して韓国の内政支配を拡大していった。保護国は外交権・軍事権を制限されるが、行政権は保持を承認されるのが一般である。しかし、韓国の場合は行政権を著しく侵害され、形式的にはともかく、実態としては次第に単なる保護国ではなくなっていったのである。しかも、建前としては韓国の政治は二重権力構造になっていたが、絶大な権力を掌握している統監は、韓国の兵士や人民の義兵闘争を弾圧し、政治上の有力者を懐柔して、政治権力を実質的に一元化していくことが可能であった。その結果が韓国併合となる。

初代統監には伊藤が就任した（一九〇五年一二月）。彼には第二次日韓協約締結過程に見られるあまりにも強引な体験があり、それらに基づく体現者としての恣意的な自負の念があった。そこに拓川が赤十字条約改正問題で窮地に陥れられた根本原因はあったのである。

日本政府は、一一月二二日、拓川を含む各国駐劄大使・公使を通じて英・米・清・仏・独・墺（オーストリア）・白（ベルギー）・丁（デンマーク）・伊各国政府に新協約とそれに基づく宣言を通告した（『日本外交文書』）。九カ国政府は、米国が率先して翌年春までに、逐次、駐韓公使館を閉鎖し、韓国との外交事務は直接または駐日公使を通じて日本の外務省と行い、また、存続する各国在韓領事の外交上の地方的事務は、総監の指揮・監督のもとにおける理事官および韓国官憲と行うこととなった。韓国の外部（外務省）と在外公館は廃止された。

ところで、時の首相は西園寺であった。先の原を中心とする政友会と桂との取引により、一九〇五年一二月、第一次桂内閣が退陣し、翌年初め、第一次西園寺内閣が成立した。原が内相に、松田正久が法相（のちに蔵相兼任）に就任した。外相には第四次伊藤内閣で外相を務めた加藤高明が就任したが、鉄道国有法案に反対して辞任し、韓国の保護国化は西園寺の兼任外相のもと、元老トップの伊藤主導で行われた。

赤十字条約改正と拓川

赤十字条約改正会議は、未曾有の大規模な近代戦争だった日露戦争の結果、戦争によって避けることのできない「惨害」をいかに「軽減」するかという「人道」的見地から戦地軍隊の傷病者をどのように処置するかが重大な問題となって開催されたものである。締結後の条約の日本語訳正式名称は「戦地軍隊ニ於ケル傷者及病者ノ状態改善ニ関スル条約」となっている。

赤十字条約改正会議に臨むにあたって、わが国では「韓国の参加」が問題になった。まず、一九〇六年三月一〇日、会議主催国スイス連邦大統領からの「日本帝国外務大臣」（西園寺兼任）宛招請状は日・韓両国への招請になっていた。招請状には「韓国ハ千九百三年一月八日ヲ以テジュネーブ条約ニ加盟シタルニ付《つき》、同国ヲモ同会議へ招請方ニ付、閣下ノ御斡旋ヲ相煩《あいわずら》」わしたいとある（『日本外交文書』）。三月一二日にスイス連邦外相より重ねて韓国招請の電報が外務省へ届いた

(同右)。一九〇三年に赤十字条約を批准している韓国に対する主催国からの招請が韓国の外交権を掌握している日本国へ来たのである。翌日、兼任外相西園寺は韓国統監伊藤宛に「本大臣ヨリ帝国政府ノ同会議(赤十字条約改正会議)ニ派遣スル委員ハ同時ニ韓国ノ為《た》メ同会議ニ参列スル都合ナル旨、回電シタキ考《かんがえ》ナリ」と打電した(同右)。三月一六日、伊藤から兼任外相宛に「貴電」の「件ハ異存ナキニ付《つき》、韓国政府ヘモ其《その》旨、既ニ通知シタリ」と返電があった(同右)。

これを受けて、西園寺内閣は、三月二二日に赤十字条約改正会議に出席することを閣議決定し、翌日の閣議で「帝国政府ノ委員ニ於《おい》テ同時ニ韓国ヲ代表スベキ儀」を決定してスイス連邦政府に回答した(『日本外交文書』)。ついで四月九日、兼任外相西園寺は条約改正会議の全権委員として駐ベルギー公使加藤恒忠を派遣したい旨を陸海軍両大臣(連名)宛に通知し、同時に両省から全権委員に訓令すべき事項及び派遣すべき軍事専門委員を決定するよう要請した(同右)。これに対して陸相寺内正毅は、まず、一二日、「赤十字条約仮定改正案」を西園寺宛に送達し、二〇日、陸軍の国際通である大佐明石元二郎及び陸軍一等軍医正(医博)・陸軍省参事官(法博)を、翌日、海相斎藤実《まこと》は海軍中佐一条実輝《さねてる》(公爵)を専門委員に決定した旨、回答をそれぞれ、西園寺に寄せた(同右)。二七日、閣議は全権委員と軍事専門委員を決定した(同右)。

これより先、三月二三日、兼任外相西園寺は在ベルギーの拓川に対し、「貴官ハ四月二一日赤十字会議委員ヲ仰付ケラレタリ。専門委員ノ氏名ハ在墺公使館ヨリ電報スベシ。尚《なお》貴官ハ同会議ニ於テ韓国政府ヲモ代表セラルル儀ト御承知アリタシ」と打電した(『日本外交文書』)。

三月二六日、兼任外相西園寺は拓川に対する天皇の全権「御委任状案」及び天皇への「上奏案」を作成し、首相西園寺宛に提出、天皇は拓川への全権委任状を発行した（『日本外交文書』）。これには「議定スル所ノ各条目ハ朕《ちん》（天皇）親シク検閲ヲ加エ、其《その》妥善（妥当）ナルヲ認メテ後、之《これ》ヲ批准スベシ」とあり、韓国政府をも代表するとは記されてはいない。しかし、五月一九日発の兼任外相の拓川宛訓令には「最モ重大ナルモノハ電信ニテ政府ノ指揮ヲ受ケ、然ラザルモノハ貴官ノ裁量ヲ以テ決定セラルベシ」とあり、同時に「同会議ニ於テ貴官ガ韓国ノ為《た》メ調印等ヲナスベキ場合ニハ『韓国ノ為メ』ナル文字ヲ用イ、其次ニ記名相成ル様致シタシ」と認《したた》められている（同右）。けれども「尤《もっと》モ他ノ振合《ふりあい》（他との比較・釣合《つりあい》、なりゆき）ヲモ参照ノ上、右ニテ不適当ト認メラルル次第アラバ電報ニテ訓令ヲ仰ガルル様致シタシ」と、曖昧な内容も書かれてある。

六月二〇日、赤十字会議列席のため任地を離れた拓川に代わり、駐ベルギー臨時代理公使大鳥富士太郎（三等書記官。大鳥圭介息）より、外相に新任された林董（前駐英大使）宛に拓川からの訓令請求の電報が到着した。曰く「赤十字会議全権状ニ韓国ノ文字ナキタメ調印ノ際異議アルモ計リ難シ」（『日本外交文書』）。拓川は、兼任外相西園寺が「韓国ノ為メ」と訓令しているのに、天皇の全権委任状には「韓国ノ文字」がないので他国から異議が出るかも知れないと不安になって請訓したのである。

同時に拓川は、この請訓で先の通信機関の管理に関する「羅馬《ローマ》郵便会議ハ我《わが》公使ノ宣言書ニ依リテ調印セリト聞ク」、「赤十字会（議）トハ稍々《やや》相違アレドモ帝国政府ガ同一手段ヲ執ラルヽニ於テ

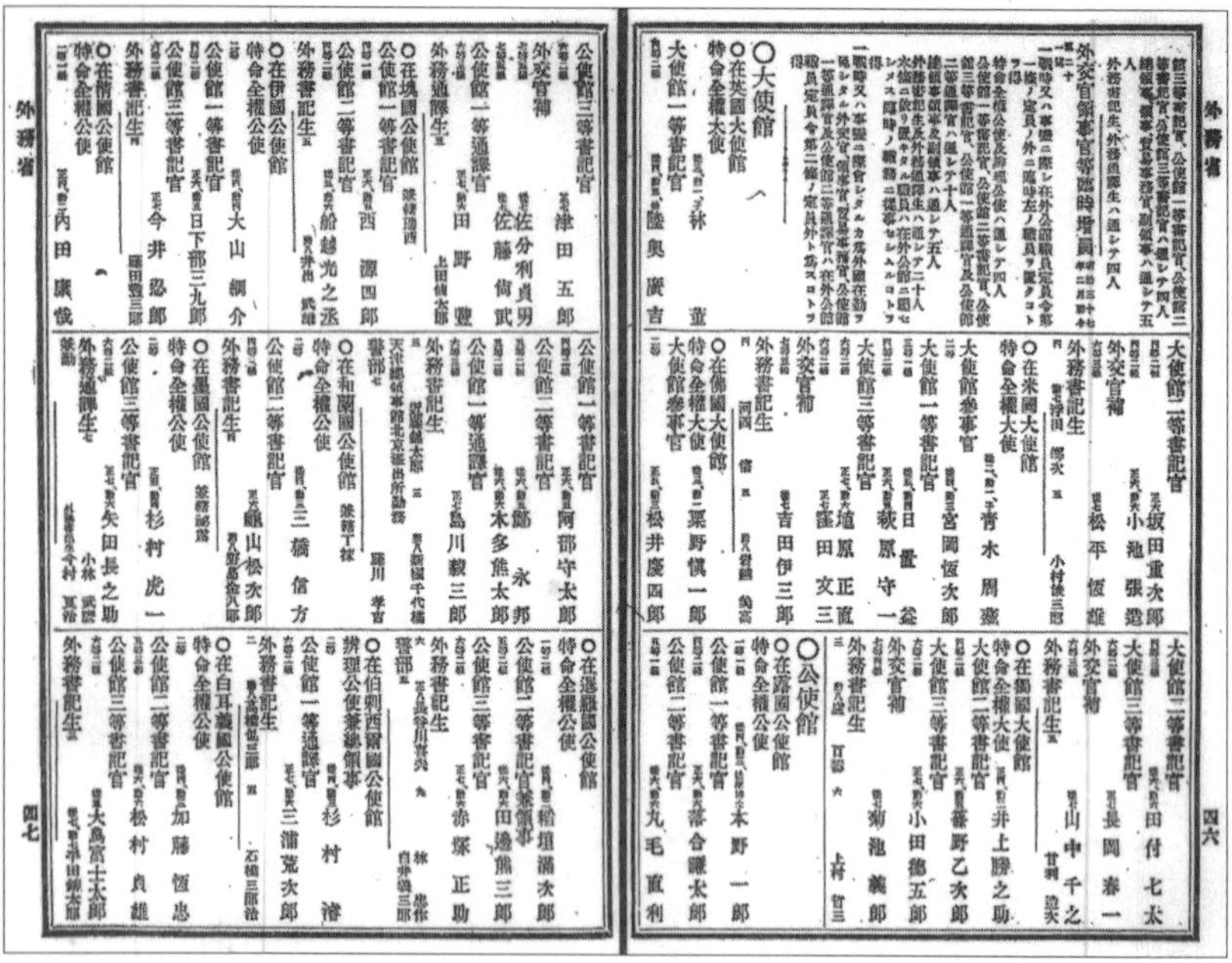

赤十字条約改正会議当時の駐ベルギー公使館メンバー（左下、『職員録』（甲）　明治39年5月1日現在より）

ハ予《あらかじ》メ在墺公使ニ電訓セラルヽ様致シタシ」とも述べている。イタリアで開催された郵便会議には外務省で拓川の一年先輩の駐イタリア公使大山綱介《こうすけ》が出席し、天皇が韓国の外交権を保有する旨の宣言書を提出して条約に調印していた。

拓川はそれと「同一手段」をとる場合にはスイス連邦兼任の駐オーストラリア公使（空席のため、代理公使）に前もって宣言書を用意するよう訓令を出していただきたいと、半ば提案したのである。なお、この請訓には「本件ニ関シ内密『ホランド』博士ノ意見ヲ叩《たた》キタルニ韓国ノ文字アル方正当ナラント云ウ」と付記されている。国際法学者のホーランドは英国の専門委員で、詳細には、彼は「韓国ノ外交事務ガ全然帝国政府ノ手ニ移リタルニセヨ、全権状ニ韓国ノ字ナクシテ特ニ韓国ノ為メ調印スルコトハ形式上欠ル所アルユエ、調印ノ際必ズ異議ヲ生ズベシ」と助言した（林宛七月二四日付拓川報告書。九月一二日、外務省接受）。

六月二一日、外相林董は、拓川への回訓を臨時代理公使大鳥宛に打電した。訓令の前半には「帝国政府ハ」「日韓協約ニ依リ韓国ノ外交事務ヲ管掌スルコトトナリタル結果、帝国委員ニ於テ当然韓国ヲ代表スル権ヲ有スルモノト思考ス」「貴官ハ会議ニ於テ右ノ趣ヲ十分ニ説明セラレ、我《わが》主張ヲ是認セシムル様尽力セラルベシ」とある（『日本外交文書』）。

この内容は前任の兼任外相西園寺の訓令と同趣旨であり、拓川の困惑に対する回訓にはなっていない。しかし、度重なる外相の指示であり、拓川はこれに従った。「宣言書」については、同回訓の後半に「在墺公使ヨリ宣言ヲ発スルノ件ハ、必要ニ応ジ、貴官ヨリ同公使ニ協議ヲ遂ゲラレ、然ルベク措置セラルベシ。羅馬郵便会議ニ関スル（外相と）大山公使トノ往復ハ同公使ヨリ転電スル筈。右、在墺公使ニ転電スベシ」とある。「宣言書」を赤十字会議に提出する件は「必要ニ応ジ」て行えばよいとの訓令であり、訓令の重点は前半にあることはあきらかだ。

韓国統監・伊藤博文の影

拓川は、ロシアの提案、これに対するフランスの修正案、別件のドイツの提案に各国が賛意を表する趨勢のなかで、本国へ細々と請訓した（『日本外交文書』）。その結果、「帝国ト英国ノミ」が

「否認」した二カ条もあった（同右）。しかし、「七月六日、条約調印。我意見大抵通過ス」、「全権状ノ件、故障ナク、韓国ノ為メ調印セリ。我専門委員ハ昼夜勉励、本官ヲ助ケ、殊ニ委員会ニテ熱心ニ、帝国政府ノ意見ヲ主張シ、満足ノ結果ヲ得タリ」と、拓川は安堵し、満足気な表現で、翌七日夜、林宛に打電した（「同右」）。そして七月九日、拓川はやや詳細な報告書に新条約全文と最終議定書を付して外相宛に郵送した（外務省は八月一六日に接受。同右）。

一八六四年成立の旧条約に調印した三六カ国三四元首が新条約を締結した。国家数と元首人数の差があるのは、英国及びその植民地インド国の元首が同一であり、ベルギーの元首が国王の私的植民地コンゴ「独立国」（自由国）の主権者であるからである（『日本外交文書』）。韓国の外交権は日本の元首が掌握しているが、韓国には元首が存在している。

新条約の前文に列挙されている右の六カ国の元首を記載順に訳文通り示せば、「韓国皇帝陛下」「白耳義《ベルギー》国皇帝陛下」「公果《コンゴ》独立国主権者タル白耳義国皇帝陛下」「大不列顛《グレートブリテン》及愛蘭《アイルランド》聯合王国兼印度《インド》国皇帝陛下」「日本国皇帝陛下」とある（同右）。英国及び植民地インド国は一括されており、英国王に代わってその代理者が一カ所に署名した。ベルギー国とその国王の私的植民地コンゴは主権者ベルギー国王に代わってその代理者が二カ所に署名した。「白耳義国駐割日本国特命全権公使加藤恒忠」は韓国・日本の両国皇帝に代わって二カ所に署名した（同右）。

この件について、拓川は、七月二四日付外相宛報告書（九月一二日外務省接受）に会議場で「異論ヲ生ジタル時ハ一応弁論ヲ試ミ、其際《そのさい》議長ノ同意ヲ得ザルニ於テハ会議ニ附スルコトヲ拒絶シ、姑《しばら》ク韓国ノ為ニ調印ヲ延期シテ更ニ閣下ニ請訓スルコトニ決心致シ、斯《しばら》クシテ全権査閲（実際に調べる）ノ際」「韓国代表証ヲ示サンコトヲ要求シタルニヨリ、本官ハ日本皇帝陛下ノ御署名（全権委任状の）ハ日韓両国ヲ代表スルモノナル旨ヲ述ベタルニ、結局何等ノ異議ナク、韓国ノタメ条約調印相了《おわり》候」と認《したた》めている（『日本外交文書』）。

ところが、この報告書とは入れ違いに、林外相は八月一六日接受の新条約文をもとに、翌日、拓川宛に次のように打電した。条約の「前文ニ於テ韓国皇帝ニ（ママ）貴官ヲ同国全権委員ニ任命シ、且《かつ》（貴官が）各国全権委員ハ（ママ）其《その》全権委任状ヲ示シ、（各国が）其良好妥当ナルヲ認メ」（貴官が）条約を「議定セル旨ヲ記載」していることは「韓国皇帝ハ貴官ニ全権委任状ヲ与エ、依然トシテ外交権ヲ行使シ居ラルルモノノ如ク認メラル。右ハ当時訓令ノ主旨並ニ事実トモ齟齬《そご》セルガ如何《いか》ニシテ右ノ如キ形式ニ同意シ、該条約ニ調印セラレタル儀ナルヤ」。外相は全権委員を詰問したのである。

しかし、七月二四日付報告書でもあきらかな通り、この外相電は拓川報告と大きく矛盾している。拓川は先に天皇の全権委任状に「韓国ノ文字」がないことに困惑し、重ねて請訓したにもかかわらず、外相は訓令でそれには全く応答せず、拓川が外交権を保有する天皇の署名が韓国をも代表するとし、各国の理解を得た事実を、あろうことか、拓川が韓国皇帝から全権委員に任命され、その全権委任状を各国に提示して同意を得たかのように信じ難い誤解をしているのである。第一、日本の全権委員が韓国皇帝から全権委員に任命されたと理解する他国の全権委員がいるはずはない。無知ではなく、詭弁を弄したのである。そのお粗末さは文脈の著しい乱れにも表れている。

八月二一日、拓川は林宛に条約調印の形式を説明する電報を送った。曰く「韓国モ条約国ノ一トスル以上ハ前文中ニ韓国ノ文字ナクシテ特ニ韓国ノ為ニ調印スルコト能《あたわ》ハズ。且《かつ》日韓協約ノ規定ニ基キ、日本ノ全権状ガ同時ニ韓国代表ヲ意味スルコトノ承認ヲ得タル上ハ日本ノ御批准ハ同時ニ韓国ノ為ニモ有効ト解釈スルコト当然ナルベキガ故ニ、日本ガ韓国ノ外交権ヲ有スルハ本条約明文以外ノ事項トシ、右ノ形式ニテ調印セリ」（『日本外交文書』）。論旨は明快である。これに対して二〇日も経った九月一二日、外相（林）に代わる臨時兼任外相西園寺（首相）から拓川宛に「貴官ハ韓国ノ下ニ一ツ、又日本国ノ下ニ一ツ、都合二ヶ所記名調印セラレタルモノト認メラル。右ニ相違ナキヤ」と来電した（同右）。同日、拓川は西園寺宛に「二ヶ所記名調印ニ相違ナシ」と返電している（同右）。拓川が二カ所に「記名調印」したことは、外務省が八月一六日に接受した新条約の前文を見ればあきらかなことだが、西園寺は念を押したのである。

調印形式に関する拓川の電報から臨時兼任外相西園寺の確認の電報まで間隔がだいぶ開いており、この件が大問題になっていることが窺える。後の経緯からこの時期に韓国統監伊藤と外相林らとの間で韓国皇帝に代わる拓川の「記名調印」を無効とする「宣言書」発行に関する内密の協議が行われたものと思われる。西園寺が臨時兼任外相を務めているのは、外相が韓国へ内密に赴いていたからではなかろうか。

九月二〇日、漢城へ赴いて伊藤から「宣言書」提出についての意見を聴いた外務省通商局長石井菊次郎から林宛に電報が届き、翌々日には石井は拓川と親しかった外務次官珍田捨巳《ちんだすてみ》（一八五六〜

一九二九）宛に詳細な報告書を送った。それによると、石井は、伊藤の質問に対し、個人の意見として、第二次日韓協約の結果、韓国は「独立ノ資格ヲ以テ赤十字条約ノ如キモノニ調印スルコトナキニ至レルヲ以テ、日本帝国政府ハ茲《ここ》ニ新条約ノ適用ヲ韓国ニ及ボシ、随《したがっ》テ新条約ヨリ来《きた》ル韓国ノ義務ハ帝国政府之《これ》ヲ負ウ」、「宣言書」を発表する所以《ゆえん》は「帝国全権ノ誤解ニ出デ」た「条約中ノ一部」を「無効ナリ」とするにあると開陳し、これに対し、伊藤は大要「事、茲ニ至レバ、宣言書ヲ出スノ外《ほか》ナカルベシ」との見解を述べると共に、「宣言書」は「突然」「提出セシムルヲ良策ト為《な》スベシ」と助言した（『日本外交文書』）。突如として発表した方がよいというのは横槍がはいる隙を与えないためである。伊藤の強引な態度が見える。

在漢城の伊藤と「協議」をするための石井の訪問は、閣議決定をする前に「宣言書」の原案を伊藤に示し、彼の同意を得る必要があったからである。韓国問題ではすでにしばしば見られた通り、伊藤の承諾なしには閣議決定ができないのであった。外相林は、一〇月一一日、伊藤に対し、「過日石井通商局長ヲ以テ御協議ニ及ビタル赤十字条約ニ関スル件ハ、愈々《いよいよ》御協議ノ通《とおり》、宣言書ヲ発スルコトニ決定シタルニ付《つき》、本日在墺代理公使ニ対シ、右宣言書送付方ヲ電訓」したと、閣議決定の報告をしている（『日本外交文書』）。この「赤十字改正条約前文是正宣言案閣議決定書」及び駐墺臨時代理公使西源四郎が訓令に従って一〇月一五日に作成した「日本政府宣言書案」は、石井が伊藤に陳述した趣旨とほぼ同じである（同右）。

その間、拓川は、当然のことながら、自らの正当性を主張し、外相に再考するよう要望している。

電文には「請訓」の文字は見られなくなっている。

彼は、まず、一〇月八日、調印の形式等を説明させるために法学博士の専門委員（陸軍省参事官）を帰国させようとしたが、翌日、林からは「参事官ノ帰朝ヲ俟《ま》ツ能《あた》ハズ」と返電があった。拓川は、同日、すぐさま新条約前文中の韓国関係の記載の処置について長い意見具申を打電した。電文は、まず、韓国は旧条約の締結国で、新条約は旧条約を改正するものであるから、その前文は旧条約を踏襲しており、ゆえに形式の変更を提起することができないと、前提条件を述べ、次に、それは単に「形式上ノ問題」に過ぎず、日本の「韓国外交権行使問題」について日本と「今ヤ」争う国はなく、天皇の全権委任状には「一《ひとつ》モ韓国ノ文字」はないが、「韓国ノ為《た》メ有効ナルコト」は各国に「認メラレ」ており、その「結果トシテ」、天皇の「御批准」の場合も同様であるが、「御批准書中ニハ韓国ノ文字ヲ挿入セラルルモ差支《さしつかえ》ナカルベキカト信ズ」と説明した上で、「条約前文打チ消シノ手段ヲ執ラルルコトハ御再考アランコトヲ切望ス」と、「内話」をした駐英大使小村寿太郎も「同一意見」だと付記して、意見を開陳した（『日本外交文書』）。

これに対する一〇月一一日付の林の拓川宛電報は「形式上ノ問題モ亦頗《すこぶ》ル重要ニシテ、若シ前文ノ文句ヲ其儘《そのまま》ニ為《な》シ置クトキハ韓国ノ国際的地位ヲ曖昧ナラシメ、他国ヲシテ其利益ト認ムル場合ニ之《これ》ヲ引照《ひきてら》セシムルノ累《るい》ヲ貽《のこ》ス虞《おそれ》」があると慮《おもんぱか》って、「条約前文中、韓国皇帝ヲシテ締結者タラシムルガ如キ観ヲ与ウル文句及《および》韓国皇帝ノ全権委員トシテ貴官ノ署名ヲ無効トスル旨」を「宣言」し、「瑞西《スイス》政府ヲ介シ、之ヲ条約締結国ニ通知」する手続きをすでにとったというものであった（『日本外交文書』）。この電報には拓川が韓国皇帝から全権委任状を受けた事実はないと、各国全権が周知の事実であるのに、各国へ「内密」に通知したともある。

その翌日、拓川は林に次のように打電した。「本官ガ韓国皇帝ヨリ全権委任状ヲ受ケタルコトナキハ会議ノ知悉《ちしつ》（熟知）シタル所ナルニ、今之《いまこれ》ヲ列国ニ通知シ、且署名ヲ無効トセバ却《かえっ》テ韓国ノ国際的地位ヲ曖昧ナラシムル虞《おそれ》アリト思考ス」、「前文ノ打消《うちけし》ハ却テ外交権ノ存在ヲ疑ウノ弱点ヲ示スノ嫌《きらい》アリ」、「前文ハ其儘《そのまま》トシ、御批准書ニ帝国及韓国ノ為メ締結シタル条約トセラルル方、然ルベシト信ズ」（『日本外交文書』）。再び所信を具申したのである。「弱点」云々とは、日本に韓国の外交権がないことになりかねないからである。

これに対して林は、一〇月一五日、拓川宛に次のように返電した。「政府ハ御意見ノ如ク韓国ニ関スル署名及《および》前文中ノ文句ヲ無効トスルノ結果、却テ韓国ノ国際的地位ヲ曖昧ナラシムルノ虞アルヲ慮《おもんぱ》カリ、一切誤解ノ原因ヲ除カンガ為メ、宣言書ニ於テ此点《この》ニ関シ特ニ意ヲ用イタリ」（『日本外交文書』）。急所を突かれ、狼狽したのであろう、詭弁を弄したのである。そして、その上で「苟《いやしく》モ帝国ノ対韓政策ニ後累《こうるい》ヲ貽《のこ》スノ憂《うれい》アルモノハ此際凡《すべ》テ之ヲ除去スルノ必要ヲ認メ」「遂ニ今回ノ措置ヲ執ルノ已《や》ムヲ得ザルニ至レルモノ」であったと弁解し、抽象的ながら、政府首脳が韓国を植民地と化する政策を推進していくことを明示した。返電は最後を「貴官并《ならび》委員一同ガ本条約ニ関シ、苦心・尽力セラレタルハ素《もと》ヨリ政府ノ深ク諒《りょう》トスル所ナリ」と結び、林らが拓川を怒らせ、彼の意見具申をエスカレートさせまいとしている態度が窺える。

外務省を依願退職

赤十字条約改正会議における韓国の外交権問題についての経緯を、概略ながら、内実にやや踏み込んでほぼ全面的にとりあげた。鹿島研究所の膨大な『日本外交史』では第八巻で『日本外交文書』をもとに事実が羅列されているだけだからである。一〇月八・一二日は拓川電と一一・一五日付林電とで日本政府首脳と拓川との対立点が具体的に明白になるが、根本的にはその時点における日本の保護国韓国に対する認識の隔絶がある。国際法学者ホーランドやわが国随一の専門外交官と目されていた小村寿太郎を引き合いに出していることにも窺えるように、拓川が当時の国際的常識として一般的な保護国として韓国を明文上の日韓協約に基づいて厳密に理解しているのに対して、伊藤は韓国を植民地同様に扱い、林らは伊藤も同意した「韓国ノ文字」「韓国ノ為メ」を言いながら、伊藤に同調・追従して韓国無視の態度をとったのであった。拓川の電文や報告書の行間には、国策に忠実であろうと努めつつ、韓国によかれとする思考が見える。拓川は、外交権を有する天皇の代理者として、韓国皇帝に代って署名し、天皇の批准にも「韓国ノ為メ」または「韓国ノ文字」の「挿入」を求めたが、日本政府は保護国韓国の名を条約から抹殺し、植民地インド・コンゴ両国以下の扱いにしたのである。

林は一〇月一一日付拓川宛電報の四〇分前の駐墺臨時代理公使宛電報に「加藤公使ニハ帰朝ヲ命

ジタリ」と付記し、一時間一五分後の伊藤宛電報では「加藤公使ニハ既ニ帰朝ヲ命ジタリ」と報告したが、拓川宛命令は外務省編の『日本外交文書』等に見えず、外相から直接には受けていない可能性がないとは言えない。駐墺臨時代理公使宛電報の末尾に「本電信ハ往電（林からの）三二号所掲ノ各公使ニ転電スベシ」とあるから、ことによると、拓川はこの電報の転送を見て帰国命令を知ったこともあり得る。

伊藤主導と見られる韓国皇帝の全権委員としての日本全権委員の署名を無効とする日本政府の「宣言」はスイス連邦大統領名で条約締結国に通知された。日本政府は強引な事後措置を罷り通らせた。「宣言」を唐突に出させた老練な伊藤の読み通りになった。

林との対立を深め、かつ伊藤の逆鱗に触れた拓川は一二月に妻子と共に帰国した。そして、翌一九〇七年五月九日に依願退職した。伊藤の不興を買ったことは彼と深い接触をした石井から拓川に伝えられなかったはずはない。石井は拓川の最も親しい友人であり、二人の連れ合いは姉妹である。しかし、拓川は、林との電報の往復に見られる通り、外相林とその背後にある伊藤から一歩も引くことはなかった。この件について拓川は「日記」に「石井会見、瑞西《スイス》ノ件」と書いてはいるが（一九〇七年一二月二六日）、沈黙しているし、当時内相だった原を含めて、管見では具体的な証言はない。風聞があるだけである。

しかし、「仏蘭西書生の標本」と言われた外交官拓川は、「盗賊主義」の外交政策に従いながらも、最後の段階でこれに露骨に与《く》みすることができなかった。元来、官僚的な人格の持ち主ではなかっ

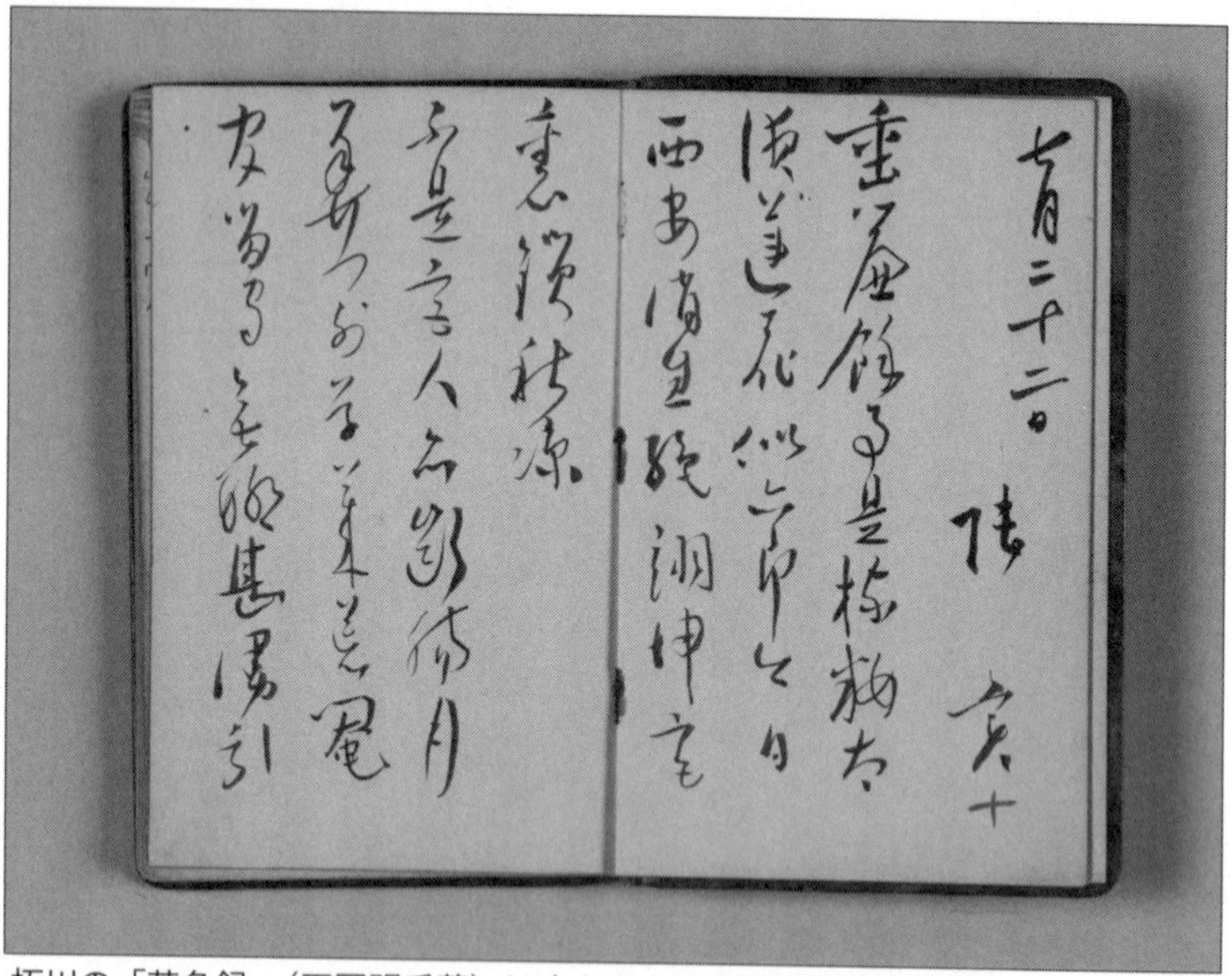

拓川の「芳名録」（正岡明氏蔵）に書かれた陸羯南の自署と漢詩。次の頁まで七言絶句四編が記されている。

た彼は、我慢がならず退職し、直ちに韓国と清国北部へ出立した。日本帝国主義に痛めつけられている方面への傷心の旅である。時に四八歳であった。

赤十字条約改正問題で一つ付け加えておきたい点は、伊藤と林を除いては、誰からも悪く思われている形跡が見えないことである。それは彼の交際相手の態度や歿後に至る拓川評を見ればあきらかだ。拓川と親しい者たちもみんな、伊藤への恐怖心から彼に追従したのである。

拓川は、外交官辞職後間もない一九〇七年九月二日、親友陸羯南を失った。彼は日露戦争中に肺疾に罹り、鎌倉に転地療養したが、一九〇七年一月に同地に新築した別荘で喀血を繰り返し、死去した。享年四九歳。羯南は日露講和問題では穏和論を主張し、日本新聞社内では強硬論の古島一雄らと対立、『日本』紙には条約反対論が掲載された。新聞社そのものは経営が悪化の一途を辿り、他者に譲渡され、古島らが連袂退社し、『日本人』誌を『日本及《および》日本人』と改題したことはすでに述べた通りである（二九ページ参照）。

拓川は、所用で欧州旅行をし、一九〇三年夏、一週間ほど、ベルギーへ寄った羯南を家族ぐるみで歓待したことがあった。九月五日（一九〇七年）の羯南の葬儀には拓川は病気で出られず、妻ヒサが参列した。しかし、拓川は『東京朝日新聞』に九月五日から三回にわたって追悼の長い談話「故陸実氏」を寄せた（池辺三山筆記）。その内容は史論家森銑三が「陸羯南遺文」と題する一文で詳細に紹介している（司法省法学校を司法省法律学校と誤っているが）。

拓川はこの談話のなかで、司法省法学校を放校されたあと、「天風雨」のなかを千住大橋上で「手を握って別れた」「両人の懐中は、ちょっとソコラに腰掛けて、一杯飲むだけの余裕がなかったのでした」と回顧しつつ、法学校時代から「高潔な性格で、胸中一点鄙吝《ひりん》（賤しくケチなこと）の心がなかったのは、死に至るまで替《(ママ)》らなかった」と羯南を称えている。

Ⅵ 新聞記者・代議士・貴族院議員時代

新聞記者にして代議士

加藤拓川が外交官生活に終止符を打って浪人すると、知友たちが彼の将来を心配した。松山の友人岩崎一高・井上要らからは一九〇八（明治四一）年五月の第一〇回衆議院議員選挙に立候補するよう要請された。これに対して拓川は「当選後の行動は少しも拘束せず、全く一人の自由に任せる」ことを条件に承諾し、自己の「中立」を政友会・進歩党に承認させ、両党の推薦を受け、無所属で出馬した（『愛媛県史』）。彼は有権者に対しても「互《たがい》に請託（情実上の要請）の片影だにも留めず、一枚の名刺も造らず、一字の広告もしない」と述べ、国政の代議士は郷里の利益代表ではないと宣言した（同右）。自身は選挙運動をすることなく、当選を果たした。第一回衆議院議員選挙における中江兆民と同様である。

拓川は後輩の外交官小田徳五郎宛書簡に「代議士ハ一国ノ利益ヲ計ルベキモノニシテ一地方ノ利害ノ如キハ自己ノ選挙区ト雖モ顧ミルベキモノニ非ズト信ズ」と記している。小田は拓川を駐ベルギー公使館に二度も訪ねていた（拓川「芳名録」）。民俗学の祖柳田国男は拓川が「一文も使わずに代議士に選ばれ」、「僕はとくに松山のために働くことはないからね」と言ったと書いている（「故郷七十年拾遺」）。兄が拓川の親友の賀古鶴所（一一七ページ参照）と医者仲間だった柳田は賀古と懇意で、学生時代から拓川夫妻と知己であった。総選挙投票日の前日、拓川・ヒサ夫妻は末子の次女たへ（栲子）の親となった。

代議士当選の少し前（四月）、拓川は大阪新報社の客員に就任した。彼は四月二一日付『大阪新報』に「筆硯《ひっけん》（文章を書くこと）の自由を借りた」、「余の文章談論の責任は全く自分一人に在《あ》り。少しも新報社に関することではない」と入社の弁「読者に告ぐ」で述べた。一見、気楽なようだが、言論・表現の自由と責任を明言したのである。

翌月、代議士当選後に兵庫県西宮町（現西宮市）夙川《しゅくがわ》に転居した。退社後は住居を東京に戻しているから、入社のための移住であった。初代社長は原敬だから、拓川の入社が彼の手引きであることは間違いない。原が第一次西園寺内閣の内相に就任した一九〇六年一月の時点で山内敬徳が二代目社長になったが、一九〇九年七月、山田が健康上の理由で辞任し、拓川が社長に就任した。拓川の就任は六月一一日に原・山田・拓川の三者協議で決定され、翌日も経営方針の改革を協議している（原「日記」）。山田は社長辞任後も経営面の中心に留まっており、一〇年余り跡絶《とだ》えていた拓川の原宛書簡によると（六〜七月に八通）、原主導による紙面刷新と機構改革のための計画的な社長人事だったようである。一九〇七〜八年の恐慌の後で社の経営は苦しくなっていた。

拓川は七月一日付『大阪新報』「読者に告ぐ」で社長就任の抱負を次のように述べている。


私が惟《おも》うには、近ごろの新聞の所論は往々にして理屈が多く、実地に疎《うと》い、よくない傾向があるようだ。ややもすると大言壮語して世間を罵倒し、独《ひと》りよがりに愉快がっている者がある。

これは責任のある操觚者《そうこしゃ》（言論人）のすることと言えようか。ゆえに我が新報は勉《つと》めて空論を避けて着実を主とし、政治上の意見は、一《いつ》に国家本位に着眼して片寄らず、厳に公正中立の態度を守り、いかなる政府の行為、いかなる政党政派の言論であっても、国家の利益に反すると認められるものは極力これを論破することを躊躇せず、同時に苟《いやしく》も国に利益ありと認むるものは、固《もと》よりこれを歓迎することに吝《やぶさ》かではない。

ここで言っている「国家」とは何かはひとまず保留するとして、内容はおよそ代議士立候補の弁と符合する。新聞社の重責を担うに当たっての並々ならない意欲を見せたのであった。

青年時代の彼には、『兵士の友』誌の編輯やパリからの『立憲政党新聞』への通信寄稿の経験があったほか、外交官になってからも新聞記者に転じようと本気で考えたことがあった。国会開設の翌一八九一年、帰国時のことである。この時、彼が新聞記者にして代議士たらんと欲したのであろう、詳細にわが意中を羯南に話したところ、羯南は国内情勢には疎い親友に「日本の新聞は誠に頼りないものであるから、君には我慢ができまい」と説き、外交の重要性を強調した。何ごとも自らの意志で決定し、他人の言に左右されないことを信条とする拓川だが、一夜語り明かした結果、羯南の忠告に従って転職を断念したのであった（「僕と新聞記者」）。

ところが、拓川が大阪新報社の客員になったことを、郷里愛媛県の新聞が「官を辞して代議士となり、新聞記者となるを嘲《あざけ》りて『士《さむらい》が芸者屋の親方になるが如し』」と揶揄《やゆ》した。これに対して社長就任直後の彼は「『新聞記者と代議士』、これこそ僕が三〇年来宿望の肩書である。宛《あたか》も青年の失恋が偶然老後に叶った喜劇のような興味を感じている」と反論した（前掲「僕と新聞記者」）。この反論は弥縫《びほう》的にも受け止めることができようが、拓川には、欧米の新聞記者の地位を識り、青年時代からの夢が叶い、新聞記者と中立代議士の自由な立場に喜びを感じた一面があったに違いない。彼は「平易簡易」な文章を旨とした（前橋黒潮「大坂における加藤拓川翁」）。

社長時代の拓川は、ジャーナリストの立場から、「敬愛する同業先輩」の『日本及《および》日本人』誌一九一二年九月号に「ルソーの片鱗」と題する評論を寄せ、「景慕」してきたルソーの諸著を紹介し、特にフランス革命前には発禁の書であった教育論『エミール』のなかから諳《そらん》じている「思出《おもいで》の断片」十数節を「訳出」列挙している。仏学塾で中江兆民からルソーを学んで三〇年近くたっていた彼の脳裡にはルソーは生きていたのである。

しかし、一九一四（大正三）年四月、積極的な貸出政策をとっていた、大阪新報社の取引銀行である北浜銀行が取付騒ぎを起こして破綻し、その関係で七月、大阪日日新聞社による新報社の乗っ取り策動が表面化した。そこで、八月、拓川は、この年の六月にすでに政友会総裁になっていた原を郷里の盛岡に訪ねて協議し、北浜銀行との関係を断ち、『大阪新報』を政友会機関紙として再出発させることになった（原「日記」）。新報社の危機打開は原の政治的主導で決定されたのである。

北浜銀行は一四年八月から休業した。翌年二月、頭取岩下清周《せいしゅう》が起訴されると、拓川は証人として大阪地方裁判所へ出廷させられた。岩下は、一八八六（明治一九）年に原を会長としてパリ在留日本人会が誕生した際、拓川らと共に役員に挙げられていた（原「日記」）。彼は三井物産パリ支店長時代に駐仏公使館に二度目の勤務をしていた拓川と親しくし、一九一四年まで代議士として原敬とも同僚であった。岩下はまた、のちに阪急電鉄グループの総帥となった小林一三の実業家としての師に当たる。拓川は北浜銀行の取締役をしていたが、岩下が浪人になった彼に仕事の世話をしたようである。拓川は『大阪新報』の移行措置を講じて一五年一一月に退社し、東京市麻布区本村町（現港区南麻布）に移居した。

意気込んでジャーナリストになった拓川だったが、彼は大阪新報社でも辛酸を嘗め、羯南の二の舞を踏んだ。『日本及日本人』誌一九二九年三月号にこんな話が掲載されている。「曽《かつ》て大阪新報を主宰して多大な欠損を招き、遂に之《これ》を脱出して債務が其《その》身に蝟集《いしゅう》（多くが一時に集まる）した時に、友人青山胤通《たねみち》、森鷗外、和田豊治、賀古鶴所らが本郷弓町の青山邸で会って拓川を招請し、其《その》整理法を談じたが、拓川は断然之を固辞して曰く『借金皆済となれば、人生反《かえ》って落莫《らくばく》（もの寂しくなる様子）・無趣味となろう。公等《きみら》は心を安んじてくれ給え。また我の為めに図らないでくれ』と。囲碁を数盤打って散会した」（素堂「加藤拓川を懐《なつかし》うて」）。

拓川は岳父・樫村清徳の門下で親しくなっていた友人の医者たちの好意を謝絶した。彼らしいエピソードである。また、鷗外・青山・賀古に国分青厓らの加わった「雅会《みやび》」が一九一七年三月二日に麻布の興津庵で開かれ、拓川の万国議員商事委員会（ローマ）行きの大旅行（一三三ページ参照）の送別会を催したことが鷗外と拓川の「日記」に認《したた》められている。拓川は鷗外とはこのような交流もあったのである。

青山は東京帝国大学教授で、樫村と同じく天皇の侍医を務め、一八九六年八月、御茶の水の山龍堂病院で樫村に受診して絶望視された肺結核の樋口一葉を鴎外に頼まれて往診している。もっとも青山の連れ合いの父は一葉の父と東京府の役人として同僚だった人で、一葉の父の死後、金銭的にも一葉一家を支援していたから、一葉と青山は未知の間柄ではなかった。青山は一葉の日記にも登場している。彼はドイツ留学中に拓川がベルリンへ連れてきた羯南の希望を叶え、拓川の親友のロシア旅行にも同行している。

拓川の外交官辞職後の政治情勢――西園寺公望・原敬を中心に

拓川が外交官を辞職した後の政治情勢を簡単に見る。拓川は最も親交のあった人物が首相・内相だった第一次西園寺内閣に対して内心ではきびしく批判していた。韓国の事実上の植民地化やそれと係わる赤十字条約改正問題に見られる日露戦後の外交政策に対する大いなる不満があったからである。

一九〇七年六月、韓国皇帝高宗がオランダのハーグで開催された第二回万国平和会議に三名の密使を派遣し、日本による韓国支配の実情を訴え、独立の回復を訴えようとした。しかし、この訴えは会議では取り上げられず、三人の密使のうちの一人は憤死した。ちなみに、秋山好古はこの会議に陸軍専門委員として出席していた。

密使派遣の事実が暴露されると、統監の伊藤博文は韓国皇帝にその責任を問い、譲位させた。そして七月、皇太子純宗《スンジョン》の即位に先だち、統監と韓国首相との間で第三次日韓協約が締結された。その第二条には「韓国政府の法令の制定及《および》重要なる行政上の処分は、予《あらかじ》め統監の承諾を得ること」とある（『日本外交文書』）。日本政府は直ちに協約の全文を在米・英・独・仏・墺・伊各大使、在蘭・在白・在露公使及び在清代理公使を通じて各国に通告した（同右）。韓国の立法権・行政権を統監が直接的に掌握することになったのである。こうした保護国韓国に対する圧政の強化は伊藤の主導で行われた。しかし、西園寺政権下でのことである。この政策を拓川が是とするわけはない。韓国では、八月の漢城における韓国軍の解散式を機に、その一部が日本軍と衝突し、兵士と人民による義兵闘争が全土に拡がった。

しかし、西園寺内閣は、一方では、一九〇六年一月、社会主義政党（堺利彦らが結成した日本社会党）を合法結社として初めて認めた政権であった。ほんの少し自由主義的だったと言える。けれども、後の個人主義的な傾向や一部の快楽主義・官能主義的な風潮の出現に加え、日本社会党などの援助・指導による労働・農民運動や普通選挙運動の高揚は、支配勢力をして戦慄《せんりつ》を覚えさせずにはおかなかった。日本社会党は幸徳秋水らの直接行動派が台頭するなかで、翌年二月、禁止された。さらに一九〇八年六月、無政府主義的な直接行動派が赤旗を持って警官隊と衝突した赤旗事件が起こり、元老山県が社会主義者の取り締まりの手ぬるさを天皇に「上奏」し、内相原が取り締まり状況を「上奏」した。七月、これを直接の契機として、社会主義取り締まりに不徹底な西園寺内閣に代わり、第二次桂内閣が成立した。

桂内閣は前年からの恐慌を乗り切り、大資本の支配力を強化して権力の維持をはかろうとした。すなわち、同年八月、桂は自ら蔵相を兼任して緊縮財政を強行し、一〇月、戊申《ぼしん》詔書を発布して階級協調を説き、奢侈を戒め、国民教化をねらって地方改良運動を開始すると共に、社会運動に対する取り締まり、殊に社会主義運動への弾圧を強化した。そして、一九一〇（明治四三）年五月、ごく少数の直接行動派の無政府主義者が天皇暗殺計画をたてていたのを利用して数百名の社会主義者・無政府主義者らを検挙し、翌年一月、幸徳秋水・大石誠之助ら一二名を死刑に、高木顕明ら一二名を無期懲役に処した。彼らの多くは計画に直接関係しておらず、無実だった。大石・高木らは直接行動には反対の人である。この「大逆」事件はわが国の民主主義の発達を求める社会運動を徹底的に弾圧するために利用された。

同時に桂内閣は韓国併合を急ピッチで進め、一九一〇年八月二二日、韓国併合に関する日韓条約を締結し、二九日に公布・施行すると共に、韓国の国号を排して朝鮮と呼称し、朝鮮総督府の設置を公布した。首都だった漢城《ハンソン》（現ソウル）は京城《けいじょう》と改称された。

その間、韓国併合を閣議決定した前月の一九〇九年六月に統監の伊藤は枢密院議長に転じ、副統監曽祢荒助（九四ページ参照）が統監に就任した。伊藤は一〇月に満州（中国東北部）の哈爾浜で義兵闘争に参加していた独立運動の指導者安重根《アンジュングン》（一八七九〜一九一〇刑死）に暗殺された。初代朝鮮総督には一〇年一〇月に前統監の陸軍大将寺内正毅《まさたけ》（陸相兼任）が就任した。当初、総督には現役軍人が就任することとし、警察の要職も軍事警察担当の憲兵が兼任した。朝鮮人民の日本帝国主義への抵抗激化に対応するためである。

こうして韓国は朝鮮の「独立」を名目にして日清戦争を開始した日本の名実共に植民地となった。しかし、日本帝国主義は「植民地」の用語を避け、台湾もそうだが、当初は地名を使い、のちに「外地」と称した。

「大逆」事件の大弾圧と韓国併合の強行のあと、第二次桂内閣は退陣し、一一年八月、再び西園寺が組閣した。日露戦後における陸・海軍の軍備増強要求を前に躊躇する彼を、立憲政友会維持のためと、原が説得したようである。松田正久が文相に就任し、原は再び内相となり、鉄道院総裁を兼任した。すでに第一次西園寺内閣が鉄道国有法を成立させ（一九〇六年）、主要民営鉄道の国有化を行っていたが、原には地方の鉄道建設を推進し、政友会が掲げる積極財政を執行していくと同時に、鉄道誘致に応えて地方の利益を図り、政友会の支持を獲得する魂胆があった。党利党略の人である。一方、西園寺には政略はあったが、党利党略は微塵《みじん》もなかった。そのため、両者はしばしば意見が対立し、衝突することもあった。

政友会総裁が首相であるにもかかわらず、内閣は、財政逼迫のため、政友会が「得意」な積極財政を推進できず、緊縮財政を余儀なくされた。しかし、陸相上原勇作は、天皇病歿一〇日後の一九一二（大正元）年八月九日、陸軍の二個師団増設要求を西園寺に示した。前年、中国では専制と異民族支配に反対する辛亥《しんがい》革命が清朝を打倒し、一二年一月一日、三民主義（民族・民権・民生）を主唱する孫文《スンウェン》を臨時大総統に中華民国を成立させた。陸軍はこれを危機と捉え、朝鮮の抗日運動にも備えて朝鮮駐剳軍を増強しようとしたのである。しかし、一一月、閣議は財政困難を理由に陸相の提案を否決した。上原は大正天皇嘉仁《よしひと》に単独で辞表を提出し、陸軍は後任を内閣に推薦しなかった。西園寺は上原以外の閣僚の辞表を揃えて総辞職した。西園寺の後任は容易に得られず、結局、内大臣就任早々の桂が組閣した。桂から軍備増強の難問題を押しつけられた形の西園寺は桂に付《つけ》を回したことになる。

第三次桂内閣は一二月末に成立したが、その前後から藩閥勢力が政権独占を図ろうとしているとの批判が強まって「閥族打破・憲政擁護」をスローガンとする第一次護憲運動が高まり、二カ月足らずで退陣に追い込まれた（大正政変）。ついで一三年二月、政友会と提携した薩摩閥・海軍の山本権兵衛が内閣を組織した。しかし、首相・外相・陸相・海相以外の閣僚は政友会員が占めた。原は内相に就任した。第一次山本内閣は行財政整理に着手したが、翌年一月、海軍高官とドイツのシーメンス社との汚職事件が発覚し、内閣弾劾国民大会の開催など、抗議行動が高揚し、三月に総辞職した。

相次ぐ不始末に苦慮した山県ら元老はすでに政界から引退状態になっていた大隈に政権を委ね、藩閥攻撃を沈静化させようとした。大隈は立憲同志会を少数与党とし、その総裁加藤高明を副総理格の外相にすえて四月に組閣した。この年の夏、第一次世界大戦が始まり、八月、日本は、日英同盟に基づいてドイツに宣戦布告し、赤道以北のドイツ領南洋諸島の一部と中国におけるドイツの拠点青島《チンタオ》を占領すると共に、翌一五年一月、加藤の主導で中国の袁世凱《ユアンシカイ》政権に対し、山東省《シャントン》のドイツ権益の譲渡、南満州及び東部内蒙古《ネイモンクー》の権益の拡大などを内容とする二一カ条を強要し、五月にはその大部分を受諾させた。国際的にはこのような無謀な外交を強行したにもかかわらず、多くの新聞が煽動して形成した「世論」を背景に、三月の総選挙では同志会が政友会を破って第一党になるなど、与党が大勝した。その結果、折からの大戦景気による財政の好転と相俟って二個師団増設はもとより、かねてから海軍が要求していた建艦計画も帝国議会で可決された。

その間、西園寺は一三年二月に立憲政友会総裁辞任を告示して事実上引退した。桂と山本の交代期のことである。翌年六月の政友会臨時大会で西園寺の辞任が正式に認められ、党務の中心にあった原が総裁に就任した。第二次大隈内閣成立後のことである。

帝国議会議員としての活動

拓川は、一九一二(明治四五)年五月、衆議院議員の任期が満了となり、同月二七日に貴族院議員(勅選)に選任された。彼は代議士を一期だけで終えたのである。

拓川の帝国議会の代議士と貴族院議員生活は通算一五年である。拓川は帝国議会で如何なる役割を果たしたか。卓越した外交官経験者としての立場、外交通としての専門性を活かそうとしているところに特徴の一つがある。すなわち、一九〇九年三月の衆議院における「外交文書公表ニ関スル建議書」の提出、翌年三月の「外交文書及《および》国際交渉事件ノ秘密ニ関スル質問」の提出などが、それである。これらの建議書や質問が、日露戦争と戦後の国際関係、殊に韓国併合問題を念頭において作成されていることは間違いない。自ら辛酸を嘗めた赤十字条約改正交渉の経験とも結びついていることは想像するに難くない。

前者では「議員ノ耳目ハ国民ノ耳目」であるから、政府は議会に外交文書を公表しなければならないと要求し、後者では、従来、政府は「権謀術数、駆引《かけひき》ノ必要上カラ」外交文書を国民に公表することを憚《はばか》ったが、「併《しか》シ、此《かく》ノ如キ外交ハ最早《もはや》今日ノ世界ニハ成立スルコトハ出来ナイノデアル。今日ノ外交ハ何《いず》レノ国デモ必ズ国民ノ与論ヲ後援トシ」「国民ノ力ニ依ラズシテ、外交ノ大義ヲ決スルコトハ出来ナイ」、ゆえに「国民ニ外交ノ真相ヲ知ラシメルト云ウコトハ、政府ノ義務ト言ッテ宜《よ》イ」と主張した。

これらの主張は、思想的に見れば、国民の政治的権利を尊重することとの要求である。児玉仲児の「日露講和批評」と共通している。そうした拓川の政見は、一八年三月の貴族院令改正会議に提出した「貴族院令中改正案ニ就《つい》テ」を基礎とする論文「貴族院改造論」にも窺うことができる。このなかで彼は「民意の反映」した貴族院に「改造」することを提案しているのである。

具体的には、拓川は「金があれば智識があると思うのは、是《こ》れ、野蛮時代の余習（昔から残っている習慣）」だと論じ、一県一五人、全国六七五人だけしか選挙権を持たない「長者議員」を全廃し、その分、勅選議員を三分の一に増員して「複選」制にし、かつ華族になったら辞職すべきことを主張している。彼の言う「複選」制とは「人民の公選で出た」衆議院議員・府県会議員・市長・市会議員・北海道会議員・沖縄区会議員等の投票により選挙させる方法である。元より華族議員を主体とする明治憲法と貴族院令の枠内においての「改造」ではあるが、多額納税議員を廃止し、有爵者を勅選議員とせず、勅選を実質的に議員・首長の選挙権を有する国民約五百万人の間接選挙で選出するという提案は、国民の参政権を拡大していく方向性をもっていると言える。拓川は普通選挙の施行を阻止した原とは思想を異にしていたのである。

拓川の政治論は、明治憲法の範囲内において、国民の政治的権利を漸進的に伸張させ、できるだけ国民本位の政治を実現しようとするものであった。とするならば、大阪新報社長就任に当たっての抱負に見られる「国家」とは、絶対主義的天皇制国家体制の国家ではなく、人民を主体的構成員とする国家を意味していると言えるであろう。拓川はやはり兆民門下である。彼は地位に相応しない人任せの議員ではなかった。しかし、旧憲法下における国権の最高機関ではない帝国議会の議員の権限は弱く、彼は「伴食議員」と自嘲したのかも知れない。拓川の識見に基づいた政治家としての手腕は、最晩年に短期間務めた松山市長時代に発揮される。

拓川は議員としての海外活動も盛んに展開した。一三年五〜六月には貴族院視察団の一員として中国へ行き、袁世凱らと会議している。ローマで開催の万国議員商事委員会（一九一七年）については先に触れた。彼は、第一次世界大戦中のことであり、四月にロンドンで、ドイツの軍事的・経済的な孤立化政策を担当する英国の対独封鎖相と会談もしているが、フランスではソルボンヌ大学で講演した。さすがに拓川はフランス通だけのことはある。大戦後の一九年五月にも彼はブリュッセルで開催された万国議員商事委員会に出席した。かつての公使としての赴任地である。

代議士立候補に際して、郷里の利益代表ではないと宣言した拓川ではあったが、彼は郷里愛媛県ないし松山市のために何もしなかったわけではない。例えば予讃鉄道（現JR予讃線）の敷設や伊予水力発電の再開に尽力しているし、経営困難になっていた松山市の私立北予中学校（現県立松山北高校）の校長に加藤彰廉《あきかど》（一八六一～一九三三）を斡旋してもいる。加藤は松山藩の江戸詰藩士の息子で、山口高等中学校（現山口大学）・市立大阪高等商業学校（現大阪市立大学）の校長を務め、一五年、代議士になったが、拓川らの要請で、翌年、代議士を辞め、私立中学の校長に就任した。

私的なことでは、彼は外交官を辞職した年の夏に足痛が発病し、最晩年まで苦しめられた。そうした体調のなかでの諸活動であった。「日記」を見ると、まるで葬式記録のようであり、一九一四年二月の「岡鹿門先生」をはじめ、葬儀にまめに足を運んでいる。一六年一二月には、面識はもちろん、文通もなかったであろう夏目漱石の葬儀にも参列した（「日記」）。子規が世話になった人だからである。拓川は律儀な人だった。ただし、伊藤博文の国葬には行かなかったようである。

次男の六十郎が一八年七月に肺結核で入院した。その後、年は不明だが、秋山真之の妻するゑ（季子）の五月二一日付「加藤御奥様」宛書簡があり、「御令息様」の「肋膜に効あると申す」「玉子の

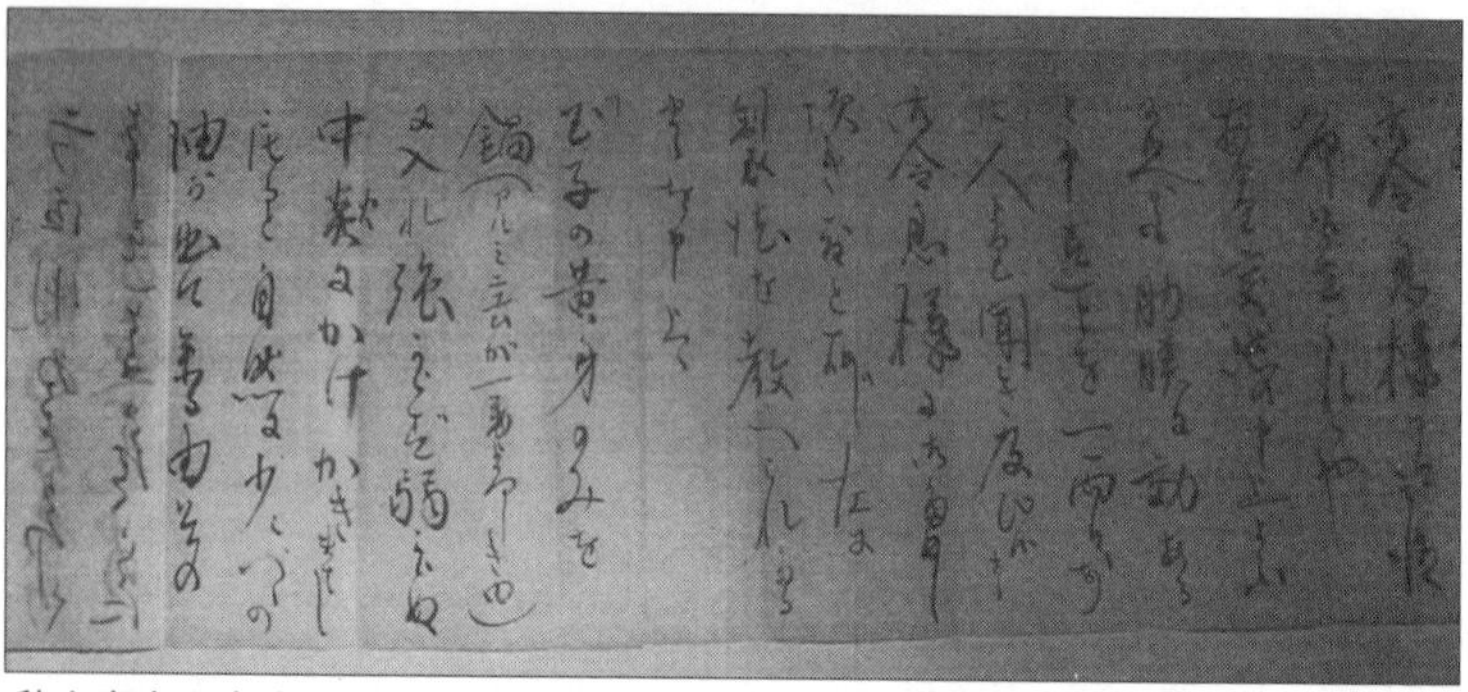

秋山真之の妻すゑ（季子）の拓川の妻・ヒサ宛の書簡（正岡明氏蔵）。六十郎の病気見舞いと良薬の製法が書かれている。

黄身」から取る「油」の「製法」を詳細に伝えている。真之は海軍省軍務局長など務め、中将になったが、すでに他界していた。この書簡から、拓川・ヒサ夫妻が、好古だけでなく、真之とも家族ぐるみで交際していたことが理解できる。

　西園寺にも六十郎の病気を案じた拓川「先生」宛の手紙がある（二〇年四月六日付）。景勝の地静岡県庵原《いはら》郡興津町《おきつまち》清見寺（現静岡市清水町興津清見寺町）からである。興津には一九一九（大正八）年建築の西園寺の別邸坐漁荘があった。坐漁荘は一九七一年（昭和四六）年に愛知県犬山市の明治村に移築されている。

　これより先、西園寺は、一六年九月一〇日・一二月一一日付と一七年二月二七日付で、印譜と硯をもらった礼状と印譜を参考に刻印した報告を拓川「先生」に出している。硯と印譜の蒐集は拓川の趣味である。そのことを目的の一つとして、拓川はしばしば中国へ旅した。西園寺も中国へ旅行をしたかったが、体調が悪くなかなか果たせないでいた。それで拓川は彼に贈物をしたのである。

　こうして、日露戦後、跡絶《とだ》えていたらしい二人の文通が再開された。拓川にとっては、社会主義の先達である法学者エミール・アコラースの門人と自称して憚らない西園寺という幅の広い自由主義者をいつまでも放っておくわけにはいかなかったのであろう。

Ⅶ

シベリア派遣全権大使として

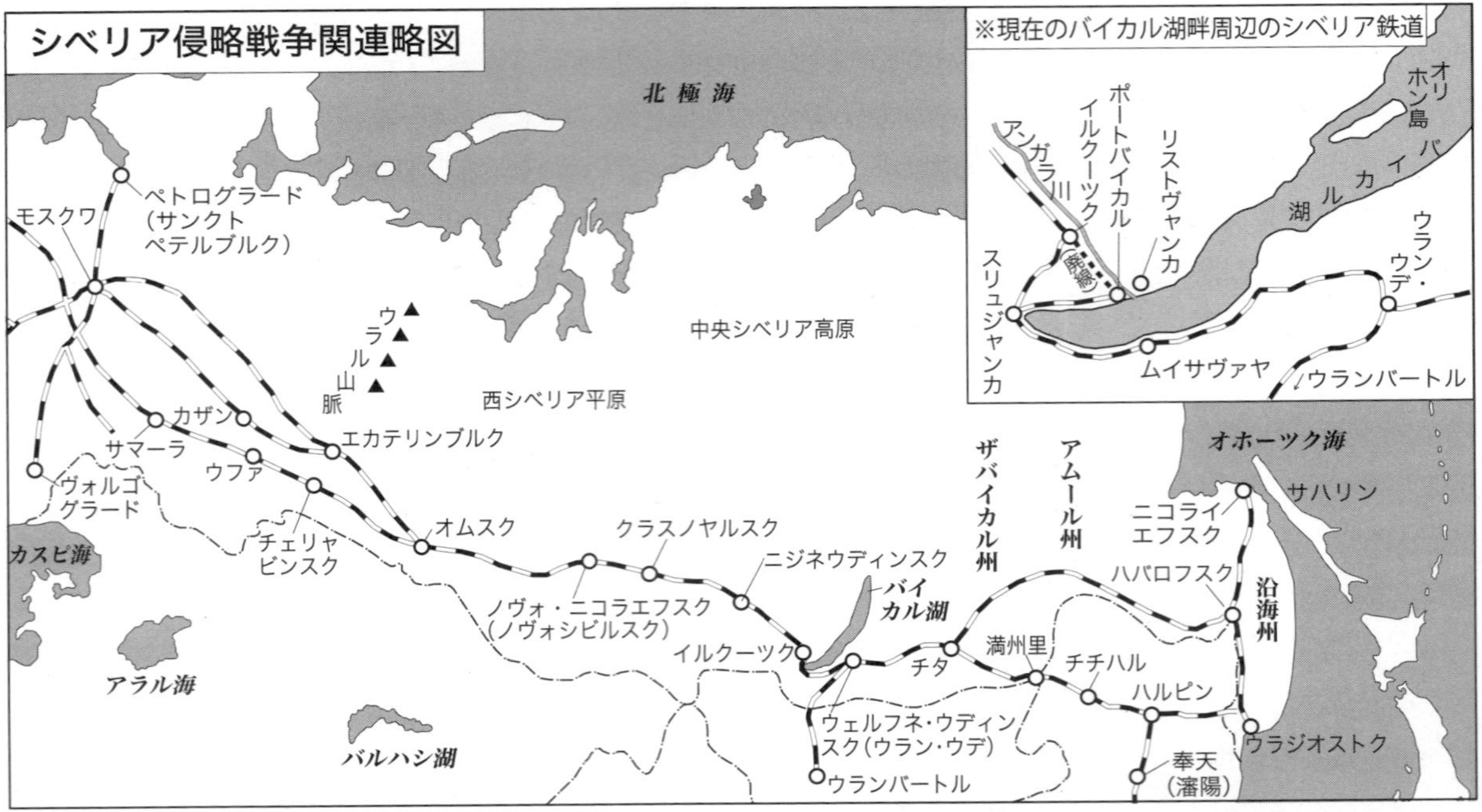

※現在、ウラン・ウデ(旧ウェルフネ・ウディンスク)から西へ100キロ余で湖畔に出、スリュジャンカまで220キロほど湖畔を通っている。第2次世界大戦後にアンガラ川にダムが建設されることになり、ポートバイカル〜イルクーツク間の線路が水没するので、スリュジャンカ〜イルクーツク間の現在の鉄道が開通した。その後、スリュジャンカ〜ポートバイカルはバイカル湖岸鉄道(観光列車)として復活した。リストヴャンカはバイカル湖第一の観光地。ウラン・ウデから分岐するウランバートル方面への支線は1949年に開通した。

パリ講和会議代表団への参加

第一次世界大戦が終結した一九一八（大正七）年一一月の翌月、パリ講和会議の首席特命全権委員に決定した西園寺公望と九月に首相に就任した原敬に要請されて拓川は、外務省嘱託となり、代表団に加わった。

原は、山県と相談の上、元老の西園寺に首席全権就任を懇請すべく、特使を京都市上京区田中（現左京区田中）の西園寺京都邸清風荘に派遣し、一二月二〇日過ぎに東京で会談して承諾を得た。次席以下の全権委員は牧野伸顕・珍田捨巳（駐英大使）・松井慶四郎（駐仏大使）・伊集院彦吉（駐伊大使）で、全権委員の随員には外務書記官松岡洋右《ようすけ》（のちに外相。A級戦争犯罪人—裁判中に病死）・同吉田茂（のちに首相）・外務省事務官有田八郎（のちに外相・日本社会党代議士）・同重光葵《まもる》（のちに外相。A級戦争犯罪人—禁錮七年）のほか、外務省、陸・海軍などから一九名が任命された。海軍のなかには大佐の野村吉三郎（のち外相、日米開戦時の駐米大使）もいた。西園寺の随行員として公爵近衛文麿（のちに首相）・西園寺八郎（娘の夫）と医師二名が任命され、娘新子や西園寺の使用人（女中頭《がしら》と料理番《ばん》）も同行した。西園寺ら一行は翌年一月一四日に神戸を出航した。それより先、次席の牧野は随員一同と共に一二月一一日に出帆してパリへ向かっていた。

拓川は諸書に随員とあるが、随員の名簿に彼の名はない。西園寺の随行員でもない。かつて外務書記官として拓川の下位にあった松井や伊集院が全権委員である。彼は地位にこだわるケチな料簡の人間ではないが、政府・外務省が拓川を随員にするはずはない。外交官には実務家タイプと政治家タイプとがあると言われるが、双方の能力をもち合わせている拓川を西園寺と原が見込んで支援を求めたのであろう。いわば実質的には「顧問」格の黒子である。

拓川は牧野一行より一日早く、『万朝報』の黒岩涙香ら一〇人と共に出発し、一九年の一月一日にニューヨークへ着き、後着の随員外務書記官佐分利貞男と四日にフランス船に同乗して一一日にフランス最西端のブレストへ入港し、翌日、パリにはいった。佐分利は、拓川の例の大旅行（一三三ページ参照）の際、駐仏大使館に勤務しており、パリで観劇の相手をした、いや、させられたであろう人である。「日記」には「珍翁」「先在」とあるから、全権の珍田はロンドンから先に到着していた。拓川の大旅行の際、珍田もロンドンで歓待した大使であり、伊集院はローマ駅まで出迎えていた。「日記」に「伊集院大使、来迎」とある。

一九一九年一月一八日に講和会議の開会式があり、拓川はこれに列席した。「此夜《この》、牧野一行」が「入巴《パ》」した（「日記」）。敗戦国ドイツとの講和条約予備会議に参加していた拓川は、二月二五日夜、マルセイユまで西園寺を迎えに行き、西園寺一行は二七日にようやくパリに着いた。

西園寺は米国大統領、英・仏・伊首相らと並ぶ「大物」首席全権だったが、ヨーロッパを主戦場とした関係諸国の利害得失が議論の中心でもあり、会議への出席も会議での発言も少なかった。

日本代表団が講和会議に参加した最大の目的は山東省の旧ドイツ権益の継承であり、代表団はこの問題を最優先にしてその無条件譲渡を要求した。この件については、英・仏両国は対独参戦要請と絡めて日本と秘密協定を締結しており、秘密外交の廃止を強調する米国も、自国が要求する中国の領土保全・門戸開放と、日本が要求する中国における特殊権益の相互承認を確認した一九一七年の日本特派大使石井菊次郎と米国務長官ランシングの協定（石井・ランシング協定）で原則的に承認しているので譲歩せざるを得なかった。だが、こうした帝国主義国間の取引に対して、当然のことながら、連合国の一員である中国が強く反対して返還を要求し、会議は紛糾した。

しかし、日本代表団が米国の日本人移民排斥を念頭に主張した人種差別撤廃案を少なくとも結果的には取引条件として、日本の旧ドイツ権益の継承は承認された。拓川の「日記」には、四月三〇日「青嶋《チンタオ》問題解決」とあり、前日には「半夜、珍翁を訪ね、眠らず」と認《したた》められているから、彼は珍田とどう結着をつけるか、相談したのであろう。「巴里講和会議ノ経過ニ関スル調書」（『原敬関係文書』第一〇巻）を通覧すると、各国代表との個別の折衝は珍田が中心になっていたようだ。青島は山東省のドイツ租借の港湾都市である。それにしても、人種差別撤廃は朝鮮を始めとする植民地とその出身者に対する自らのきびしい人種・民族差別を棚上げした矛盾もはなはだしい提案であった。

パリ講和会議は、ドイツに巨額の賠償義務を負わせ、領土を割譲させ、植民地を放棄させ、軍備を極度に制限させると共に、国際紛争の平和的解決及び国際協力を目的とする国際連盟と国際労働基準の設定を目的とする国際労働機関（ＩＬＯ）の、歴史的に見て進歩性の高い二つの機関の設立を決定し、六月二八日、ヴェルサイユ宮殿で調印した（ヴェルサイユ条約）。

しかし、中国は調印を拒否した。当然のことである。その後、日本帝国主義は山東問題で五・四運動を始めとする中国の反帝国主義民族解放運動の激しい反撃を受けることとなり、米・英・仏帝国主義とも矛盾を深めていくことにもなる。山東省の旧ドイツ権益は、やがて、ワシントン会議における二二年二月の中国を含む九カ国条約の締結で中国に返還することが決定される。

西園寺は山東権益問題よりも国際連盟設立を重視していた。拓川も、彼の見識からすれば、そうだったはずであるが（後述）、彼のＩＬＯについての見解はわからない。

その間、拓川は万国議員商事委員会に列席し、ベルギー国王にも久しぶりに「謁見」してパリに戻ると、五月二八日に外相内田康哉《こうさい》からの帰国命令に接した。内田は外交官として拓川のやや先輩で、のちに国際連盟脱退時の外相も務めた。翌日、拓川は「陶公」（西園寺）から「晩餐」に招待され、その「帰途、珍翁を訪」ねた（「日記」）。帰国命令はシベリア派遣大使の件であり、拓川は原を支持している西園寺から赴任するように要請されたことと思われる。珍田にはその報告をしに訪問したのであろう。

五月三〇日に帰国する旨を返電した拓川は、六月一日、「陶公とセーブル行」をした（「日記」）。セーヴルは陶磁器（セーヴル焼）の生産地としても知られるパリ郊外はセーヌ川畔の景勝地である。九日に「四全権送別」（「日記」）。西園寺を除く全権委員のそれだろう。四月にパリへ来ていた次男六十郎を「携帯」して一〇日に「早発《はやだち》」し、夕方、ロンドンに着き、一四日に日本の汽船で出帆、

セーヴル橋畔よりセーヌ川対岸を望む（2008年撮影）。建物は国立セーヴル陶磁博物館

七月二九日に神戸に入港、三〇日夜半に帰宅した（「日記」）。不治の病いと言われていた結核の六十郎をパリへ呼んだのは、生存中に西洋、殊にフランスの空気を吸わせてやりたかったからであろう。

翌七月三一日、首相・外相に面会し、夜、秋山が「来話」した。同日の原「日記」には「加藤恒忠が巴里より帰京、来訪した。彼の地に於いて我が全権の最も困難したのは各国共に日本の支那（中国）に対する野心を疑い、所謂《いわゆる》猜忌《さいぎ（ママ）》心《しん》（邪推）が去らなかったことだ。そのため、談判する上で、大変な困難があった」と、拓川が語った「西園寺等の近情」についての「内話」の「報告」をもとに、彼なりに理解したパリ講和会議の様子が認《したた》められている。いずれにしても、パリ講和会議において拓川は、彼の苦渋は察せられるものの、「盗賊主義」すなわち日本帝国主義の中国侵略の一端を担いだことは否定できない。

ロシア革命を奇貨としてシベリアに出兵

一九一九年六月三一日付の原敬の前掲「日記」には「(加藤は今回オムスク政府に大使に昇らせて駐割させる事と内定した)」と、括弧《かっこ》付きで記されている。拓川が原のシベリア派遣特命全権大使への就任要請に対し、即日、受諾したことがわかる。彼はいわゆる「シベリア出兵」の真っ只中で彼の地の外交責任者に「内定」したのである。

「シベリア出兵」は、「ついにアメリカ軍がベトナムから撤兵した」から書き出されている和田春樹「シベリア戦争史研究の諸問題」(一九七三年)が指摘している通り、「ベトナム派兵」と同じく「侵略者の表現」である。それは正しくはロシア革命の一環である「シベリア革命」に対する干渉戦争、ないしはソヴィエト革命政府に対する侵略戦争であるから、「シベリア革命干渉戦争」あるいは「シベリア侵略戦争」と称するべきであり、少なくともベトナム戦争と同じく「シベリア戦争」と呼ぶべきだろう。

第一次世界大戦中の一七年、連合国の一国ロシアで、食糧難を契機に三月革命(ロシア暦では二月革命)が勃発し、レーニン(一八七〇~一九二四)ら、ボリシェヴィキ(のちの共産党)の指導による一一月革命(ロシア暦では一〇月革命)は三月革命で成立した臨時政府を打倒し、世界最初の社会主義国家、ロシア・ソヴィエト連邦社会主義共和国を樹立した。同国政府は無賠償・無併合・

民族自決の原則を掲げて全交戦国に呼びかけ、翌一八年三月、ドイツ及びオーストリアと単独講和を結んだ。ソヴィエトとは、労働者・農民・兵士の協議会のことを言う。

社会主義政権の誕生とその自国への波及を危惧した諸国は、フランス、次いで英国を皮切りに、ロシア革命に対する干渉を開始した。北の白海からも比較的南方の黒海からも。

そのなかに、シベリア鉄道でウラジオストク港へ達し、米国経由で対独墺ヨーロッパ戦線のフランス軍に参加しようとしていた五万を超えるスラブ人種のチェコ人・スロバキア人の一八年五月に始まるチェコスロバキア軍団の軍事行動があった。その時点で、まだ、オーストリア・ハンガリー帝国（ハプスブルク帝国）の支配下にあったチェコスロバキアは、独立を目指す動きが強かった。この軍団は大戦開始と共に帝政ロシアで誕生したチェコ戦士団を核とするチェコスロバキアの独立を目的として組織された義勇軍である。軍団本来の目的からすれば、ドイツ・オーストリア勢力打倒のためのシベリア横断であるはずだが、ソヴィエト革命政府がシベリア通過を承認し、一部の部隊がすでにウラジオストクに到着していたのにもかかわらず、東進中の軍団は反革命のために反転し、シベリア鉄道でウラル山脈西方まで侵攻し、沿線の各地で革命軍と武力衝突を引き起こした。このチェコスロバキア軍団の「救援」のために共同出兵しようとの名目で、仏・英両国に働きかけられた米国が伊・日・中国などに呼びかけ、一二カ国の連合軍による本格的な武力干渉が一八年八月から開始された。

この侵略戦争の主力は日本軍であった。米軍約九〇〇〇人、英軍約六〇〇〇人、中国軍約二〇〇〇人、伊軍約一四〇〇人、仏軍約一二〇〇人に対して、日本軍は、最高時にはなんと約七万二〇〇〇人を数えた。ウラジオストク派遣軍司令官・陸軍大将大谷喜久蔵は連合国軍最高司令官となった。

日本帝国主義には、米国の提唱以前から、植民地朝鮮・南樺太と満州の権益の確保を口実に、独自の計画があった。すなわち、参謀次長・陸軍中将田中義一を中心に、参謀本部が立案し実行した東シベリア東部三州（沿海州、アムール州、ザバイカル州）に反革命のコサック（もと非正規兵）の陸軍大尉セミョーノフらを支援して傀儡《かいらい》的な親日政権を成立させるべく画策していたのがそれである。セミョーノフ軍が募集していた「義勇軍」には日本人が多数応募していた（一八年六〜七月）。三月革命のあと、臨時政府の首相に就任し、一一月革命で失脚したケレンスキーの『回顧録』はセミョーノフを「日本の操り人形」と記している。

日本軍は、まず、一八年八月一二日に第一二師団が沿海州都ウラジオストク（当時の人口約一八万。現在、およそ五九万人）へ上陸した。その前後に英・米両軍が上陸している。ついで、八月下旬、第一二師団が沿海州方面へ、第三師団がザバイカル方面へ発進し、満州里《マンチョウリ》に集結した第七師団の支援でセミョーノフ軍が進撃したので、八月末、革命軍は東シベリアのシベリア鉄道の要衝チタ（当時の人口約八万。現在、およそ三一万人）を放棄せざるを得なくなった。九月六日、第七師団がチタを、一〇日、第一二師団がシベリア東方の要地ハバロフスク（当時の人口約五万。現在、およそ五八万人）を占領した。前日の九日には海軍陸戦隊が北サハリンの間宮海峡を隔てた対岸のアムール川（黒龍江）口にあるニコラエフスク・ナ・アムーレ（尼港《にこう》。当時の人口約八〇〇〇。現在、およそ二万八五〇〇人）に上陸している。日本軍を主力とする侵略に対して、それらの地域のソヴィエト勢力は地下に潜行し、ゲリラ活動を行う農民の非正規兵（パルチザン）による闘争を準備する。反革命軍と侵略軍に対する、農民を主体とするパルチザン闘争は一九年に入って本格化していく（和田前掲論文）。

日本のシベリア派遣軍の「快進撃」は、米国の要請を「快諾」し、元老山県の意向に沿い、戦争反対の世論を無視して次々に増兵を認めていった寺内正毅内閣の武力干渉政策の結果である。しかし、大戦景気とシベリア戦争が投機による米価の暴騰を招き、一八年七〜九月に富山の漁村に端を発した米騒動が全国に拡がった。寺内内閣はその責任を負って九月に退陣した。代わって登場したのが原内閣であった。

当初、原は寺内内閣の武力干渉政策に反対し、出兵後も規模の縮小を主張して大方の支持を得たが、首相に就任してから態度を変えた。米騒動などに見られる民衆の爆発的な動きにロシア革命の影響を捉えたのであろう。寺内内閣の外相はシベリア戦争前に、早くから単独出兵を主張していた本野一郎から後藤新平に代わっていた。それが原内閣となって外相にはロシア革命勃発時の駐露大使だった内田康哉が就任した。彼は革命の必然性を認識しており、干渉戦争に反対であった。原の当初の態度には内田からの情報の影響もあったことだろう。原「日記」によれば、原に拓川をシベリア大使にするよう提案したのは内田である。陸相には田中義一（のちに首相）が就任した。

イルクーツク市内ズナメンスキー女子修道院（1762年設立）の前庭に建立された（2004年）コルチャックの銅像（2012年撮影）。台座には干戈を交えている赤軍と白軍（反革命軍）の兵士の像が刻まれている。同市内に建つレーニン像同様に巨大で、ロシアの国情の複雑さがうかがえる。

原内閣が成立して間もない一〇月末には、干渉戦争に動員した兵力は七万人を超え、米国から抗議を受けた。そこで対米協調主義者の原の意向に沿って、陸相は一〇月一八日の閣議で一万八〇〇〇人の減兵を提案した。さすがは山県なきあと、長州閥のドンになる野心家の田中である。変わり身が早かった。

一一月一八日、西シベリアの中心都市オムスクに旧ロシア帝国の海軍中将コルチャックを最高執政官とする「帝政露国復興」をめざす反革命軍事政権「オムスク政府」（シベリア政府）が成立した。

コルチャックは自らを日露戦争後のロシア海軍の再建者として自負していた提督で、革命前に黒海艦隊司令長官を務めていた。彼は米国から東京経由で九月にウラジオストクへ入り、一〇月にオムスクに到着して反革命の「全ロシア臨時政府」の陸海軍相に就任、一一月にクーデターを起こしてロシア国家最高統裁官・ロシア陸海軍最高司令官となり、軍事独裁政権を出現させたのである。こうして西シベリアに分裂して存在していた幾つかの反革命勢力が曲がりなりにも統合された。先のケレンスキー『回顧録』には、英国の陸相ウィンストン・チャーチル（のちに首相）が「われわれがコルチャックを作り上げたのだ」と下院で公式に言明したとある。

原内閣は、一二月八日、米・英・仏三国と協調を図る立場から、このコルチャック政権をして、ソヴィエト政権を排してロシアを「復興」させる中心にすえる政策に同調することを閣議決定すると共に、セミョーノフを援助し、この傀儡的地方政権の勢力を拡大する方針を同時に決定した。しかし、コルチャックとこれに挑発的に反抗するセミョーノフとの対立は激しく、コルチャックが討伐軍を派遣したほどであった。原内閣の一方ではコルチャックを中心にすえながら、他方ではそれと対立するセミョーノフを支援するという、この矛盾した決定は、田中を加えた内閣の対三国協調政策と、先に田中を中心とした参謀本部の指示による派遣軍の行動に基づくものである。この矛盾に対して各国が疑惑の目を注いだから、日本政府は矛盾の解決に迫られた。

原内閣の基本的な外交路線は列強との協調主義である。まず、一二月二日の閣議でセミョーノフに行動を抑止させるよう派遣軍司令部に命令することを決定し、陸相が訓令を発した。ついで、同月、英国政府からセミョーノフへの援助を中止するよう求めた要請を受けたあと、一九（大正八）年一月二六日、対露方針要綱を閣議決定し、コルチャック政権擁護の方針を確認した上で、四月一五日、参謀本部に哈爾浜特務機関（課報・謀略機関）から派遣していたセミョーノフ軍の「指導武官」を解任させた。これらを田中主導で行ったあと、五月一六日、内閣は「速《すみやか》ニコルチャック政府ヲ露国仮政府トシテ承認シ」、これに援助を与えるべきだと米・英・仏・伊四カ国政府に提議することを決定した（『日本外交文書』）。しかし、六月二八日（対独講和条約調印当日）、全権牧野が英国首相ロイド・ジョージに意向を尋ねたところ、「コルチャック軍最近ノ形勢余リ面白カラズ」との回答であった（同右）。そのため、日本からの各国への提議は中止された。拓川がシベリア派遣大使に「内定」したのはその直後のことである。コルチャック政権の承認は日本の単独行動であった。

その間に米国の度重なる勧告を受けて、日本政府は一八年一二月に派遣軍の兵力の第二次削減を三万四〇〇〇人とすることを閣議決定している。勧告を受けなければ減兵しなかったであろうから米国に対する追随的協調である。

シベリア派遣大使就任

拓川は一九年八月一二日に特命全権大使に親任され、シベリア出張を命ぜられた。九月二〇日の東京出発までにはなすべきことがたくさんあった。まず八月一三日に病人の六十郎を日光へ連れて行き、二一日には郷里松山での子規の法要を済ませた（「日記」）。三〇日にパンテオン会（一三二ページ参照）があった（「日記」）。これは拓川の壮行会であろう。三一日には「獺南遺稿」集の相談

ウラジオストクの旧日本国総領事館（2012年撮影）。1916～46年に置かれ、現在は沿海州裁判所。左奥に、中央広場（旧革命広場）の記念像が見える。

ウラジオストクの極東国立大学東洋学院校内に建つ与謝野晶子の歌碑（2012年撮影）。1912年、与謝野晶子はパリ滞在中の夫鉄幹のもとにシベリア鉄道経由で行くため、ウラジオストクを訪れた。彼女の来訪を記念して、1994年、詩「旅に立つ」を刻んだ碑が建立され、2007年には与謝野晶子記念文学会が設立された。

〔写真右〕ウラジオストクの「浦潮本願寺跡」碑（2012年撮影）。浄土真宗本願寺派（西本願寺）は1886年にウラジオストクで布教を開始したが、1904年、日露戦争で活動を休止した。日露戦後、布教所は市内を転々と移り、14年にアレウツカ通り57番に定着したが、37年に閉鎖。2000年に極東国立大学東洋学院の近くに記念碑が建立された。
〔写真左〕ウラジオストク極東国立大学の向かいにあるプーシキン劇場（2012年撮影）。1915年に松井須磨子（1886～1919）がロシアの劇団と合同公演し、トルストイの「復活」の劇中歌「カチューシャの唄」を日本語で披露し、好評を博したと伝えられている。

会に出席した（「日記」）。九月にはいって西園寺や原からそれぞれ「晩餐」に招かれ、「近親」が「小集」を開いた（「日記」）。これらも大変な任務に就く拓川の送別である。

その間、九月八日には原が首相官邸で拓川及びウラジオストク派遣軍司令官・陸軍中将（間もなく大将）大井成元《しげもと》に次のような訓示を与えた。「露国は遂に此《かく》の如くなるであろうとの推測を基礎にして政策を立てる由《よし》（手段）がなくなった。ゆえに露国が如何になろうとも、現状に於いては西伯利《シベリア》は、我が勢力を維持すべく努め、後の変化を待つ外はない。また列国との協調は飽《あ》くまで之《これ》に努め、就中《なかんづく》、米国とは十分な疎通を常に保たなければならない」(原「日記」)。ついで外相と陸相が「過激派(革命軍)に対しては露軍(反革命軍)をして之に当たらさないわけにはいかない」と訓示した(同右)。

これに対して大井が「露軍は軍需品がなく、また確定した俸給もないので、出征すれば掠奪《りょうだつ》して自給する次第で、之が為に良民も之に背き、過激派と一致するに至る。ゆえに多少の兵器及び軍需品を供給し、我が士官を監督として出征させれば此《こ》の弊害はなくなると思う」と具申し、陸相が「快諾」と答えた(原「日記」)。

この原の訓示は内閣としての基本方針を伝えたもので、見通しを持てないままにシベリア侵略戦争を続けようとする政府・軍部の方針があきらかにされている。しかし、対米協調主義者の原らしく、列強、殊に米国との協調に努めるとある。大井の発言は反革命軍の実態をかなり正確に伝えていると言える。彼は本格的な出兵時における先陣の第一二師団長であった。

大使と軍司令官の権限分掌は、「西比利亜《シベリア》ニ簡派セラルベキ大使ニ関スル制度案綱要」に、「大使ハ西比利亜ニ於ケル軍事以外ノ一般政務ヲ管掌スルコト」、「軍司令官ノ権限ハ全然之《これ》ヲ軍事ニ限ルコト」とある(『日本外交文書』)。また、大使の「駐在地」は「主トシテ『オムスク』ニ駐在スルモ、必要ニ応ジ西比利亜及《および》北満州各地ニ出張スルコト」とされた(同右)。そして新任の大使に対する外相の口述による日本「帝国派兵ノ目的」事項の伝達には、一「極東露領ノ安寧秩序ヲ維持ス」、二「露国ノ復興ヲ援助ス」、三「過激思想ノ帝国浸潤ヲ防遏《ぼうあつ》ス(防ぎ止める)」、四「極東露領ニ於ケル帝国ノ勢力扶植《ふしょく》」の四点があり、「帝国ノ対露政策遂行上必要ナル程度ト帝国ノ負担ヲ成ル可ク軽減スル為メ、貝加爾《バイカル》湖以西ニハ派兵セズ」が留意事項として示された（同右）。

一と四は日本の植民地と権益の維持及びシベリアへの勢力の拡大・浸透を狙った政策で、「極東露領」とは東シベリア東部の沿海州など三州を指す。二と三が社会主義政権の確立を阻止し、その衰退・崩壊を狙っていることは言うまでもない。

拓川の赴任地オムスクはモスクワに次ぐ鉄道交通の要衝で、当時、人口はおよそ一一万を数え、ノヴォ・ニコラエフスク（現ノヴォシビルスク）と共に、シベリアではウラジオストクに次ぐ大都会であった。現在の人口は約一一四万、シベリア第二の都市である。ドストエフスキーの流刑地として知られている。平均気温は一月が氷点下二〇度、七月が二〇度である。

拓川は九月二一日に敦賀を出航し、二三日に沿海州都のウラジオストクに入港した。一九二〇年前後にはウラジオの日本人街には五〇〇〇人近い日本人が居留して各種商店・製造所を営み、総領事館のほかに横浜正金銀行・日本人小学校・浦潮日報社があり、浦潮本願寺まで存在した。とくに旅館が多いのは日本からの出張者や沿海州を始めとしてシベリアに居留する多数の日本人が利用するからである。派遣軍司令部は日本人街におかれた。

拓川は一〇月二日にウラジオから列車で哈爾浜・満州里を経由してチタに寄り、九日にバイカル湖から西へ七〇キロ、シベリア中部の中心都市イルクーツク（当時の人口約九万三〇〇〇。現在、約五八万人）に着いた。「日記」には「八日　中秋月有リ、バイカル湖畔ヲ過グ」とある。オムスク

バイカル湖岸鉄道線のポートバイカル停車場ホーム（2012年撮影）。現在は無人。右の建物は元駅舎（現在はホテル）。現在、シベリア鉄道はスリュジャンカからバイカル湖畔を通らず、イルクーツクへ最短距離を走っているが、かつてはバイカルから湖を水源とするアンガラ川に沿ってイルクーツクへ下っていた。

バイカル停車場付近からのバイカル湖を望む（2012年撮影）。満月の夜、拓川はここを通ってイルクーツク経由でオムスクへ向かった。

に到着したのは一三日である。駐在外交官や海軍中佐米内光政（のちに首相）ら陸海軍特務機関の将官・将校が停車場に出迎えた（高橋治『派兵』）。一七日に「元首」コルチャックと会見し、親任状を提出した（「日記」）。しかし、オムスクは革命軍の攻撃で陥落寸前であった。オムスク停車場の車両を「大使館」としたようである（同右）。

シベリア侵略戦争の敗北

拓川がオムスクに到着する約半年前の一九一九年三〜四月、シベリア侵攻の連合国軍、就中《なかんづく》、日・米・英・仏軍の支援を受けたコルチャック軍はウラル戦線でボリシェヴィキ軍を破り、ウラル山脈南西部の主要都市ウファ（当時の人口約二万四〇〇〇。現在、およそ一〇四万人）を制圧し、ロシア・ソヴィエト連邦社会主義共和国の首都モスクワへ進撃していく勢いを示していた。こうした情勢のもとで、対独講和会議の席上でも英国首相らのロシア問題に関する発言に変化が見え始めた。日本政府のコルチャック政権仮承認の提議は反革命軍の有利な展開と講和会議の空気を見て決定され、それに基づいて拓川に対するフランスからの帰国命令も発せられたのである（五月）。

しかし、実は農民パルチザン軍の攻撃にさらされていたコルチャック軍は、四月下旬にはすでにウラル山脈西部においてボリシェヴィキ軍との激戦で敗北し始めていた。そして五月にはウラル戦線でついに大敗を喫した。ヴェルサイユ条約調印時（六月二八日）における「コルチャック軍最近ノ形勢余リ面白カラズ」という先のロイド・ジョージの言もこうした情勢の変化に基づくものであった。けれども、植民地の維持や権益の確保など、帝国主義的な要求から、日本の支配勢力にとっては、革命勢力の浸透を食い止め、極東三州を緩衝地帯にするために、主観的には確固とした反革命政府が不可欠なのであった。その点で英・米両国などとは帝国主義的な野心の有り様がかなり違っていったのである。

そのため、日本政府は、五月下旬、陰りが見え始めたコルチャック政権を強化すべく、コサックのセミョーノフ大尉とコルチャック提督を和解させた。セミョーノフはいきなり少将になった。しかし何よりも重視したのは、援助を懇請するコルチャック政権に対する日本からの積極的な兵器や被服・通信器など軍需品の供給であった。例えば英・米両国が金品の援助を打ち切った後の八月にも、武器の供給は三八式歩兵銃・三〇年式銃剣各五万挺《ちょう》、二八式銃弾丸二〇〇〇万発を数え、一一月にはいってからも約五〇〇〇万円の貸与を契約している（『日本外交文書』）。

けれども、軍司令官大井が原らの訓示を受けた際に述べたように、コルチャック軍は軍規の乱れもはなはだしく、盗賊まがいの軍隊であった。のみならず、コルチャック政権はシベリアの住民の大半を占める農民に大変な苦難を押しつけた。すなわち徴兵や軍馬の強制的調達、重税と密造酒の没収や懲罰が農民の反感や抵抗を生み、彼らはむしろシベリアにおける革命の主体的担い手となっていった。徴兵された兵士の脱走もすこぶる多かった。

六月にはいると、コルチャック軍は農民パルチザンの攻撃で後退を続け、七月にはボリシェヴィキ軍がウラル山脈東部の要地でシベリア鉄道の起点であるチェリャビンスク（当時の人口約二七万三〇〇〇。現在、およそ一一〇万人）へ進攻して、二七日、これを奪回し、正規戦の舞台が西シベリアへ移った（和田前掲論文）。九月二日の拓川管下の在哈爾浜総領事の外相宛電報には「『ウラル』戦線ノ『コルチャック』軍ハ言語道断ニシテ、更ニ戦意無シト云ウモ可ナリ」とある（『日本外交文書』）。

一一月にはいって、軍司令官大井は七日に「過激派軍」が「今ヤ全力ヲ尽シテ『オムスク』占領ヲ企画」していると参謀次長宛に打電し、対する「政府軍」は「『オムスク』ニ於テ整備スベキ戦略予備四箇師団モ今尚《なお》整備ノ中途ニ在リ」、戦線の「後方ニ予備ヲ欠キ、到底『オムスク』ヲ支持スル能ワザル状況ニ在リ」と伝えている（『日本外交文書』）。そしてオムスクは、一一月一四日夜から一五日朝にかけて、ボリシェヴィキ軍に北方より次第に包囲網を縮められ、占領された。コルチャック軍はイルトゥイシ川を渡り、橋梁を破壊して退却した（同右）。拓川が到着してわずか一カ月後のことである。

しかし、その半月前の一〇月三一日、拓川は天皇嘉仁の誕生日（天長節）の「祝宴」を主催し、「首相」ペペリャーエフ及び「蔵相」や英国の外交代表者らが「来会」した（「日記」・『日本外交文書』）。一一月二日には「首相」が拓川を招いて「小宴」を開いた（「日記」）。歓迎会であろう。

悠長に構えているように見えるが、実は危機が迫っており、動きは慌ただしかった。翌三日には「外相」が日本大使館を訪ね、情勢を伝えた。その内容を拓川は直ちに打電した（「日記」）。この電

イルクーツク停車場（2012年撮影）。左から第1・第2・第3入口。開通・開業当時からの建物である。ただし、拓川滞在当時、停車場名はイルクーツク市内の地域名を採って「グラスコヴォ駅」と呼ばれていた。

報は六日に在哈爾浜総領事代理から外相宛に転電された（『日本外交文書』）。電報はオムスクの陥落が近いこと、コルチャック政権、日本の大使「一行」やオムスク領事館、英国領事や仏外交代表者がその対応に追われていることを伝えている。なかでも注目すべきは、少なくない日本人と朝鮮人がオムスクに居留していたことである。この時点では、在留日本人はすでに現地から離脱していたが、朝鮮人は、一部を除き、約三〇〇人が撤退せずに残留していた。和田前掲論文を参考にすれば、在シベリア朝鮮人の民族運動としてのパルチザン闘争・抗日闘争と関係がありそうに思える。

一一月六日には拓川が英・仏の外交代表者と「外相」代理を訪ねて撤退について相談した（「日記」）。先の電報で「本使一行ハ露国外務当局ノ此ノ地ニアル間ハ居残リノ積リ」と言っていた拓川だったが、七日の電報では「本使一行モ陸軍特務機関ト共ニ遠カラズ『イルクーツク』ニ向ケ出発スルコトトスベシ」と撤退を伝えている（『日本外交文書』）。大使一行は一〇日朝にオムスク停車場を「発車」し（「日記」）、一七日に「無事」にオムスクと並ぶシベリア屈指の都市ノヴォ・ニコラエフスクを経由して二八日にやっとイルクーツクに到着した（『日本外交文書』）。先着していた「オムスク政府」（「イルクーツク政府」）の首脳が停車場へ出迎えた。往路は四日間だったが、復路は一八日を要した。

グラスコヴォ停車場（現イルクーツク停車場）２階からアンガラ川を挟んでイルクーツク市街中心部を望む（2012 年撮影）。拓川は引き込み線の客車２輌に大使館をおき、シベリア侵略連合国の外交代表団本部とした。市外の主要部分は戦闘状態にあり、コルチャック「政府」軍が壊滅に向かい、停車場は非ボリシェビキ革命派の「エス・エル」軍に占領された（1919 年 12 月 24 日）。このような事態の中で、拓川は中立地帯の客車内で外交代表団会議を続けていた。

コルチャックやペペリャーエフは一一月一三日にオムスクを撤退したが、しかし、一二月二〇日過ぎになっても二人は未着であった（『日本外交文書』）。行方不明なのである。オムスクは一一月一五日に「赤軍」（ボリシェヴィキ軍）に占領されていた。

その間、コルチャック政権は、七月以来、繰り返して日本軍をバイカル湖以西へ派遣するよう要請してきていた。しかし、既定方針通り、日本政府は拒絶した。一一月一三日にも外相は「帝国政府が『イルクーツク』以西ニ出兵シ難キ事情ハ」「従来ト異ナル処ナキ」旨を拓川に回訓している（在イルクーツク領事宛。『日本外交文書』）。オムスク陥落前日のことである。

一一月二八日に原内閣はシベリア情勢の分析を行った。内閣は、遅ればせながら、シベリアの現状を、コルチャック政権が敗戦を続ければ、日本軍を始め、連合国軍が「赤衛軍」（ボリシェヴィキ軍）と直接接触することになるかも知れない、あるいは連合国軍が「守備」（占領）している区域内に所在する「過激派」が蜂起するかも知れない情勢にあると認識した。その上で内閣は、とるべき態度として、一「軍隊ヲ増派シテ反過激派ト相策応シ、進ンデ赤軍ヲ撃破スルコト」、二「赤衛軍トノ接触ヲ避ケ、一部又ハ全部ノ撤退ヲ行ウコト」、三「現在ノ守備区域ヲ固守シテ赤衛軍ノ東進ヲ防グコト」の三案があるが、一は「シベリア出兵」に反対する国民が多い「我《わが》国論ニ顧《かえりみ》テ、到底実行シ難ク」、二は「東部西比利亜《シベリア》モ遂ニ過激派ノ天地ト化スルノ虞《おそれ》アルトコロ」となり、したがって「多少ノ増援」を行って第三案をとり、「現状ヲ維持スルヨリ致《いたし》方ナカルベシ」との結論を出した。そして、内閣はこの見解を米国政府に示してその同意を得、両国が共同して英・仏両国

拓川が滞在した当時のイルクーツクを偲ばせる写真。グラスコヴォ停車場（現イルクーツク停車場）側からアンガラ川とイルクーツク市街の主要部分を望む（スロボダ丘陵地域の再開発宣伝パネルを撮影。2012年）。橋は仮橋であった。対岸のカザン大聖堂は革命時に爆破され、現在はイルクーツク州政府庁舎が建っている。

に同調を要請するよう提議することを閣議決定し、ただちに駐米大使幣原喜重郎（のちに首相）に訓令を発した（『日本外交文書』）。

幣原は、権益墨守に固執するこの訓令に基づき、一二月八日、先の第三案を、日本軍のとは言わず、連合国側「一般」とする見地から五、六〇〇〇人の増兵を米国務長官ランシングに打診した。しかしランシングは軍事上の問題は「一存」では回答できないと答えた（『日本外交文書』）。英国と同様に米国は情勢の変化を早くから客観的に把握し、撤兵の潮時を見ていた。コルチャック軍がウラル戦線で敗色が濃くなった段階から、米国は同政権の支援に消極的になった。この事実が日本政府に見えなかったはずはない。しかし、日本は、米国がオムスク撤退の時点で同政権に見切りをつけていたことには気づいていなかった。それで相手が同意できない提案を米国に行ったのである。日本政府は日・米帝国主義の思惑が異なり、その矛盾が深刻になっていることを理解していなかったと言える。

ボリシェヴィキ軍のイルクーツクへの進攻が迫り、一二月一八日、コルチャック不在の反革命政権は拓川に日本軍の派遣を要請した。拓川の請訓に対して、外相は一九日に拓川宛にイルクーツクへの「出兵」は「米国政府トノ打合済次第《うちあわせすみ》」決定する旨を打電した（『日本外交文書』）。しかし、米国の認識は先述の通りである。日本政府は米国との無意味な「交渉」に、あり得ないことだが、外相の内田が故意に長びかせていると疑いたくなる程に、時間を費しているのであった。

拓川は一二月二四日に、ウラジオストク派遣軍司令部に派遣されていた管下の政務部長（外交官）松平恒雄（のちに初代参議院議長）から、軍司令官大井が「『イルクーツク』方面ニ出兵方ニ関シテハ」「大使ヨリ司令官ニ要求セラルレバ直《ただち》ニ実行シ得《う》ルトノコトナリ」という電報を受け取った（『日本外交文書』）。戦局の急変に対する軍部からの督促である。同日、駐米大使の幣原は、今度は日本軍のシベリアへの増派について米国政府の回答を促すために国務長官と会談したが、埒《らち》が明かず（同右）、米国に焦《じ》らされただけに終わった。

このように日本政府中枢の事態への対応は戦局の急変と全く噛み合っていなかった。現地や駐米大使と連絡を取っている間に事態ははるか先に進み、訓令は後手後手になっていた。事態は革命軍の圧倒的攻勢によって、反革命政権内部で矛盾が激化しているから急変するのである。例えば、一二月二三日、シベリアの中心都市の一つでオムスクとイルクーツクの中間点にあるクラスノヤルスク（当時の人口九万三〇〇〇。現在、およそ九二万人）で、軍管区司令官がシベリアにおける革命勢力のなかでツァー（皇帝）と農奴制を廃止して農民主体の革命を主唱した有力な政治団体「エス・エル」（社会革命党）の代表と組んでコルチャック政権に対して反乱を起こし、「赤軍」と交渉を始め、やがて、一九二〇年一月四日にはボリシェヴィキが権力を掌握し、六日に「赤軍」が市中へ無血入城している（和田前掲論文）。

派遣軍司令官の大井は一九一九年一二月二一日の参謀次長宛電報で、コルチャックの「失脚ハ自然ノ帰納タルベキカ」、「政権ハ統一社会主義者ノ手ニ帰スルヤモ計リ難《がた》シ。此《こ》ノ場合ニ於《おい》テハ『イルクーツク』以西ニ在ル正規露軍ハ多クハ解体若《もし》クハ過軍ニ投ジ、其ノ残存者ハ恐ラク統一社会主義政府ノモノトナリ」「其レノミナラズ」「統一社会主義政府」が「過激派政府ト妥協スルコトナキヲ保チ難シ」と、この時点での情勢を報告している（『日本外交文書』）。「過軍」とはボリシェヴィキ軍を、「過激派政府」とはソヴィエト革命政府を言い、「統一社会主義」はボリシェヴィキ以外の「社会主義」を指す。現地の方は中枢に大略として正しい趨勢を報告していると言える。情勢は、その後、大井が「難シ」（むずかしい）と言った方向へ進展していった。

イルクーツクでも一九年一一月末にはシベリアのボリシェヴィキの各組織代表が秘密裡に参集して会議を開催し、シベリア委員会を結成した（『派兵』）。同委員会は労働者の決起やパルチザン闘争の準備を進め、一二月二三日に行動を開始したが、反革命政権側における反コルチャック（反「政府」）の動きについては攻撃を仕掛けなかった（同右）。反コルチャックの代表的な動きはコル

イルクーツク市内レーニン広場に立つレーニン銅像（2012 年撮影）。イルクーツクではレーニン通りも健在であり、カール・マルクス通りは市内随一のメインストリートで、右翼に虐殺されたドイツの社会主義者カール・リープクネヒトの名を冠した通りもある。

アンガラ川に架かるレーニン橋（2012 年撮影）。レーニンの銅像を建立しようとの計画に対して、彼の妻クループスカヤ（教育家）が「もっとみんなに役立つものをつくろう」と提案し、1936 年に仮橋が鉄橋に架け替えられたという逸話が残っている。

チャックに対するイルクーツク守備隊の反乱である。イルクーツクは多数の脱走者が続出して衰退の度を強めるコルチャック軍と反乱軍との戦場になった（同右）。二四日には「エス・エル」軍が停車場を占領し、その翌日には「エス・エル」軍が「政府」軍と戦闘を開始した（同右）。

こうした状況下で、イルクーツク滞在の拓川は、一二月二五日、大井の要請を受けてイルクーツクへの派兵を承認するよう外相に要望した（『日本外交文書』）。彼には居留民の保護が念頭にあった。一方、大井は、拓川と同様の名目で、第五師団にイルクーツクへの出動を命じた（『派兵』）。この独断の命令は報告を受けた参謀総長から内閣へ伝達され、二七日の閣議は時宜にかなう出動としてこれを事後承認した（同右）。

拓川は「一二月二五日ヨリ一月五日ニわたリ、連合国代表者ハ『ジャナン』将軍及《および》我ガ軍事代表者ト共ニ本使ノ列車ニ於テ昼夜絶エズ会議ヲ開キタルモ、四日ノ夜ニ至リ、政府軍潰崩《かいほう》（壊滅）シテ、（五日）政府消滅ニ帰シタ」りと外相に打電している（一月一〇日、於・チタ。『日本外交文書』）。この電報がコルチャック政権崩壊を伝える最初の公電である。

ジャナンはフランス軍が派遣したチェコスロバキア軍団の指揮官である。彼は「オムスク政府」とコルチャックを見限り、一九年一一月八日にすでにオムスクを離れていた（『派兵』）。ジャナン指揮下の軍団が、革命軍が圧倒的に優勢のなかで東進に再反転したことは言うまでもない。

その間、一月一日には「支援」の日本軍が三列車でチタからイルクーツクに到着した。第五師団がかねてから編成していた歩兵三中隊、騎兵・砲兵各一小隊の陸軍大佐本庄繁率いる本庄支隊である。日本軍戦闘部隊がバイカル湖以西に初めて侵攻した（『派兵』）。米国にお伺いを立てておいて同意・不同意の回答を得ないままに、問い合わせた事実をステップに、日本は独自の判断で行動したわけである。しかし、本庄支隊が戦闘に入るか否かで、拓川と陸軍が対立した。「エス・エル」軍が占領した停車場に近い高台の占領を主張する本庄に拓川が反対し、許可を与えなかった。

拓川主催の連合国外交代表団会議（仮称）の席上における、この一件を含む、日本内部の意見の対立は、ジャナンの証言によれば、内閣から指示された大原則を守って戦闘を阻止しようとした拓川に対して、参謀本部隷下の陸軍特務機関長（大佐）はこれに同意しなかったが、支隊長は拓川の諒承なしには動けなかった（『派兵』）。一月五日、コルチャック軍と政府が消滅するまでこの会議は続けられた。参謀本部『西伯利出兵史』には「『コルチアク』軍ハ日本軍到着セシモ、其《その》中立的態度ヲ持スルコト明瞭トナルニ及ビ、形勢不良ト為《な》リ、遂ニ四日、同指揮官ハ自ラ軍隊ヲ解散シ、身ヲ以テ『スキーベトゥロフ』支隊ニ遁《のが》レ、茲《ここ》ニ『コルチアク』軍ハ崩壊セリ」とある。

長期的に見れば、日本軍の一支隊が戦闘を開始してもコルチャック政権の消滅は時間の問題であったが、拓川が軍部を抑え、日本は新たな傷口を拡げることなく、政権の崩壊を少し早めたことになる。『派兵』の著者は拓川の思想傾向を承知していないらしく、大井の要請に応じてイルクーツクへの派兵の承諾を政府に求めながら、他国の外交代表者の動向を見て、態度を変えたかのように述べているが、この見解は正しくない。

オムスク撤退（一一月一三日）後のコルチャックはどうなったか。チェコスロバキア軍団の列車

〔写真右〕コルチャックが収監された刑務所（2012 年撮影）。イルクーツク中心街からアンガラ川の支流ウシャコフカ川を渡ったところにある。
〔写真左〕コルチャックの処刑地（2012 年撮影）。銅像（218 ページ参照）からおよそ 60 〜 70 メートルの地点にコルチャックが処刑されたアンガラ川畔があり、十字架が立っている。当時の河原は現在、中州になっている。

で東進した彼は、一二月二四日にニジネウディンスク（クラスノヤルスクとイルクーツクの中間点）に到着したが、前々日から反乱軍が同地を占領していたため、東進しようとするチェコ軍団は彼を軟禁状態においた（『派兵』）。間もなく、イルクーツクでは連合国外交代表団会議が開かれていた日本大使館のある停車場周辺一キロ以内（中立地帯）への砲撃が停止されたので、ジャナンはニジネウディンスクに足留めされていた軍隊に、その解除を指令した（同右）。軍団の列車はイルクーツクへ向かった。

イルクーツクの拓川は、連合国外交代表団会議を連続しつつ、護衛隊の協力を得て居留民の引き揚げを優先して尽力したが、機関車・客車の不足の上に、炭鉱が「過激派」の手に帰したことによる燃料不足のために、進捗しなかった（『日本外交文書』）。拓川の「日記」は一二月二四日に「此《こ》の夜、変乱突発」とあって、翌二〇年一月一〇日の「チタ着車」へ飛んでいる。鉄道労働者のストライキなど、大変な困難があったと推察できる。外相宛前掲一月一〇日チタ発拓川電報には「六日、本使一行」はイルクーツクを「出発シタリ」とある（『日本外交文書』）。出発は革命勢力がイルクーツクを全面的に支配した前日、コルチャック政権が崩壊した翌日のことである。

コルチャックは一九二〇年一月一五日にイルクーツクへ着いた（『派兵』）。チェコスロバキア軍団は、約束に従って、東進の保証と引き替えにコルチャックを革命勢力側に引き渡した（同右）。両者は取り引きをしたのである。二月七日、コルチャックはペペリャーエフと共に銃殺された（同右）。

東シベリア東部においては、セミョーノフが支配するザバイカル州以外の二州では、コルチャック政権崩壊直後にパルチザン軍が各都市に入城し、同月、ウラジオストクに「エス・エル」指導者を代表とする地域政権の臨時政府（「浦潮臨時政府」）が樹立され、二〇年四月、バイカル湖の東約七〇キロのウェルフネ・ウディンスク（当時、人口約二万。一九三四年にウラン・ウデと改称。現在、人口は約三八万人）で、ボリシェヴィキと「エス・エル」その他の連立政権である極東共和国臨時政府が独立を宣言した。この共和国は、翌月、ソヴィエト政府に承認され、一一月に東シベリア東部における各政権と共に統一する旨の声明を発表、首府をチタに移し、二一年二月、東部全域にわたる統一国家に拡大した。そしてこのバイカル湖以東を版図とする日本軍撤退までの緩衝国家は、二三年一一月にロシア共和国に合体することとなる。

反革命の傀儡国家（コルチャック政権）の崩壊によって「お役御免」になった拓川は、二〇年一月一〇日にチタに着いた。彼はチタで非ボリシェヴィキ革命派の「エス・エル」幹部と接触したあと、一二日に出発し、満州里を経て一七日に哈爾浜に着き、旧コルチャック政権の「残党」幹部と面会、二五日に発って、翌日、奉天（現瀋陽）に到着した（「日記」）。ここでは満州軍閥首領の張作霖《チャンズウォリン》と会見している。二八日、奉天を発って京城を経て仁川で乗船し、下関に入港、三一日に帰京した（同右）。同日、直ちに首相及び外相と会談している。拓川が閣議で報告するためである。東シベリアや満州で要人らと接触したのは、情報収集と情勢把握のためであろう。

先に日・米帝国主義の矛盾は深刻だと述べた。二〇年一月九日に米国務長官ランシングが駐米大使幣原に対し、米国はシベリアからすみやかに撤兵し、日本の増兵に異議を唱えない旨、覚書を交付した（外務省編『日本外交年表竝主要文書』）。外相がその報告を接受したのは一二日である。しかし、すでに在ウラジオストク米軍司令官から日本軍司令官大井に単独撤兵を通告していた（八日）。米国は、前述の通り、ウラル戦線での敗色が濃くなった段階からコルチャック政権支援に消極的となり、オムスク撤退の時点で同政権に見切りをつけていたのである。けれども、原内閣は、一月一三日、戦局悪化の事態収拾策として半個師団（五〇〇〇人余）の増派を、外相内田と共に強硬に反対する蔵相高橋是清《これきよ》と「折合《おりあい》」い、閣議決定した（原「日記」）。八日の在ウラジオ米軍からの情報を得た原と陸相田中が「時宜」を見て撤兵することで秘密裡に意見を一致させておいた上で決定したのである。とすれば撤兵のための増兵ということになる。

そのあと、原内閣は増派に反対しないかを、異議なしと通告して撤兵する米国に執拗に確認しようとした。米国の真意が理解できていなかったのである。駐米大使の一月一七日発の外相宛電報には、米国は「元来増兵ハ内田外相ヲ始メ閣員中ニモ反対アリ」、その上、すでに「日本ハ西比利亜出兵ノ為、一年一億ヲ支出シ居リ、単独事業トナレバ一年ニ二億以上ヲ要ス可ク、過激派ノ勢力増大スルニツレ、遂ニハ一年五億弗《ドル》ニモ達スベケレバ」「日本ハ単独ニテ過激派ノ東部西比利亜侵入ヲ阻止スルノ挙ニ出ヅルコトナカル可シ」との認識をもっており、さらに「目下ノ処、日本ノ増兵ハ想像セラレズ。但シ内政ノ関係上、日本ガ直ニ減兵スルコトモ無カル可シ」との見通しをも立てているとあった（『日本外交文書』）。日本政府の事情をかなり正確に把握している見解であり、米国はその上で日本に「ご随意に」と言ったわけである。

拓川は二月三日の閣議に出席し、「彼《か》の地《ち》の情況並に引揚の顛末《てんまつ》」を報告した（原「日記」）。彼は、体験を踏まえて派兵の無意味さないし無謀さを具体的に説明したはずである。これを踏まえ、陸相田中が「始めて閣僚一同に西伯利撤兵の内意」をあきらかにし、「絶対秘密」とした（同右）。原と田中の密談から一カ月近くも経っていた。しかも、日本政府が正式に撤兵の方針を声明したのは半年後の七月三日であった。

ニコライエフスク事件（尼港事件）と完全撤退

その間、米国は一九二〇年四月に、英・仏・伊三国も夏ごろに撤兵を完了した（『日本外交史』）。撤兵を終えた米・英・仏・伊は「赤軍」と停戦協定を結び、コルチャックらの逮捕の契機を与えたチェコスロバキア軍団も二〇年九月には引き揚げを終了していた（『派兵』）。すでに一九一八年秋、オーストリア・ハンガリー帝国は第一次大戦の敗北で崩壊し、同年一一月にはチェコスロバキア共和国が独立していた。初代大統領は、大戦中、フランスに亡命して独立運動を指導したトーマシュ・マサリック（一八五〇〜一九三七）である。

しかし、原内閣は、ウラジオストク派遣軍の守備範囲の縮小を踏まえつつも、三月二日、「過激派ノ勢力、将《まさ》ニ東部西比利亜ヲ席捲《せっけん》セシムルニ至リ、帝国ト一衣帯水ノ浦潮方面モ全然過激派ノ掌中ニ帰シ」、「朝鮮ニ対スル一大脅威ヲ現出スルト同時ニ、同派ハ進ンデ北満ニ侵入シ来《きた》ル虞《おそれ》アル処、此《かく》ノ如キハ帝国ノ自衛上黙視シ難キ所タリ」との恣意的な論理をもとに、「シベリア出兵」の目的を朝鮮・満州に対するボリシェヴィキの「脅威」からの「防衛」に変更したシベリア駐屯の基本方針を閣議決定した（『日本外交史』）。

外国軍であるウラジオ派遣軍の一方的なシベリア駐兵は武力衝突を引き起こす。その最たる紛争は二〇年三〜五月のニコライエフスク事件（尼港事件）である。同年二月、ニコライエフスク・

ナ・アムーレを占領中の日本軍が約四〇〇〇人のパルチザン軍に包囲されて降伏し、ニコライエフスクはパルチザン軍の手中に帰した。ところが、翌月、「国辱」の扇動のもと、日本軍は降伏協定を破って奇襲攻撃を仕掛け、その結果、一二〇人余りの捕虜を除く、副領事（当時の外交官トップ）・守備隊長を始め、兵士・居留民七〇〇〇人余が全滅した。五月、日本の「救援」部隊のニコライエフスク占領を前に、撤退するパルチザン軍は日本人捕虜及び反革命派ロシア人全員の殺害に及んだ。日本は事件解決までの報復措置として七月に北サハリンを占領した。パルチザンの指導者はのちに革命政府の手で処刑された。この事件は二五年の日ソ国交樹立交渉の際に交渉課題となり、日本政府は賠償を請求したが、容れられず、同年五月に日本軍は北サハリンから撤兵した。

尼港事件は各国の対ソヴィエト経済封鎖解除が進行し、通商交渉さえ開始されていた時期に惹起した。日本に対しても、すでに二〇年二月にソヴィエト政府が対日講和を駐仏日本大使の松井慶四郎ほかに電報で打診し、四月にソヴィエト政府極東代表のヴィレンスキーが軍司令官大井や政務部長松平に講和会議開催を提議していた。ところが、同月、大井は二月成立の「浦潮臨時政府」（二三九ページ参照）に対して六カ条の要求を突きつけ、拒絶されると、ウラジオを占領し、沿海州の革命軍約七〇〇〇人の武装解除を行った。

しかし、時に「利」あらず、五月一一日、軍司令官は革命軍との戦闘を中止せざるを得なくなり、六月一日、原内閣もチタ方面から即時撤兵を、六月六日、セミョーノフの故地ザバイカル方面からの撤退方針を閣議決定した。そして七月一五日、ウラジオ派遣軍司令官が極東共和国臨時政府と停

ウラジオストクに残る旧浦潮派遣軍司令部の建物（2012年撮影）。1918～22年におかれた。現在はロシア連邦内務省沿海地方局が入っている。

戦議定書に調印した。日本政府は、ソヴィエト政府よりも極東共和国臨時政府の方が「穏健」だと理解して交渉相手に選択したのである。

孤立無援となったセミョーノフ軍は、二〇年一一月、極東共和国軍に敗退し、軍隊を解散した。セミョーノフは亡命して反ソ活動を続け、第二次世界大戦末期には中国東北部（満州）で軍事行動を起こしたが、ソ連軍に逮捕され、処刑された（一九四六年）。

日本軍のシベリアからの撤退完了は二二年一〇月二五日、調印から二年三カ月と一〇日後のことであった。各国撤兵後の日本軍の駐兵によって、日本は各国間で孤立化を深めた。

日本のシベリア侵略戦争は、一九一八年の侵略開始から北サハリン撤兵（一九二五年）までおよそ七年間にも及び、敗北に終わった。日本にとっては「満州事変」からアジア太平洋戦争の敗戦までの一五年戦争に次ぐ長い戦争であった。その間に一九師団中、九師団を投入し、約三〇〇〇〇名の人命を犠牲にし、約九億円の戦費を支出した。それよりも重大なのは、ロシア革命に武力干渉し、ソヴィエト・ロシア社会主義共和国連邦（ソ連）に対して、人的・経済的に莫大な損害を与え、同国民に計り知れない苦難を加え、国家建設を著しく遅滞させたことである。レーニン最晩年からのスターリン主義（スターリンの言う「マルクス・レーニン主義」）の台頭による似非《えせ》社会主義跋扈《ばっこ》の一要因にもなったと言えよう。この点に関連して、細谷千博『シベリア出兵の史的研究』は「ソヴィエト外交が猜疑的な性格を付着せしめ、ソヴィエト政治組織が独裁的形態を採用するに与《あずか》って決定的な力があった」と論じている。

シベリア侵略戦争に対する日本における批判・反対のなかで、言論界における特筆すべき活動は『東洋経済新報』のそれである。主幹三浦銕太郎《てつたろう》とその後継者の編集長石橋湛山（のちに首相）は社説でロシア革命擁護・帝国主義反対の立場から侵略を積極的・持続的に批判した。かつて東洋経済新報社にいた在ロシアの片山潜からの連絡も関係があるようだ（『湛山回想』）。

また、民主的社会運動では、二二年五月に日本労働総同盟が英国の対露不干渉委員会の働きかけに呼応して活動を開始し、翌月には対露不干渉同志会が発足、労働組合や全国水平社（後述）が革命の擁護、飢饉の救済などを訴えた。七月に非合法下で結成された日本共産党は「労農ロシアの承認」「対露通商の開始」を掲げて活動した。シベリア戦争に参戦した「露国労働軍在勤」の日本人兵士のなかにも、「無産階級」同士の連帯を訴え、反戦を呼びかけたビラを作成した人がおり、ビラが実際に撤かれていた（藤本和貴夫「日本のシベリア介入戦争について」）。

もう一つ指摘しておかなければならないのは、すでに少し触れたが、シベリア在住朝鮮人の動向であり、三・一独立運動との関連である。ロシア革命や世界の民族独立運動の刺激を受け、一九一九年三月一日に発表された独立宣言を契機に勃興した朝鮮民族の反日独立運動は、日本の武力弾圧によって死者七五〇〇人をはじめ、多数の犠牲を出しながら、全国に拡大し、日本の支配権力を震撼させると共に、上海に大韓臨時政府を設置するなど、新たな展開を見せた。そうした新展開の重要な一つにシベリア戦争におけるパルチザン闘争への参加をはじめとする反日・反帝国主義活動があったのである。

二〇年一月に帰国した拓川は、在京のまま、同年九月に大使の任を解かれた。「略年譜」には「九月、任務終了に付き、免本官」とある。

拓川は「悲劇の大使」と呼ばれた。彼は定見に乏しく、田中義一に操られた嫌いすらある親友原敬を首班とする日本政府、その背後にある統帥権を持つ天皇を動かす元老山県に振り廻された。しかし、先に述べた経緯からして拓川が徒《いたずら》な戦争の長期化に加担したとは見えないが、かつて「盗賊主義」をきびしく批判した彼の片鱗はいささかも窺うことはできない。拓川は晩年まで「シベリア出兵」を肯定的に捉えていた。「盗賊主義」にも増してロシア革命をより否定していたのである。けれども、その一方で、きびしい体験をも踏まえて、彼は戦争の虚《むな》しさを痛感したのであった。

外交との「離縁」——軍備撤廃論を主張

拓川は、一九二〇年二月三日に閣議で報告したあと、二月中に天皇・皇后に「拝謁」し、山県に報告したあと、西園寺邸に宿泊して「陶庵公」から労《ねぎら》われ、好古と小田原へ遊びにも行った（「日記」）。貴族院では三年前の万国議員商事委員会（一九一七年五月、於ローマ）の報告を行った（同右）。

大使解任の直前の八月三一日には次男を喪《うしな》った。満二〇歳。旧松山藩主の菩提寺、東京府荏原《えばら》郡目黒村三田《みた》（現港区三田）の聖坂《ひじりざか》上の浄土宗周光山長寿院済海寺の墓所に埋葬した。法名は小拓居士。拓川は、六十郎の発病以来、ほとんど海外にあった。彼は精一杯病弱なわが子に尽したが、「墓表」に次男を「最愛」と表現したのは主観的には自らは何もせずに夭折させてしまったとの思いがあるからであろう。九～一一月、中国へ傷心の旅をした（「日記」）。傷心はわが子の死とシベリア行によるものである。北京で四度目の足痛（両足）に苦しめられた。

妻ヒサは次男他界の日に精神的救済を求めて天理教に入信した。彼女は「六十郎と信仰とを取りかえた」と言っているが、同時に拓川がシベリアから帰国したあと、「歯性のよい」彼なのに「何の雑作もなくポロロと抜けるようになったほど、何処《どこ》もが弱りました」、「私が信仰生活に入ったのも全く其のため」とも述べている（『拓川集』第六冊）。シベリアにあった夫を心底から心配し続けていたのである。彼女は夫が危篤状態に陥った時に毎日二回も水垢離《ごり》をして身代わりになろうとする人であった（同右）。

しかし、その一方で、自我の強いヒサは、拓川がシベリアに向かって東京を出発する前後に、やり切れない気持からであろう、結局は取り止めたが、渡米を計画して建築家・中条精一郎（宮本百合子の父）に渡航や滞在の費用などを問合わせたようである。彼から、「其《その》後ノ変更ノ有無」を尋ねながら、「車中の食事費、ボーイ・赤帽ノ心附」に至る回答を細々と記した書簡が「加藤恒忠様御奥様」宛に郵送されている（一九一九年九月二九日付）。ヒサは拓川に渡米の相談をするわけにもいかず、中条に相談したのである。

中条精一郎（一八六八～一九三六）はヒサの父樫村清徳と同郷で（米沢）で、東京帝国大学工科大学建築科出身。卒業と同時に東京帝大医科大学の工事監督兼補助嘱託として病室・教室の建築工事に携わった。医科大の有力教授であった樫村と知己だっただけでなく、その伝《つて》による就職と見て間違いない。彼は旧米沢藩主の世子に随行して渡英し、ケンブリッジ大学を卒業、明治・大正期を代表する建築家の一人となった。辰野金吾と共に日本建築士会を創立し、のちに会長を務めた。

横道に逸れたが、無宗教の拓川は妻の心情を理解しつつも、入信にはやり切れず、その衝撃ゆえであろう、二一年一〇月、ヒサに「離縁状」を渡した。離婚する心算からではなく、外交と「離縁」する詫び状である。「離縁状」には「先般のアメリカ行」を「病気といってお断りした真実ハ」「一家をママンに任すことは出来ぬゆえ」だとあり、「禁酒国へ行くことだけハ御免を蒙《こうむ》るなどと御茶を濁した」とも認《したた》められている。後者は酒豪の拓川らしい洒落だが、前者は家庭を少しは顧みる心算を表明した文言である。妻に「一家」を託せないとあるのは、財産を無断で天理教に入れ揚げる彼女に閉口したからでもあろう。「病気」というのも「真実」に近く、長男十九郎は病弱な拓川が極寒のシベリアの「屋外で話しては体を壊」し「凍傷に罹ったらし」く、シベリア行の前後で「一〇も年が違うような容貌になった」と証言している（『拓川集』第六冊）。イルクーツクはオムスクより寒く、一月の平均気温はマイナス二二度である。

「アメリカ行」とあるのは、二一年九月、拓川が原から米国提唱のワシントン会議に全権委員の一人として派遣したい旨を要請された件である。西園寺からも受諾するように強く要望された。ワシントン会議のテーマは軍縮と「極東」問題である。後者の論議の中心は第一次世界大戦中に日本が獲得した中国における権益を他の列強が極力放棄させようとしている点にあった。米国以外の列強は実際には大戦前からの領土と利権を保有することを、米国も機会均等の名のもとにこれに参入することを狙っていたが、元来は「盗賊主義」を否認しているはずの拓川が日本の不当に過ぎる山東省の権益の擁護を主張することは、本質的には自己矛盾に陥ることになる。拓川がそのように思惟したか否かはわからないが、彼は本気で辞退した。

郷里松山の後輩で当時の陸軍中将白川義則《よしのり》（のちに大将・陸相。一八六八〜一九三二）は、シベリア後の拓川について「大の軍備縮小論者、平和論者となって、国際連盟協会のために尽力するようになった。サイベリア（シベリア）の生活で何か感ずる所があったに相違ない」と言っている（『拓川集』第六冊）。その通りなのである。おそらく原は、首席全権に就任する海相加藤友三郎と共に、拓川には軍縮に反対する軍部の随員の主張を抑える役割をも果たさせようとしたのであろう。しかし、人情に篤く、青年時代の恩人の懇請に背けず、シベリア行を承諾した拓川も、今度は原に利用されなかった。

旧友に拒絶された原は、二カ月後の一九二一年一一月四日、東京駅で暗殺された。「平民宰相」と称され、歓迎された原ではあったが、「シベリア出兵」の長期化や民衆運動に対する抑圧政策は批判を浴び、大戦後の経済恐慌で彼が「得意」とする積極財政は困難に陥っていた。元老西園寺の示唆があって、原歿後の後継内閣は政友会の蔵相高橋是清が、前内閣の閣僚全員留任のまま、組織した（蔵相は首相兼任）。

ワシントン会議の九カ国条約で日本は中国に旧ドイツ権益を返還することとなり（二二年一月）、海軍軍縮条約で米・英・仏・伊四カ国と共に主力艦の保有量制限に同意した（同月）。米・英各五、日三、仏・伊各一・六七と定められたことは周知の通りである。

拓川は二一年九月から日本国際連盟協会の役員として国際連盟の趣旨を普及するために活動した。国際連盟協会世界連合は、一九年一月、パリ講和会議開会直後、すなわち国際連盟発足前にパリで結成された。参加国は英・米・仏・伊・ベルギー・セルビア・ルーマニア・中国。日本は同年に開催された第三回大会で初めて参加した。この時点で参加国は一八カ国であった。日本国際連盟協会は二〇年四月に設立された（会長・渋沢栄一）。拓川は講演で平和の維持、国際紛争の平和的解決、戦争原因の除去、国際協調の促進など、理想主義的な内容を説いた。同年一〇月だけでも松山・大洲及び宇和島とその対岸の大分で講演している。二二年一月には国際連盟協会愛媛支部が設立され、会長に就任した。

彼の講演要旨の毛筆メモ「国際聨盟講和ノ要点」（約六三〇字）が残っている。「要点」の冒頭には「国際聨盟唯一ノ目的ハ戦争禁止」とある。「国際聨盟の事業」として「常設才（裁）判所の設置」を重視し、「古《いにしえ》」は「個人裁判」で「武士帯刀時代」だったから中村「鴈次郎ノ忠臣蔵」のような事件も起こったが、「今」は「国家裁判」で「裁判所ト警察」がやっており、「今後」は「世界才判」になって「軍備撤廃」となるだろうというような論法で話した模様である。また、「外交」の「変遷」を説き、「第一期」は「帝王外交」だったが、「第二期」は「官僚外交」で、今後の「第三期」を「国民外交」にしていくためには「聨盟協会」の「発展」が「必要」だと強調し、「聨盟協会ハ官僚ノモノニ非ズ」とも言っている。

「講話ノ要点」の極めつけは「軍備制限ノ必要」「軍備撤廃ノ準備」論である。曰く「サーベルヲ帯ビテ平和ヲ説クハ樽ヲ抱《いだき》テ禁酒ヲ説クガ如シ。誰カ之《これ》ヲ信ズルモノアランヤ。軍人ヲ平和的ニ利用ス

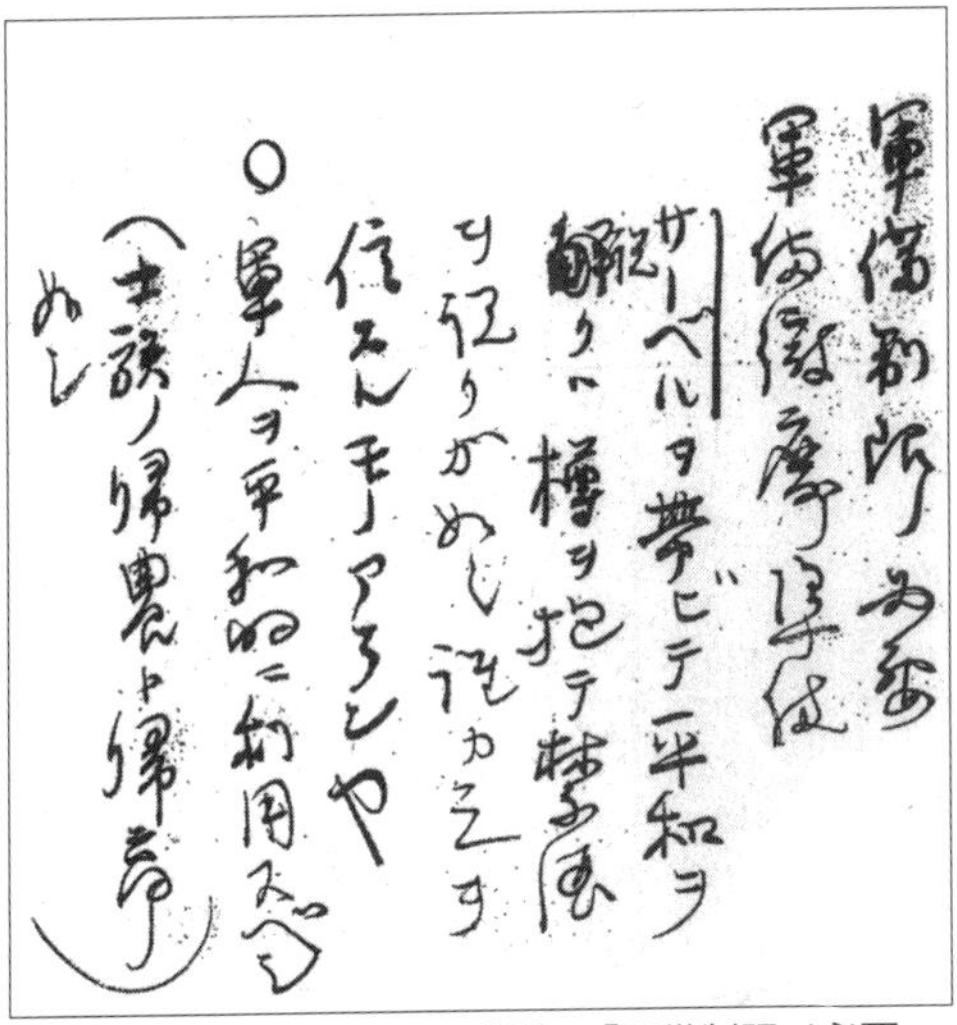

拓川の講演メモ（正岡明氏蔵）。「軍備制限ノ必要」「軍備撤廃ノ準備」を主張した「国際聨盟講和ノ要点」の最後の部分。

ベシ（士族ノ帰農ト帰商ノ如シ）」。何の説明の必要もあるまい。軍備全廃論である。今日に照らせば、北朝鮮・イランの核開発阻止は「必要」として、その先は「核兵器を持って核廃絶を説くは……」ということになろう。

このメモは「讃岐国高松　可祝旅館方、長電話二番」が裏に印刷された封筒に入れられていた。拓川の「日記」を通覧すると、松山市長時代の初期、二二年七月の項に「二八日　聯盟講話」「二九日　早発《はやだち》高松行（自動車）」「卅一日　表誠館講話　市長晩餐」とある。『香川新報』一九二二年八月一日付の記事「雑作なく生まれた国際聯盟香川支部　愛媛県の会則を其儘《そのまま》」（見出し）が、「前露大使加藤恒忠氏」が他の二人と共に講演し、次いで香川支部が発会したことを伝えている。したがって「講話ノ要点」は高松市で認《したた》められ、講演した内容である。記事によると、県の内務部長（内務省事務官）が会を仕切っており、その点を事前に知っていた拓川は「官僚ノモノニ非ズ」と釘を刺したと察せられる。いずれにしても拓川はこのような内容の講演を各地で行ったものと思われる。

なお、残念ながら、「講話ノ要点」には落とすことのできない内容がもう一点ある。拓川は講演で「聯盟ノ反対者ハ」「同胞ノ生命ヲ以テ自己ノ利益ヲ獲ントスルモノ」と断じているにもかかわらず、「西伯利亜問題ニ付」いては、「居留民保護」や「過激思想撲滅」をあげながら、「日本ノ侵略主義即盗賊主義ノ誤解」があると自己弁護しているのが、それである。これが「盗賊主義」批判や「軍備撤廃」論と矛盾していることはあきらかだ。

拓川には明治末の講演筆記「自然主義に就いて」がある。彼は「政府は、此《こ》の頃、頻りに文士や著述家の身上を調べて居る」、「思想の上迄注意することになった。是《これ》は社会主義や自然主義の新思想の勃興が原因である」と語り出し、その内容を見ると、「新思想」に偏見を微塵も抱いていない。「過激思想撲滅」云々は大きな思想的後退である。

しかし、彼は矛盾に満ちた言説を弄してはいるが、軍国主義に反対し、軍備全廃を願う主張を堂々と展開したことは多とすべきであろう。社会の進歩を願う者として、学ぶべき点を学べばよいと思うがゆえにそう考える。拓川は戦争放棄と世界平和、すなわち日本国憲法の前文と第九条を先駆的に志向していたのである。彼からはその点を学ぶべきであろう。

VIII

松山市長の九カ月

松山市長就任

一九二二年五月二六日、拓川は松山市長に就任した。正四位勲一等（瑞宝章）の「大物」「田舎」市長である。彼はすでに食道閉塞を病み、ろくに食事も取れないでいた。市長になるのをいったんは断わったにもかかわらず、彼が、井上要ら、郷里の知友の強い要請をついに受諾せざるを得なかったのは「男気」からであり、人の好さのせいである。代議士加藤彰廉に松山の私立中学の校長になれと口説いた拓川に市長を断われるはずはない。

四月二日に「発京」して、五日、松山の港三津浜に着き、一二日に三津で「市民代表者へ市長承諾」を「決答」して、そのまま一五日に門司港から毎年ほぼ恒例になっている中国旅行、とくに青島・上海へ出掛けた（「日記」）。中国からいったん帰京して病気見舞いや葬式・追悼会に行き、親族会議を開き、二三日に妻と同伴で東京を発ち、二六日に松山入りしてその日に着任したのである（「日記」）。

拓川はヒサが二八日に帰京するので見送った。彼女は三〇日に子どもと一緒に引っ越して来た。ヒサは市内三番町の住居（公舎）や松山の様子を下見に来たようだ。帰京の前日には二人は道後温泉で泊っている（「日記」）。拓川・ヒサ夫妻は二〇年四月、彼のシベリアからの帰国直後に芝区白金今里（現港区白金台）の新居に移ったばかりであった。六十郎はここで死去した。妻子の引っ

加藤・正岡・秋山家の人びと（写真／正岡明氏蔵）。旧「子規庵」にて。前列左より、加藤十九郎、加藤たへ、秋山好古、正岡八重、加藤拓川、（不明）。後列左より、正岡忠三郎、（一人おいて）加藤あや、（一人おいて）加藤六十郎、土居健子（好古次女）、正岡リツ、加藤ヒサ。拓川と好古が日本にいて、みんなが袷（あわせ）を着ており、若い人たちの年格好を見ると、1917年初冬から18年早春の撮影であろう。

越しは「日記」に「妻児移居」とある。「児」とは二人の娘のことである。長女あやは満一八歳直前、次女たへは満一四歳になったばかりであった。当時、満二三歳の長男十九郎は芝白金の自宅にいることもあったが、神奈川県か静岡県辺に移居していることが多かった。シベリアからの帰国後の「日記」には「訪十九郎」が少なからずあり、その場合にしばしば国府津《こうづ》に宿泊していて、前後に蒲郡泊や裾野泊があるからそう言える。妻や娘と一人ずつ同伴で長男を訪問していることもある。長男は病気を患っていて、静養していたのである。

もう一人、当時二〇歳の三男忠三郎は従姉《いとこ》の正岡リツ（律）の養子になっていた。麹町区役所で受けつけられた戸籍には「大正三年四月八日松山市湊町四丁目一〇番地　士族正岡タツへ養子縁組届出」とある。松山の住所は本籍地であり、「タツ」は「リツ」の誤記である。リは書き様によってはタと読める。彼がリツの養子になったのは満一二歳になる直前のことであった。忠三郎は東京府立第一中学校（現日比谷高校）・第二高等学校（現東北大学）を経て京都帝国大学経済学部を卒業し、阪急電鉄、ついで阪急百貨店に勤務した。阪急の総帥小林一三《いちぞう》と拓川とは懇意の間柄だったが、彼は、エリートコースの学歴の持ち主であるにもかかわらず、学業成績の向上に背を向け、その道を辿らなかった。詩人中原中也らと親交を結び、文芸で活動した。しかし、子規についてはほとんど書かなかった。管見では、唯一、『子規全集』第七巻に「子規幼時の和歌」がある。しかし、子規の書いた作物を丹念に保存・整理し、『子規全集』（講談社）などの編集・監修に当たった。拓川なくしてのちの世に知られる子規はあり得なかったが、忠三郎の地道な作業なくして子規に対する今日の正当な評価は未だなかったかも知れない。

忠三郎は養母正岡リツと同居したことはない。リツは母歿後も旧子規庵に住み、忠三郎は両親、多くは母のもとで成育した。彼は拓川の市長就任当時は京大生だったが、白金今里宅にいることもあった。

リツは、一九〇二年、兄子規の歿後、正岡家の戸主となり、一九〇六年に満三五歳で共立女子職業学校（現共立女子大学）を卒業すると同時に、同校の事務職員として勤務したのち、二年後に裁縫の教員に採用された。作家平林たい子（一九〇五～七二）や「治安維持法」で投獄されて拘禁精神病に罹り、病死した伊藤千代子（一九〇五～二九）が学んだ当時の長野県諏訪高等女学校に共立女子でリツの授業を受けた教員がいた。当時、諏訪高女で三〇歳前後の若い校長であったアララギ派の歌人土屋文明の言である（司馬遼太郎『ひとびとの跫音』）。退職後、リツは子規庵で裁縫塾を開き、一九四一（昭和一六）年五月、七〇歳で永眠するまで自活の人生を歩んだ。彼女は仙台や京都で学んだ忠三郎に仕送りはしたが、忠三郎の「世話」にはならないと告げていたそうである。彼女を「下女」のように扱い、甘え切っていた子規が言うように「律ハ強情」な人であった（『仰臥漫録』）。彼女は日露戦後に前進した女性の自立の先達の一人だったと言えよう。

子規は「律は理屈ヅメの女也《なり》」と書いたが（『仰臥漫録』）、彼女は理知的で自らの能力を認められることを欲していた。それゆえに、子規の看護に明け暮れる生活に入る以前、二度結婚して離別を余儀なくされている。リツは、当時では中年と見なされた三〇代になってから、将来を慮《おもんぱか》って進学した。それは彼女自身の意志によるものであったに違いない。しかし、わが子をリツの養子にした拓川の助言があったことも十分考えられる。共立女子職業学校の創立者鳩山春子が、彼女の拓川宛書簡を見ると、彼と親交があり、ヒサとも知己だったからである。

松山市の有力者たちが拓川に市長就任を懇請したのは、前述した通り、郷里のために尽力した実績があったからである。一つ追加すると、松山市の問題ではないが、一九〇四年、住友金属鉱山別子鉱業所の銅製錬所が新居浜市から四阪島《しさかじま》へ移転して操業を開始し、煙害が愛媛県東部の東予四郡に拡大して大問題になった際（一九〇九～一〇年）、代議士だった拓川は愛媛県知事伊沢多喜男（のちに警視総監・東京市長。一八六九〜一九四九）と協力し、当時としては地域住民の要求を大きく汲み込んだ被害賠償の実現に尽力し、企業側に精錬鉱量の制限などの措置を講じさせるべく奔走した。

拓川が市長に就任した際、貴族院議員として同僚だった伊沢は、病気を心配しながら、「何か御役ニ立ちます事もありましたら御申付下され度《たく》」と拓川に手紙を送っている。伊沢は反政友会系の内務官僚を束ねる官僚政治家であったが、憲政会総裁の加藤高明を首班とする内閣への入閣を断わり、その一方で政友会と軍部が推進する天皇機関説の憲法学者美濃部達吉排斥の右翼的な国体明徴運動にも反対の態度を取った。伊沢は劇作家飯沢匡（一九〇九〜九四）の父で、のちに飯沢が卒業しても何の資格も取得できない自由主義・個性尊重主義の文化学院を志望した時、彼は反戦主義者にして「大逆」事件で刑死した大石誠之介の思想的後継者である西村伊作が創立した、「君が代」を歌わず「教育勅語」をも「奉読」しないこの学校への入学を許可した人である。

私立松山高等商業学校（現松山大学）の創設

拓川の市長在任期間はわずか九カ月。しかも長期入院や中国旅行を挟んでのことであった。彼が在任中に手懸けて実現させた懸案は松山城趾の払い下げ（陸軍省から久松家が三万円で払い下げを受け、市に寄付）などがあるが、その中心は私立松山高等商業学校（現松山大学）の創設である。

拓川の市長就任当時、高商設立準備活動は暗礁に乗り上げていた。拓川は大阪へ赴いて親友の

松山大学校内に建つ新田長次郎（右）と加藤拓川の胸像（2010年撮影）

松山近在出身の実業家新田長次郎（温山と号す。一八五七～一九三六）を訪問し、援助をしてくれるようにと申し入れた。「日記」には、二二年九月一七日夜、「彰廉子同行」とあるから、北予中学校長の加藤彰廉と共に汽船で出発し、翌日午後に大阪に着き、「来迎」した新田との「鼎談」は「夕ニ至」ったとある。この会談で、新田は私財五〇万円を投じて県の補助金を肩代わりし、文部省が指示する積立金を出すほか、先々の学校経営費の不足も引き受けると約束し、拓川と設立発起人会を激励した。このようにして二三年五月、松山高等商業学校が創立したのである。

創立後、新田は学校経営にいっさい口出しをしなかった。同時に彼は、巨額の寄付に先立って、卒業生を自社で採用しないことを条件とした。私利を謀っているとの風評を避けるためである。第二次世界大戦後の学制改革で松山商科大学として発足する際にも新田家と温山会（長次郎の記念会）が資金協力をした。新田は松山大学の創立者とされている。松山高商の初代校長には北予中学校長加藤彰廉（元大阪高商校長）が就任した。新田は北予中学再建の際にも拓川の要請に応えて三〇〇〇円を出している（久松家六〇〇〇円、財閥住友家一〇〇〇円）。北予中学再建に尽力した拓川は松山高商設立の推進者ともなったのである。松山大学では新田と両加藤を大学の「三恩人」と称している。

拓川と新田長次郎の友情

新田長次郎はなぜ拓川の要請に応じて巨費を投じたのであろうか。新田は教育に強い関心を持ち、大阪でも教育事業をしていた。もちろん、そのせいはあるが、何よりも拓川との篤い友情があったからである。

実は新田は秋山好古とも親友であった。彼は自伝『回顧七十有七年』のなかに拓川・好古との出会いにそれぞれ一節を設けている。好古については「余が同郷人中、意気互いに投合し、無二の親友として三〇有余年間、心置きなく愉快に交際を続けしは陸軍大将秋山好古氏なり」と書き出している。一八九七年ごろ、大尉だった秋山が大阪へ出張した際に同郷の青年たちに会いたいと呼びかけた。新田は好古の宿へ出掛けた。『秋山好古』（一九三七年）によると、宿での懇親会で好古は新田のモットー「独立独歩」を聴いて共鳴し、親密になった。好古の主義は「独立自立」であった。新田も福沢諭吉の『学問ノススメ』を学んでいた。彼はこの著の「大要」を「今やわが国は徳川幕府の封建制度より解放せられて明治維新となり、四民平等の恩沢に浴し、世界各国との交通開けしを以って、大いに学問を励み、文化の進歩を計らざる可らず」と理解している（『回顧七十有七年』）。

拓川が新田と出会ったのは好古より早く、一八九三（明治二六）年八月、パリで代理公使をしていた時のことである。新田が三井物産ロンドン支店長代理の紹介状を持って駐仏公使館に拓川を訪ねたのであった。新田は「氏は余の口調にて松山出身なることを察し、私も松山出身なりと言われ」「夫《そ》れより帰朝後」「刎頸《ふんけい》の交《まじわ》りを結」んだと『回顧七十有七年』に記している。

中西義雄「日本皮革産業の史的発展」によれば、新田は未解放部落に生まれた。『回顧七十有七年』には「我が家は農を業とし、所謂一町百姓にて両親の外に下男を雇い、耕牛を飼」っていたとある。新田が数え五歳の時に父親が病死し、母親が女手一つで新田の姉・兄・妹二人・伯母の生活を支えた。彼は寺子屋で三年間学び、数え一五歳で算盤《そろばん》を習い、一六歳の時に『学問ノススメ』を読み、「薫育を受け」、「後日、志を立てて大阪に出《い》で、さらに海外に視察旅行をなすの決心」をすることとなった（『回顧七十有七年』）。数え二〇歳で家出をして大阪へ行き、かつて兆民が関係し、兆民の支持者たちが居住していた部落の長屋に住み、経営者が政商の藤田組製革所に見習職工として入り、ついで同じく政商系の大倉組製革所の職工となった。

新田は、一八八五（明治一八）年、彼の製革技倆に注目した皮革問屋らの支援を受け、新田帯革製造所を開業し、八八年には帯革（ベルト）用の油革の製造に成功、帯革の国産を本格化した。新田帯革以前にも大阪には帯革製造所の「元祖」が設立されていたが、ベルト用革の生産技術がなく、靴底革を繋ぎ合わせた粗末な製品であったから、紡績工場を始めとする多くの需要企業は輸入に頼っていたのである。さらに新田は、一九一六年には耐水性ベルトの接合剤である耐水糊を発明した。これにより、水中での運転においても接合が完全なものとなり、噴霧しながら織機を運転する紡織工場でもベルトの離脱が防止できるようになった。水力発電所で使用する幅一二〇センチ余りのベルトも製造し、ドイツに劣らない工業ベルトの製造によって、新田は「東洋一のベルト王」と称されるに至った。

新田帯革製造所の広告（『部落の歴史と解放運動　近代篇』〈成澤榮壽著、部落問題研究所出版部〉より転載）

　部落資本の有力な製革工場には一八七〇（明治三）年創立の元穢多頭弾直樹《だんなおき》（最後の弾左衛門）製靴製革伝習所があった。しかし、明治中期に実権が完全に他者へ移ってしまった。それ以後の皮革大資本中における部落関係者の経営は新田帯革だけであった（中西前掲論文）。

　新田は、日露戦後から皮鞣《なめ》し用の単寧（タンニン）の製造を開始した。タンニンは高等植物の樹皮から採取される刺激臭をもつ淡黄色ないし淡褐色の渋味の結晶（渋）から製造する。彼は身内を責任者にして北海道十勝《とかち》地方で良質のタンニンの原料になる柏《かしわ》の樹皮を大量に買い入れ、帯広でタンニン製造を事業化した。これを新田の北海道における第一期事業とすれば、第二期のそれは、製革と関連するゴム工業などへの事業の拡大もあったが、主要な事業は廃材を活用するベニヤ板工場の操業と牧場経営であった。これらの事業は大正期に入ってから創業され、前者はわが国最初の本格的なベニヤ製造であり、後者には馬の専門家である好古の助言があった。技術者としてすぐれ、卓越した能力を有する経営者の新田は起業家としての才能も発揮していたのである。彼は大阪工業会の設立にも名を連ねた。新田帯革は、現在ニッタ株式会社となっている。

その一方で、新田は社会事業に尽力した。その代表的な事業は一九一一（明治四四）年六月の私立有隣《ゆうりん》尋常小学校の設立であった。設立の経緯を彼は次のように述べている。「大阪市難波警察署管内に居住する一部貧民子弟は、父兄の生活を助くるため、昼間、種々の職業に就くを以って、通学し得ず、或《あるい》は遊惰に日を送りて義務教育を受けざる者多数あり。為に地方の礼儀・風俗の紊乱《びんらん》することと甚しき状態にあり、時の難波警察署長」「痛くこれを慨《がい》し、貧民教育の必要とこれが方法とに付き、余に協議のため、来訪せらる」（『回顧七十有七年』）。

そこで新田は、これら窮民子女に夜間教育を受けさせようと私立小学校を開校し、難波尋常高等小学校長に同校校長を嘱託し、教職員や学校運営の全ての経費を支弁すると共に、児童の学用品・衣服・履物なども一切支給して貧民の子女の教育に尽力した。こうした彼の「学問ノススメ」路線の先に松山高商創設があったのである。

この貧民教育事業は、第二次桂内閣が一九〇八（明治四一）年に開始した部落改善政策をその一環とする地方改良政策に基づく事業だと言える（一九七ページ参照）。「大逆」事件を始めとする野蛮な策動を敢行した桂内閣は、もう一方で階級協調と国民教化をねらった社会政策を重視して地方改良運動（政策）を遂行し、民間の社会事業（慈善事業）との関係を強化していたのである。

拓川の「日記」を通覧すると、新田は拓川としばしば往来し、秋山と三人でよく会食している。二二年九月、拓川は松山高商設立のために新田を訪ねたあと、その夜、大阪を発って箱根で一泊し、二〇日に「入京」、二一日から親友賀古鶴所の小川町《おがわまち》病院に入院した（「日記」）。その際、新田は岩下清周らと相談して療養費二万円を贈呈している（素堂前掲「加藤拓川を懐うて」）。新田が私財を惜しまず拓川に協力したのは、拓川の兆民譲りの平等主義に基づく友情に応えようとしたものと思われる。

好古の晩年の活動

しばらく遠ざかっていた秋山好古の経歴に触れる。日露戦後の一九〇六（明治三九）年二月に騎兵監に就任した好古は、一九〇九年八月、陸軍中将に任ぜられたのち、第一三師団長・近衛師団長を経て、一六年八月、朝鮮駐劄軍司令官に補され、一一月に大将に昇進した（「秋山好古年譜」の「官歴」）。その間、一九一〇年六月に常盤会寄宿舎の監督になっている（同右「私歴」）。好古が「内藤先生」と呼んでいた俳人内藤鳴雪の後任である。拓川は万国議員商事委員会（ローマ）行のシベリア横断の際、朝鮮駐剳軍司令部に好古を訪問している。朝鮮駐剳は一年で免ぜられ、軍事参議官に就任、二〇年一二月、同官兼任のまま、陸軍大臣・参謀総長と共に陸軍三長官の一つである教育総監に補された（同右「官歴」）。二三年三月に同官を免ぜられて予備役に、二五年四月に後備役になり、二九（昭和四）年四月一日に退役した（同右）。

好古は幼児期から拓川が他界するまで彼の親友であった。家族ぐるみで交流を深めていた。好古の拓川宛郵便は多いが、ほとんどが絵葉書である。手紙も「一寸逢《ちょっと》イタイガ」「六日ハ閑暇《かんか》故、四時頃貴様ノ処ヘ行コウト思ウガ若シ差支《さしつかえ》アレバ、一寸電話デ報ラセテ呉レ　好古　四日　恒忠兄」とか、「貴様トユックリ遊ビタイトハ生涯ノ希望ナリシガ、浮世ハママナラヌモノダネー。コレヲ考エルト、モット充分ニ昔《むか》シ飲ンデ妻君達ヲ困ラセテオイタラヨカッタニト、カコチ（愚痴って）居レリ。久松ノ事ハ世話ガヤケルダローガ宜敷《よろしく》ヤッテ呉レ……好古　四月二二日　忠兄」とか、こんな調子である。旧主家の当主も呼び捨てだが、拓川の長男をも「十九」と記している。

好古の連れ合い多美の拓川・ヒサ・十九郎・忠三郎宛の書簡もあり、晩年ではないが、拓川宛の秋山一家の絵葉書もある。大相撲の常設館として東京両国の国技館完成の記念葉書に長男の信好（満一〇歳）が「伯父サンコレハ常設館ノ開館記念ノデス　サヨウナラ　父モ母モヨロシク」と書き、好古・多美夫妻と「よ志子」（與志子）・「けん子」（健子）・「かつ子」（勝子）・「はる子」（治子）と長男、家族全員が署名している（一九〇九年六月二日付。この年に誕生した五女は翌日に死亡し、次男

秋山好古・多美夫妻と子どもたち（東京・青山の秋山宅にて。1916年。写真提供／坂の上の雲ミュージアム）。前列左より勝子、與志子、治子、多美、次郎、健子。後列左より信好、塚原嘉一郎（與志子の夫）、好古、白川義則、（不明）。

次郎はまだ出生していなかった）。好古は相撲見物が大好きであった。しばしば一緒に見物した長男と、いや、多分この日は七人で行ったのであろう。なお、多美の署名は「民子」となっている。平素、彼女は「民子」または「民」と自署していた。住所入り印には「秋山民子」とある。これは好古に影響を受けた多美の思想のように思われる。

好古は豪放のように見られるが、個人としては心配りがあり、慎み深く、庶民的な人物であった。パンの袋は自分で処分し、食べ残しは袋に入れて盆に載せ、ミカンは残りかすを必ず皮に包んで皿に入れ、煙草の箱や包装紙は自分の袂《たもと》やポケットに仕舞った。豪放磊落に見えて細心なところは拓川と一緒である。

彼は、生涯、借家住いで、教育総監になっ

秋山好古の墓（松山市道後鷺谷墓地、1993年撮影）。左に建つ「永仰遺光」（永く遺光を仰ぐ）とある大きな追慕碑は、北予中学校、松山在郷将校有志、松山同郷会が建立した。近くに「陸軍大将男爵白川義則君之墓」（高さ４メートル）がある。

ても市電で通勤した。金銭的にも淡泊であった。墓石は青山墓地の本墓も道後鷺谷墓地の分骨墓もきわめて小さく（高さ一二五センチ）、材質は粗末で、陸軍大将・子爵など、肩書も入っていない簡素な石碑なのである。これらの点は拓川と共通するところで、両人が意気投合したことは頷ける。

好古は予備役になった翌二四年に拓川が再建に尽力した北予中学校の校長に就任した。加藤彰廉の後任である。従二位勲一等（旭日大授章）功二級・元教育総監の超「大物」中学校長の彼は単身赴任であった。この校長は、もちろん、教員を呼び捨てにせず、「〇〇さん」「〇〇先生」または「あなた」と呼んだ。陸上競技部生徒と撮った二五年の写真があるが、真ん中にいるのは競技部の教員のようである。仏語・英語の原書を始め、幅広く書物を繙《ひもと》く読書家であり、いつも背広姿で通し、一度を除き、軍服を着用しなかった。一度の例外は、生徒たちに要望されて、大礼服を着た時だけだったという。また、生徒の本分は勉学にあるとして、軍事教練には積極的ではなかった。教育総監として、士官学校や騎兵学校、各地の幼年学校など、陸軍の諸学校をも束ねた好古は軍人教育と普通の中学教育とを区別しようとしたのである。

彼は、平素、徒歩で出勤し、無遅刻・無欠勤で、東京で開催の全国中学校長会にも一員として欠かさず出席した。

好古校長勤務は六年二カ月であった。教育方針の一端に触れると、朝鮮への修学旅行（五年生）がある。生徒に海外の見聞をさせたいためだが、朝鮮駐劄軍司令官の体験や校長就任の前年の関東大震災における朝鮮人虐殺と関係があるように思われる。片上雅仁『秋より高き　晩年の秋山好古と周辺の人びと』は一九二八（昭和三）年度『同窓会雑誌』所載の生徒（二名）の修学旅行記を要約して紹介している。それによると、生徒たちは、日本の「朝鮮統治」を前提にしてはいるが、「一つの他民族」（朝鮮民族）が「より幸福にな」るのでなければ、「朝鮮は、朝鮮のための朝鮮でなく、日本のための朝鮮であるということになり、日本は過去の帝国主義的立場をとっていると思われるであろう」との見解を示した。現実には日本は生徒たちが危惧した方向を辿っていたわけだが、二人は偏見ではなく、善意をもって見聞したとは言えるようである。

関東大震災の際、好古は朝鮮人の暴動や放火、毒物の井戸投入の事実が全くないことを実地に確認し、多くの人びとが偏見や先入観によって流言飛語に惑わされている事実を如実に知見していたから、冷静な判断ができる精神を涵養すべく、生徒たちにも講話していた。
始業式や終業式の講話の一つにデンマーク人の生活について次のように述べたものがある。

諸君が歴史上熟知しておられるように、丁抹《デンマーク》は欧州に於ける最も旧国であるが、周囲の諸強国と隙《すき》を構え（つけ入る隙をつくって戦争し）、五、六〇年前、殆んど我が北海道の半ばに過ぎない小国となり、国内には荒地が多く、農産物は露国や米国の穀物に圧倒され、国民は餓死するより他に道がない状況に立至《たち》ったが、愛国の人士が簇出《そうしゅつ》し（群り出て）、盛んに、農業を改良し、販売・購買の極めて完全なる組合制度を設け、此《こ》の五〇余年間に比較的世界に於ける最も幸福なる国民となった。今日、丁抹人の一戸には平均馬二頭、牛三～四頭、豚五～六頭、雞《にわとり》三〇羽位あって、盛んに、農作物の外《ほか》、牛乳・牛酪《チーズ》・ハム・雞卵《けいらん》等を生産し、生活費を除いて一戸平均約三〇〇〇円以上を国外に輸出し、農業国民として世界に模範たるに至った。特に面白いのは、小学児童が朝四時より起きて雞の飼育に従事し、其の卵を学校に持ち来たり、之《これ》を学校に集め、販売所に送り、授業料・学用品其の他の生活費に供する状況であって、丁抹では殆んど老幼婦女を問わず、一家を挙げて生産に従事し、小学校卒業後は三年間家事に従事し、一七歳に至れば冬期（一二月より四月まで五カ月間）農閑期国民高等学校に入り、主として自国の歴史、其の他に於いて精神教育を受け、其の他は殆んど自学自習して生産の傍ら修養し、専門学校若くは大学に入るという状況である。以上の状況であるから、丁抹人の一家の生活は極めて安定し、譬《たと》え一家の主人を亡《うしな》っても、我が国のように、生活が激変を来たすことはない。（前掲『秋山好古』）

一八六四年のデンマーク戦争敗北後における中立・非戦国デンマークの福祉国家建設過程の一時期を語っているのである。最後の部分は恐慌に見舞われつつあったわが国の状況を念頭においた言のようであり、全体としては非戦を暗示していると言える。

この講話には実は下敷きがある。受け売りと言ってもよいかも知れない。日露戦争反対のキリスト者内村鑑三が一九一一（明治四四）年一〇月に自宅で開いた聖書研究会で語った「デンマルク国の話」（直ちに『聖書之研究』一三六号に発表）である。好古がそれを小冊子『デンマルク国の話 信仰と樹木とを以て国を救ひし話』（一九一三年、聖書研究会）で読んでいたことは間違いない。この『デンマルク国の話』はドイツとオーストリアの連合軍に敗れた同国が剣を鋤《すき》・鍬《くわ》に取り替えて平和で豊かな国に変えた講話である。内村は話の最後で「外に拡がらんとするよりは内《うち》を開発すべきであります」と述べている。

教育総監をしていた一九二一（大正一〇）年五月、北海道旅行をして新田のベニヤ工場を視察した好古は翌々年から毎年のように八月に新田の牧場へ出掛けた。自らも農耕・牧畜に手を染め、北海道をデンマークのようにしたいとも構想した。そのことも講話には反映している。陸軍大将の好古はそういう校長だったのである。

旧制松山高等学校の争議

一九二六（大正一五）年一一月、四国で最初の旧制高校松山高等学校（現愛媛大学）で生徒の争議が惹起した。二五年四月、転任した初代校長由比質《ゆいただす》に代わった新校長は前校長が一九年の創立以来掲げていた自由主義尊重の校風を蹂躙し、一方的に学則や校友会規則を変更して弁論部への圧迫（弁論内容の事前検閲）、校友会同人誌への圧迫（掲載原稿の事前検閲とそれで否とされた場合の発行禁止）、寮の自治への干渉などを行ったので、生徒たちの憤懣が爆発し、「我等の自由自治の校風を守れ」と生徒大会を開き、辞職勧告決議文を校長に手交した。しかし、校長に拒否されたため、争議は同盟休校に発展した。

生徒集団は、東京・京都両帝大を始め、大学に進学した卒業生にも応援を要請、運動は校外に波及して社会問題化し、真相を発表して市民の批判を得るための「松高問題批判演説会」が松山市内の劇場で開催された。演説会は途中から市民大会に発展して松山市民大会名で校長に辞職を勧告する決議を行った。地元紙も多くは生徒側を支持した。事態を重視した文部省は生徒弾圧の方針を樹てた。ここに至って県知事は父兄委員会と協議して好古に自らと共に調停に当たるよう要請した。好古は承諾した。

調停では好古は卒業生たちの先輩団からも意見・要望を聞き、校長に前途ある青年のために寛大な処置を希望すると要請した。調停後の一二月一日に好古・県知事・父兄委員会代表が立ち会って松高講堂で復興式が挙行された。生徒代表が校長に非礼を詫びたあと、校長が生徒処分はできるだけ穏便なものとすると言明した。実際には生徒の犠牲者は一人も出さなかった。この松高生徒集団のストライキには二年生だった宮本顕治（のちに日本共産党委員長・議長。一九〇八～二〇〇七）が委員の一人として参加していた。彼は、生徒処分がなかった点について、「事実上、先輩団と学校側の諒解事項として『校規の許す範囲内において教授指導の下に生徒の自由を認めること。先輩団の意志を尊重すること。今回の事件につき、処罰はなるべく寛大にすること。もし処罰する場合は部分的にしないこと』という協定」があったことをあきらかにしている（宮本『回想の人びと』）。

こうして争議は一件落着し、三日から学業は再開された。しかし、校長は再び校友会活動への干渉を始め、生徒集団も校長排斥運動を展開した。結局、校長は、翌二七（昭和二）年、依願免官となった。「独立自立」をモットーとする好古は、平素から、中学校での講話や市民相手の講演で「独立自治」を強調していたから、「松高自由主義」と生徒自治の擁護のためにも尽力したのであった。宮本は「このストライキは」「よく結束して行なわれたが、松高史上だけでなく、学生運動史上にも特筆される特徴をもっていた」と評価している（『回想の人びと』）。ファシズムの台頭を背景に自由主義的な学者や文化人、学生・生徒に対する統制と弾圧が強められ、一九三一年に文部省学生思想調査委員会が設置される前夜の出来事であった。

好古は当時としては、ことに軍人としては社会主義に対しても比較的に理解を示していた。社会主義に触れたのはフランス留学時代だったようで、酒場で社会主義の話を聞いて「中々理屈の通ったことを言う」と思ったのが最初である。晩年になっても、「能《よ》く研究して見ると、共産党の言うことにも中々善いこともある。だから充分研究すべきものである」と言っている。拓川のように「過激思想撲滅」を主張してはいない。しかし、ロシア革命には否定的である。今日とは違い、干渉戦争とそれが一要因であると考えられる革命路線のきびしい偏向を現象的にしか捉えられなかったから、已むを得ないことであろう。けれども、「産児制限」を必要だと言い、女性にだけ「貞操」を要求するのは正しくないと主張してもいる。彼はさまざまな主義・主張に耳を傾ける柔軟な姿勢・態度をもち、大局的に見れば、人間社会を発展させたいと、ものごとを歴史に照らして見、考えていたと言える。彼は拓川とは飲んでばかりいたのではなく、意見を交し、拓川に学んでいたのである。

三〇（昭和五）年四月、好古は七一歳で老齢を理由に校長を辞任した。死を予期していたかのようである。七月に東京で発病し、一〇月に陸軍軍医学校に入院、一一月四日に永眠した。好古・多美夫妻には軍人になった息子、軍人と結婚した娘はいない。真之・するゑ夫妻の場合も同様である。好古の息子二人は慶応義塾大学へ入学していた。

市長在任中における拓川の闘病と最後の広東旅行

拓川の市長在任中における特徴ある活動には、松山高商設立への準備、国際連盟協会に関係する「軍備撤廃」の強調のほかに、「軍備撤廃」論に関連した反軍国主義の活動がある。

一九二二（大正一一）年の九月二一日に親友にして姻戚の賀古鶴所の病院、すなわち神田駿河台下の小川町病院に入院した拓川は一一月一五日まで二カ月近くも在院していた。その間の「日記」は「病床日記」として綴られている。

入院の日、自動車で「小拓居士」（次男・六十郎）が眠る済海寺に墓参したのち、「病室第一号、一〇年前ノ旧居」の部屋へ入った。院長の賀古が「何くれとなく深切《ママ》を表してくれ、我が家に居るより心持よし」と負け惜しみを言っている。しかし、実はこの年の三月上旬に「飲食ニ多少ノ困難ヲ感ジ」て、一三日に「鶴翁」すなわち賀古に「診察セシ」めたところ、「或《あるい》ハ食道癌ナランカト笑話」があったが、「今ヨリ顧ミレバ、昨年暮ヨリ食事難ヲ覚エ、洋食全廃、牛鍋ヲモ止メ、午《ひる》飯《はん》ヲ廃」したが、これを「当時、脱歯ノ為ナリト信ジ」ていた。四月の「青島行」の際も「朝夕、粥・玉子ノ類ヲ喫」し、「支那料理ハ下咽《げいん》（下痢）」をした。八月九日、「是ヨリ後ハ全ク流動物になり、「上京」して二八日に帝大の「佐藤三吉博士ノ診察ヲ受」けたところ、「胸部・腹部共ニ健全ナルニ食道ニ故障アリト云」われたが、「翌日、賀古ヘノ来書中」には「先ヅ癌腫《がんしゅ》ハ動カヌモノト診察ス」とあった。

このように入院までの経緯を認《したた》めたのち、九月二二日から本格的な「病床日記」が始まる。しかし、「病床」とは言いながら、めまぐるしい生活を送っている。二二日は「来客十余人、疲レ甚シ」とあり、二三日には「昨夜ノ不眠ト来客ニ懲リ、強《しい》テ外出、電車ニテ」云々とある。来客にはしばしば難儀をしたようだ。翌日も友人が「珍石（宋《そう》ノ硯子石《すずり》）ヲ持示シ、大《おおい》ニ病愁ヲ慰メタルモ、四時間ノ長座ニテ大ニ弱リ、食事進マズ」と認《したた》めている（「宋」は中国の宋代のこと）。二九日からは「面会謝絶」の日を設けたが、一〇月一九日には「院長の名にて面会謝絶の札を張るも続々入室、一九人に及」び、一一月九日には「来客十余人、皆対面」し、「能《よ》く飲み、能談」じたとある。

九月二五日には帝大で佐藤の「再診」を受けた。「鶴翁同行」とある。X線撮影などで一時間半ほどかかり、「危険ナリト云」われたが、「夕ハ鰻酒二合」を飲んだ。西園寺は二度、珍田捨巳は六回も見舞いに来た。珍田は弘前の東奥義塾で羯南の学友だった人物で、米国へ留学し、東奥義塾で教鞭をとりつつ牧師を務めたあと、外務省へ入った。二人は羯南を語り合ったことだろう。シベリアで共に苦労し、ウラジオ派遣軍側に寄り添って拓川を困らせもした松平恒雄も「手製ノ玉子豆腐」を持参した。もちろん、新田も来た。好古が見舞っていないのは要職にあったせいだろう。代わりに長男信好が来た。拓川の長男は何度も病院に「留宿」している。

拓川は「もろこしスップ、すっぽん汁、葡萄酒、番茶、皆通ず。始めて蘇生の想《おもい》あり」（一〇月二〇日）、「松茸茶碗むし汁、牛鍋ノ汁、笹ノ雪三きれ、玄米おもゆ、葡萄酒一大杯、紹興酒一合、葛湯」「一週間ぶりにてさらに日本酒一本を傾け、再び土ビンムシを啖《くら》う」（同月二三日）という流動食生活だった。これを知った珍田は、一〇月三〇日（天長節）には「葡萄酒持参」で来た。拓川は「又《また》過食」した。「陶庵公」（西園寺）も、一一月一一日、「葡萄酒一箱来贈」した。一〇月二五日に賀古の病院の主治医は拓川に「絶対静臥を命」じ、「面会謝絶、飲酒廃止、帰郷延期、転地見《み》合《あわせ》」となったはずであったが、うち、二つは全く守られていなかったのである。

拓川は入院後間もなくの頃から、院長の賀古や十九郎らと東京多摩の羽村（現羽村市）や稲毛海岸（現千葉市）、二子玉川《ふたこ》（現川崎市）などへよく遊びに行った。珍田が同行したこともある。「絶対静臥」を命ぜられてからも必ずしも守られたわけではなかった。一一月五日の「日記」には「来往一時間半、此の日二週間目にして外出、快心を覚ゆ」とある。同月八日は「絶食絶飲、全ク昨日ノ如シ」とあったが、夜半「快方ニ赴キ、スップ、味噌汁、梨子《なし》汁、葡萄酒ヲ嚥下《えんか》シテ（飲み込んで）安眠」した。この夜はヒサが「留宿」した。

一一月一二日、病院側の制止を振り切って拓川は退院した。松山に「大事」が生じたからである。翌日夕方、院長「鶴翁」が「同行」して「西下」した。一五日、神戸兵庫県立病院に同日入院した十九郎を見舞い、一六日に「着阪」したヒサと落ち合い、神戸まで「来迎」した市の助役重松清行及び旧友井上要と「同行」して一八日に松山へ戻った。

「大事」というのは一一月二二日に、摂政（皇太子）裕仁《ひろひと》が松山に来るからである。「日記」には「二二日　摂政殿下奉迎」とだけある。皇太子が三津浜港から上陸する際には、拓川は「お召艦」

萬翠荘（現愛媛県立美術館分館〈松山市一番町三丁目〉、2010年撮影）。久松定謨が別邸として建築したフランス風洋館。設計は新田長次郎の長女の夫木子一郎（1884～1955）。木子は東京の愛宕放送所（現ＮＨＫ）や愛媛県庁本館などを設計した。夫妻は拓川・ヒサと親交があった。萬翠荘の敷地は9535㎡で、松山藩家老屋敷があった（夏目漱石が下宿していたこともある）。

が見えるまで教育総監の好古とザル碁を打っていた。二人とも摂政に謂《いわれ》なき尊崇の念を抱いていないから、徒《いたず》らに緊張していないのである。三津浜港はこの年に外港が完成したばかりであった。

自動車パレードの際、拓川は市長が行列の最後尾にされていたのに憤慨し、列を離れて単独先行したのち、愛媛県当局に抗議した。県当局は狼狽して序列を改めた。二四日の摂政への「謁見」は好古が最初で、拓川が次で、以下、控訴院長（高等裁判所長官に相当）、検事長、陸軍中将・伯爵久松定謨、県知事、旅団長と続いた。摂政は久松の松山別邸萬翠荘に宿泊した。翌日、同所で開かれた午餐会でも拓川は好古に次いで第二席であった。これは位階勲等が高かったからである。独断先行の豪傑振りを示したのは、外交経験が豊富で、平素、市役所職員に自治制の何たるかを説法していた拓川のことだから、市民の代表たる市長を屈辱的に待遇することが許せなかったのだと言える。

「日記」には「二四日　謁見、城山、御陪食、高浜奉送、高浜宿」と認《したた》められている。「城山」とは、絶食中の拓川が摂政の松山城趾登山にステッキを突いて先導したことを指す。こうして彼は不治の病人であるにもかかわらず、市長としての責任を果たしたのである。

拓川は一二月一日に「着京」し、小川町病院で賀古から死の宣言を受けたあと、六日、神戸港を発ち、門司港経由で台湾へ渡り、一三日に台北《タイペイ》を発って一七日に高浜港に着いた（「日記」）。医者の診察を受けながら、市課長会議・市参事会・市会・松山高商発起人会などをこなして、二四日に「着京」、二七日の貴族院「開院式」に臨んで、三〇日に「帰郷」した（「日記」）。翌二三年一月半ばまで市の予算会議や参事会、町村懇親会などに出席して、二一日に神戸港から上海経由で香港へ向かった（「日記」）。広東《コワントン》へ赴くためである。

なぜ、広東か。拓川「略年譜」は本人自身の記述と思いをもとに「備考」欄が丁寧に作成されていて、一九二三年の欄には「〔支〕孫文広東《カントン》大元帥府開設発表」とある。拓川は現在の中国で「偉大なる革命の先駆者」と言われている孫文とは知己であった。「芳名録」に中国同盟会（中国国民党の有力母体）の同志・黄興《ファンシン》と共に、孫文の名が見える。

中華民国臨時政府は、一二年、清国政府の実力者袁世凱と妥協し、孫文から彼に臨時大総統を

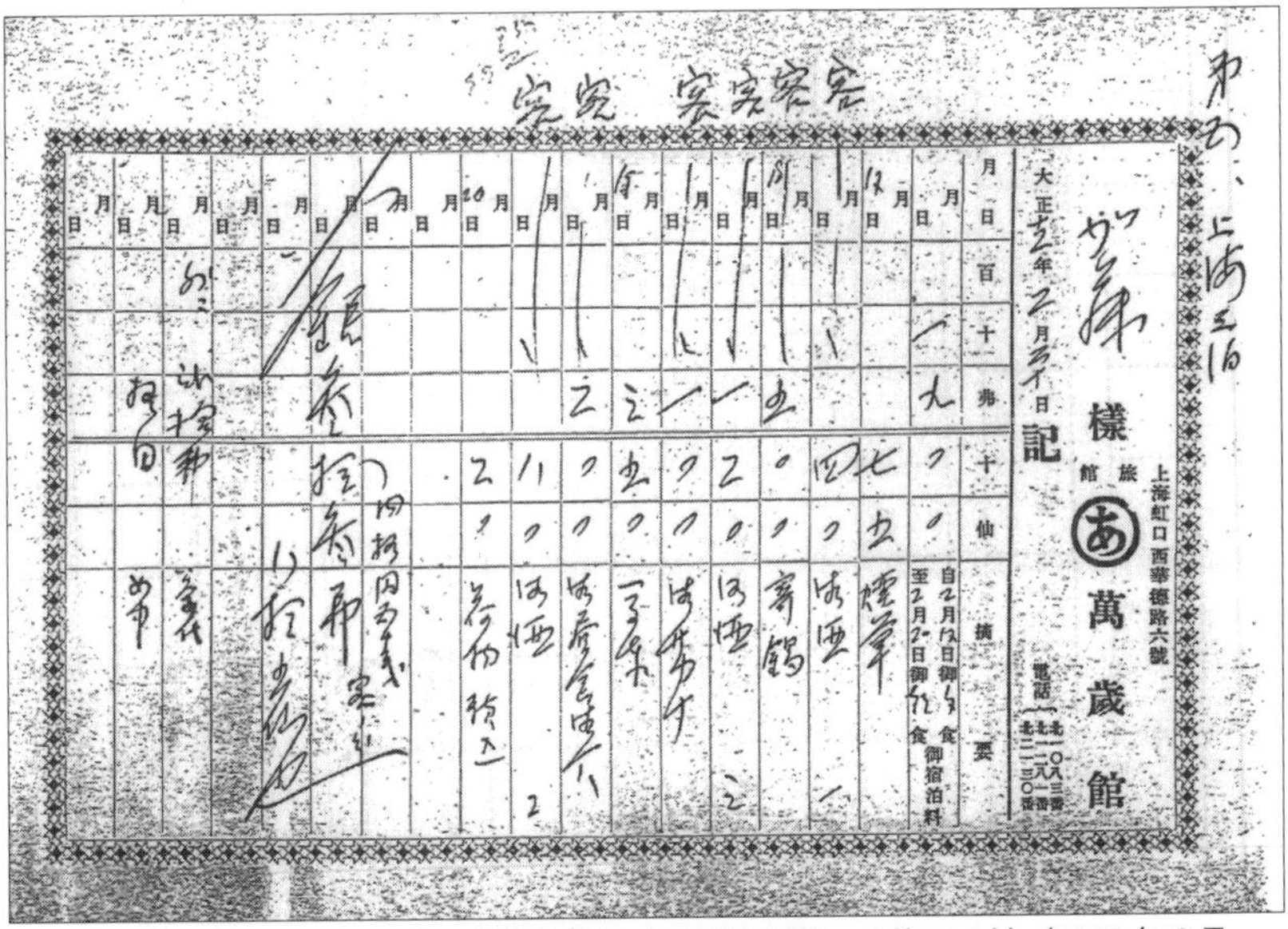

上海虹口西華徳路六號

旅館 萬歳館

様

大正　年　月　日 記

月 日 百 十 弗 十 仙 摘要

最後の旅行（広東行）復路の宿泊請求書（正岡明氏蔵）。上海で3泊（1923年2月17日夕～20日朝）。17日夕に「御酒」1本、18日は「寄鍋」（昼食か、汁だけか）、「御酒」3本に「御サカナ」（夕食か）、19日には「馬車」ででかけ、「御昼食御一人」前を取り、「御酒」2本（夕食か）。20日朝、「荷物」を船会社に「預込」んでもらって、絶命するまで36日間の絶食が始まった。「請求書」上の「客」とあるのは合計額「銀参拾参弗拾参仙」の右脇に記された「客ノ分」のこと。この「外」に「茶代」20ドル、「女中」への心付10円を支払った。

譲位することによって清国を崩壊させた。しかし、一三年に袁が独裁を強化したので、これに反対した第二革命が起こったが、失敗に終わり、孫文は渡日した（亡命）。その間に、袁は死去し、北京政権は黎元洪《リユアンホオー》（大総統）・段祺瑞《ドウアンキルイ》（国務総理）体制となった。同年、第三革命が勃発すると、孫文は帰国して広東（現広州《コワンチョウ》）に北京政権に対抗する革命政権（第一次広東軍政府）を樹立した。二三年二月二一日に成立したのは第三次広東軍政府で、孫文は大元帥に就任した。拓川が広東行を断行したのは第三次軍政府の成立直前のことであった。これは偶然ではなかろう。

辛亥革命期に渡中し、孫文を支援し

た友人の犬養毅（海軍青年将校が起こした五・一五事件で射殺された首相。一八五五～一九三二）ほどではなかったにしても、中国の近代化に熱い思いを抱いていたことは確かであるから。

しかし、一月二八日朝、突然、食道が再び閉塞し、翌日、全く「不通」となった（「日記」）。危篤状態で三〇日に香港に着いて診察を受け、二日に「小康」を得て、同夜、水を数滴「嚥下《えんか》」（胃に飲みくだすこと）した（「日記」）。翌日は「例ノ如」く「流動物」を「嚥下」できるようになり、「牛乳二合、甘酒三杯、カフエー三杯、ソップを食」い、やや回復して、五日夜、広東へ行った（「日記」）。そして、一〇日朝、広東を辞して二三日に神戸に入港し、二五日朝、高浜に着き、同地の「新宅」に入った（「日記」）。広東では中国の新しい空気を吸っただけだったようである。二〇日からは死歿するまでの絶食が始まった。

翌日、松山へ行き、医者に注射してもらったが、「無効」であった（ママ）（「日記」）。絶食六日目の翌々日午後、塩水の浣腸《かんちょう》をしてから「市会ニ列」し「立談約一時間、少々疲労」した（「日記」）。三月一日、高浜での観月は「快楽」だったが、翌日は、注射のあと、医者に「止メラレ、帰浜ヲ得ズ」（「日記」）、すなわち一泊だけ入院した。

高浜海岸の新居は静養のために建てた。新浜《にいはま》村高浜は三浦浜港の北方二キロにあり、一八九二（明治二五）年に伊予鉄道が開通し、一九〇九年に新港ができ、松山市の玄関になっていた。東京や大阪、あるいは中国へ赴くには便利な土地でもある。

拓川は西園寺に新居のために「浪の家」と題する扁額を書いてもらった。西園寺は「題字書き試

高浜海岸（2010 年撮影）

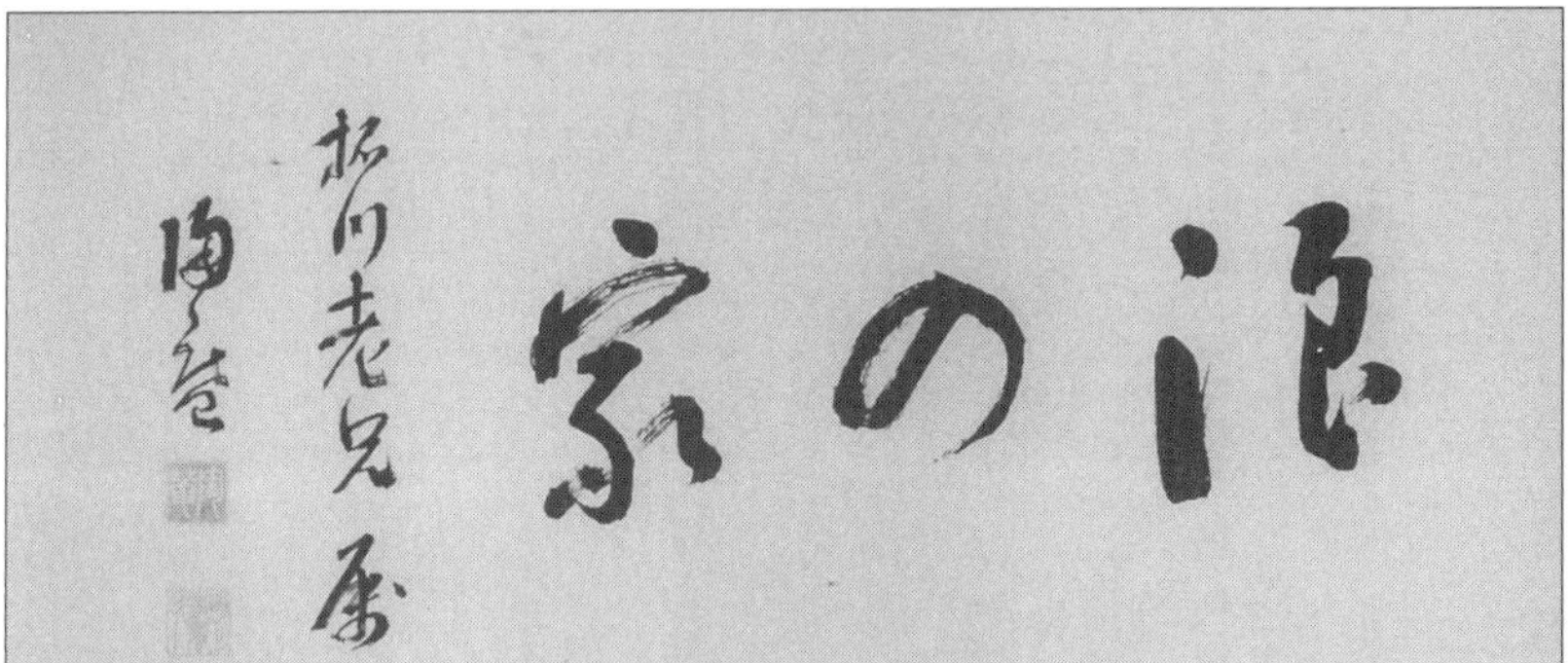

西園寺公望揮毫「浪の家」（『拓川集』より転載）

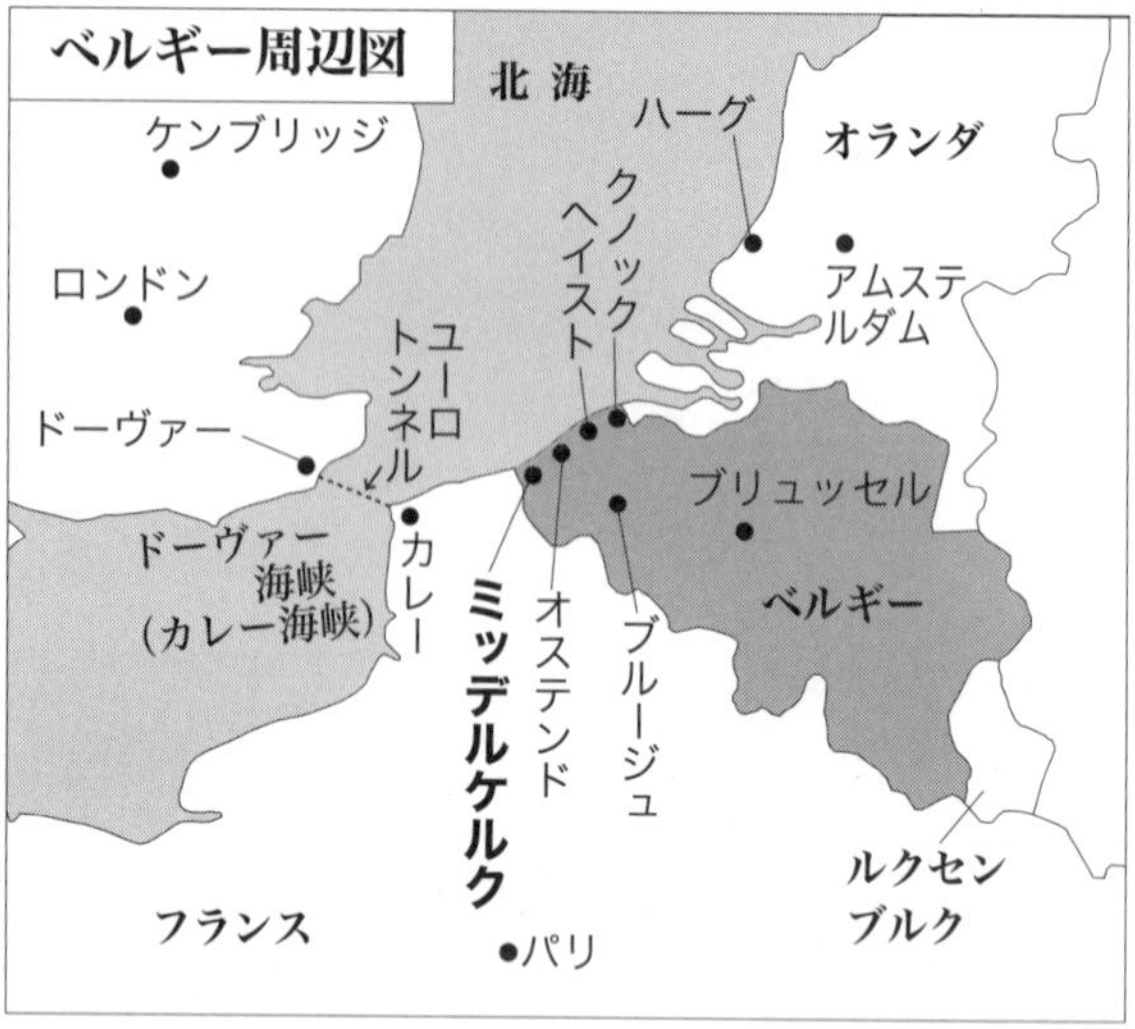

しました処、例によって見苦しく、汗顔《かんがん》だけでは済みませんが、小包便にて差し上げました」と一月一七日付書簡を出している。新居の命名はヒサの提案であった。彼女はベルギーの思い出の地ミッデルケルクにあった保養の家からその名を採った。

ミッデルケルクは約七〇キロしかないベルギーの海岸線の西方にある保養地で、フランスの国境に近い。行楽的な傾向が色濃く、「海浜リゾートの女王」と呼ばれるオステンドから西へおよそ一〇キロの地点にある。首都ブリュッセルから国営鉄道の高速列車で一時間二〇分で終着駅のオステンドに着く。現在は駅前からミッデルケルクまでトラム（路面電車）が走っている。ミッデルケルクは、オステンドやその東にあるカジュアルなヘイスト、さらに東でオランダとの国境にある高級リゾート地クノックとは違い、近年まで閑静であった。詳しいガイドブックにも世界地図にも載っていない。

ところが、欧州連合（ＥＵ）の成立、殊にユーロの導入以後、西欧のリゾート化が進行し、分譲リゾートマンションが林立するに至っている。ＥＵの本部と欧州議会が設置されている世界有数の

ミッデルケルクの海岸に林立する分譲マンション（2012 年撮影）。100 年余以前に保養に行った加藤ヒサが知ったら嘆くだろう。ユーロ危機の影響でダンピングしている。

ブリュッセルにあるＥＵ本部（2012 年撮影）。ゆるやかな曲線で形づくられた十文字の高層ビルはガラス張りである。ユーロ危機のせいで 27 カ国の首脳が頻繁に会合するので観光名所になりつつある。ＥＵ旗と加盟国旗が 27 本立っている。

国際都市ブリュッセルから一〇〇キロ余であることにもよるだろう。現在、ユーロ危機によって、分譲価格の下落が著しいが、ヒサが環境の激変を知ったら、どう思うであろうか。

ヒサは著名な医者の長女として生まれ、「お嬢様」として気儘に育ち、おそらく外交官夫人となることに夢をもって拓川と結婚したに相違ない。しかし、拓川は伊藤博文の不当な逆鱗に触れて駐ベルギー公使を辞職し、さらに駐シベリア大使として辛酸を嘗めた。その間、彼は外交以外の世界でも生きてもいた。ヒサは、結婚直後の短期間を除き、拓川にまったく予期しなかった生活を強いられ続けたことになる。彼女は夫の平常な公使時代の幸福感に満ちたミッデルケルク滞留に肖《あやか》りたいと思ったことであろう。しかし、拓川は「浪の家」でまもなく臨終を迎え、彼女もまた、この家を離れることとなる。

拓川の反軍演説

死の二八日前の一九二三年二月二七日、拓川は、助役の重松が市長代理を務め、二一日に開会された予算市会に一日だけ出席した。医者に職務執行を厳禁されているなかでのことである。在郷軍人会に対する補助金をどうするかについて、自らの信念を披瀝《ひれき》するためであった。前節に「立談約一時間」とあるのが、それである。

市職員の阿部里雪は「其の時の加藤市長の熱烈の言説と態度を我々は何《ど》うしても忘れることがで

きない」と、尊敬の念を込めて、拓川の演説や答弁の大要を、しかし、詳細に記している（『拓川集』第六冊）。市会議員にとっては在郷軍人会の機嫌を取ることが選挙を有利にたたかうために不可欠なのであった。そのせいもあって、在郷軍人会に対する補助金削除（廃止）の原案に反対する有力議員が提出した補助金復活の建議案は多数の賛成を得て成立し、議題とされることになった。拓川はこの時点で市会に出席したのである。彼は、断乎として補助金復活に反対し、原案を堅持しておよそ次のように演説した。

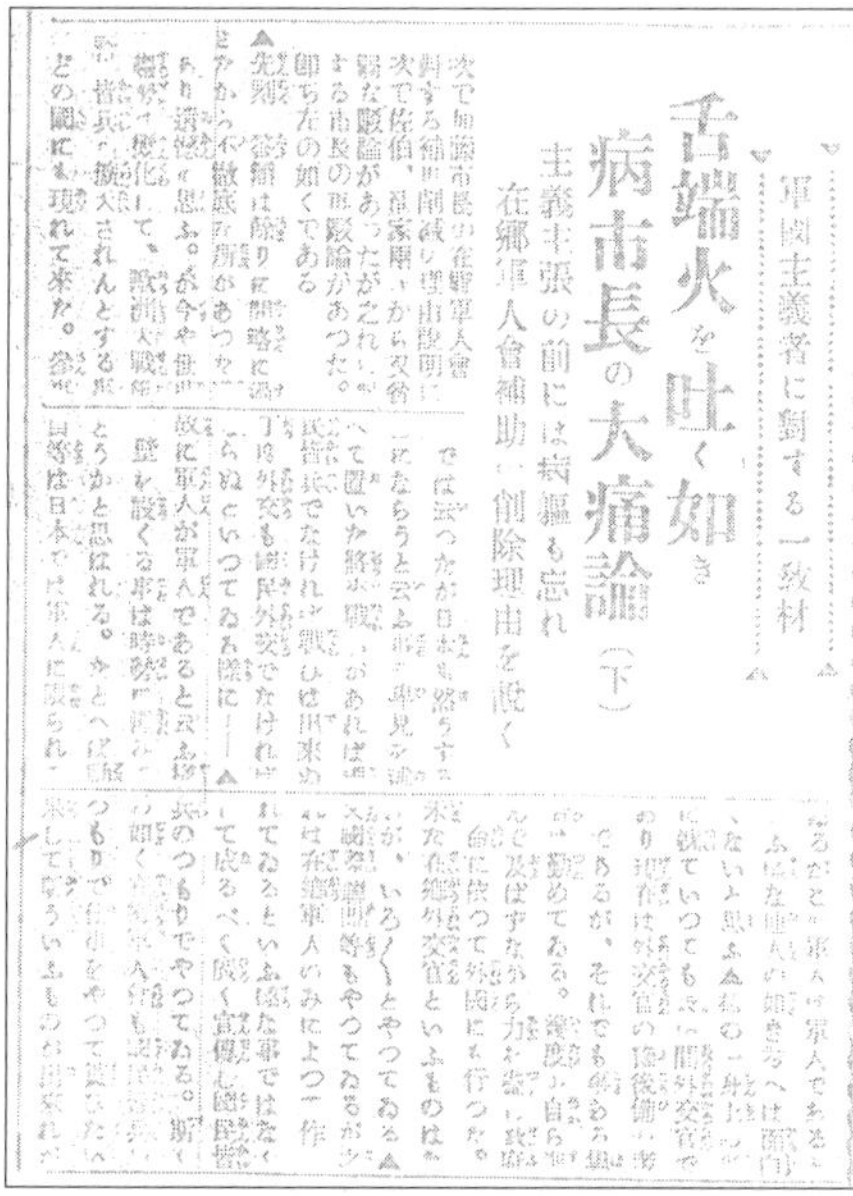
軍閥主義者に對する一敎材
舌端火を吐く如き
病市長の大痛論（下）
主義主張の前には病軀も忘れ
在郷軍人會補助の削除理由を說く

拓川の最後の熱弁を伝える新聞記事（『海南新聞』1923年3月1日付夕刊）

在郷軍人会の目的と事業を見ても、我々はあまり感心できない。雑誌を出すとか、軍人精神を作るとか（中略）ケチなことばかりやっている。そんなことは内輪の話だ。それに市が何故《なぜ》補助をしなければならないのか。そんなものよりも他に幾らでも補助せねばならぬものがある。教育費などが其《そ》の一例だ。（私立の）済美女学校にしろ、北予中学校にしろ、財源が許すならば、大《おおい》に補助を増したいと思っている。私は決して金を惜しむものではない。入営や除隊があると在郷軍人が旗を押立てお祭騒ぎで送迎するのも宜《よろし》いが、私の伜《せがれ》にはそんなことをしてもらいたくない。私一個人から見れば、そんなことは寧《むし》ろ滑稽だ。（中略）しかも在郷軍人会の組織は官僚的だ。私は市の兵事係が在郷軍人会の（事務の）仕事をしていることさえ遺憾に思っている。……

阿部は「犀鋭《さいえい》な（するどい）メスで腫物《はれもの》を切開するような」拓川の演説に「我々は溜飲をグッと下げ、快哉を密かに叫んだ」と記している。補助金を復活する必要性を理路整然と述べられる議員は一人もおらず、わずかに軍国主義の立場から抽象的・観念的に反論する者がいるだけであった。『海南新聞』三月一日付夕刊も「加藤市長の在郷軍人補助削除の理由説明（軍国主義打破論）」に対して二人の議員から「貧弱な駁論《ばくろん》があった」と報道している。これに答えて拓川は再駁論した。

平和の際に此の種の団体が存在する事自身が既に間違いであるのに、之《これ》に市が補助を与えるなどとは以《もっ》ての外《ほか》である。佐伯《さえき》君は青年教育に軍人会が力を添えていると云われたが、怪《け》しからぬと思う。青年教育は大切だが、之に今日の如き軍人精神を注入されては大変だ。どっちを見ても相変わらず軍国主義、帝国主義、略奪主義が満ちみちているのは困る。（阿部前掲文章・『海南新聞』一九二三年三月一日付夕刊）

しかし、採決の結果、市長の主張にまともに反論できないままにこれを無視し、市会は全員一致で補助金復活の建議案を可決してしまった。

阿部は「あの瀕死の病人がよくもあれほど堂々たる、しかも確乎たる意見を述べられたものだ」、「まるで奇跡だとさえ考えられた」、「おろゝゝとしてやっと椅子につかれた位であった」が、「立って意見を述べられだすと、打って変って健康な人の如くにしゃんとして、まるで議場を圧してしまった」、「主義・主張のためには死まで賭して戦うという、あの素張らしい意気」に「感激」したと述べ、「どの新聞も」「一種の感激を以て、一斉《いっせい》に加藤市長の軍国主義反対論に激賞的に書立て」たとも認《したた》めている。

拓川は第一一師団（善通寺）の演習の際にも、「しきたり」になっている兵士の民家への宿泊を市長として自身の責任で拒絶したということである（畠中淳『加藤拓川』）。これも反軍国主義である。死期迫る拓川は本音で軍国主義・帝国主義に反対したのである。中途で怪しくなった彼の「盗賊主義」批判は復活し、死去するまで健在であった。

拓川死す

確実に死が近づいた三月半ばから知友が東京から「浪の家」へやってきた。一六日には久松定謨が「来訪」し、賀古鶴所は一九～二三日、石井菊次郎は二〇～二四日に、それぞれ松山に滞在した

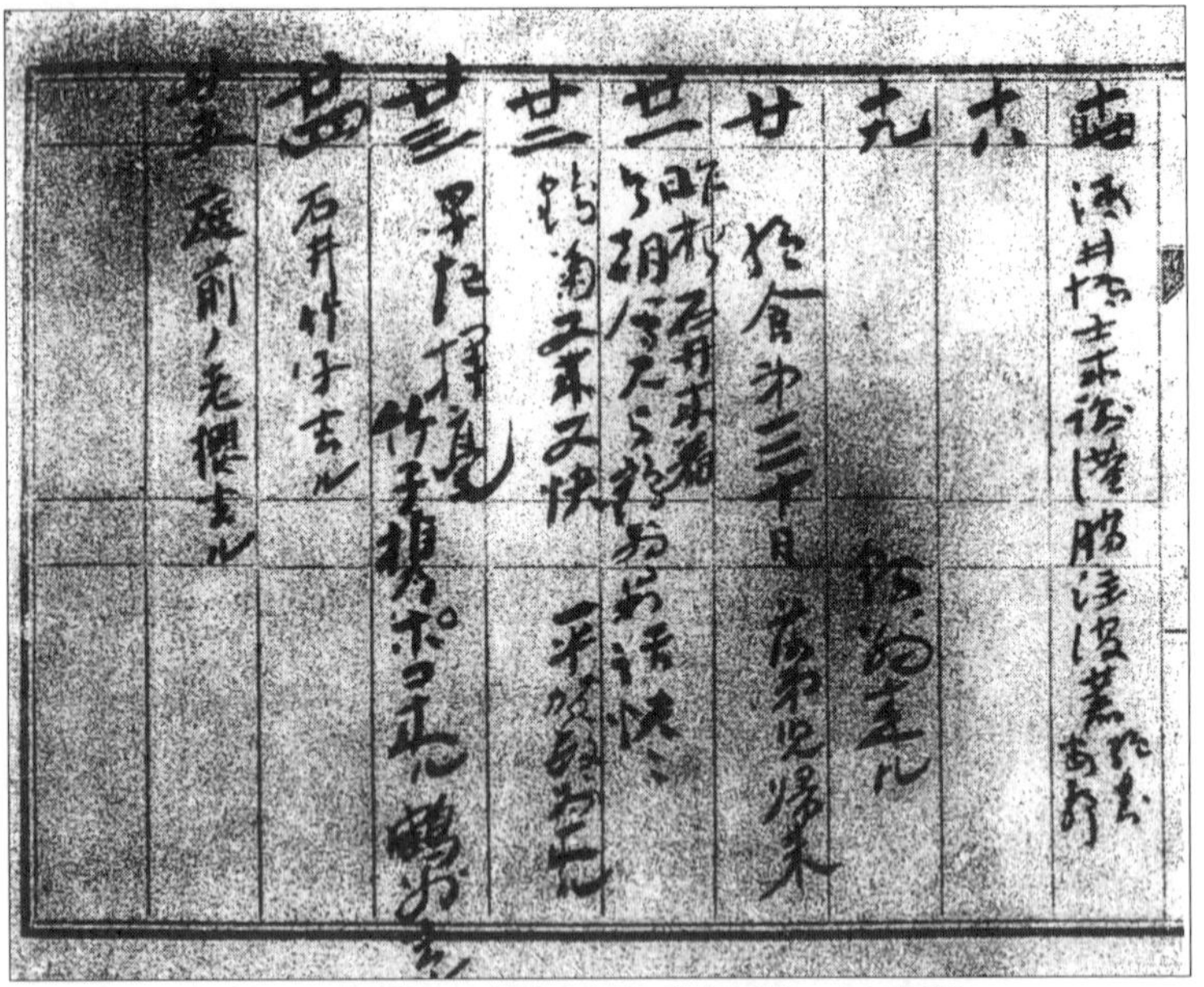

拓川の「日記」の最後の部分（『拓川集』より転載）

（「日記」）。「日記」には「二一　鶴翁・菊、話、快々」、「二二　鶴・菊、又《また》来、又快」とある。「日記」は、二〇日に「絶食第三〇日」と認《したた》め、二三日に少なからず書いたのであろう、「早起、揮毫《きごう》」とあり、死の前日、二五日の七文字「庭前ノ老桜去ル」（散る）で終わっている。そして翌二六日、絶食三六日目に自ら去った。辞表を提出し、午後一〇時五〇分に不帰の客となったのである。現役ではなく、前市長になってから永眠した。「市長という肩書きを棄て一市民として死にたい」を実行したのである（『伊予日日新聞』一九二三年三月三〇日付「論説」）。遺言に基づく解剖の結果、死因は食道癌腫であった。師兆民と同じである。

死の病床にあった拓川にはこんな逸話がある。東宮大夫《とうぐうだゆう》（皇太子家事務所である宮内省東宮職《しき》の長官）の珍田が宮内省の葡萄酒を贈った。「追悼座談会」における石井菊次郎の発言によれば、彼が「これは若いけれども非常によいようだ」と言ったところ、もう飲めないはずの拓川が「何だか非常に好いようだ」と返事した。浣腸で入れてポーッと来たと愉快がっていたのである。そして拓川は珍田に「葡萄酒有難う、尻から飲んだ」と礼の電報を打った。皇太子が畏れ多くもないのである。酒豪の彼らしい奇行だが、大変に気力があり、最期まで茶目っ気を失っていなかった。皇太子が畏れ多くもないのである。拓川は年少の友人後藤朝太郎宛書簡に「賤名忠の字、かねて僕に適せざる様に覚えておりましたが、近来いよゝゝいやになり、昨臘《さくろう》（昨年一二月）、忠を痴迂《ちう》（二者相通ず）と改めました」と認《したた》めている。「恒痴夫《つねちう》」という印譜も作った。これも悪戯《いた》心の為せる業《わざ》だが、いずれも天皇・皇族に対する特殊な尊崇の念を持っていないことを示している。西園寺にも拓川に対して「痴先生」「鶴痴先生」の宛名がある。

絶命の少し前に拓川は水を求め、「これが末期の水である」と口に含み、微笑した由である（『伊予新聞』一九二三年三月二八日付記事）。余裕すら見える。

拓川は早くから意識して死と対面していた。その場合に念頭にあったのは師兆民と友人の鷗外である。兆民の死に様《よう》はすでに述べた。鷗外は一九二二年七月九日に他界した。拓川は、徹底して尊厳死に臨み、わが身を飾らずに死することを望んだ鷗外の精神から学ぼうとしたのである。鷗外死去の前々日に遺言を口述した賀古鶴所から、拓川は六月二六日付から八月一三日付までの間に九通の書簡を受取っており、七月二九日付には五月二六日に鷗外が賀古に書き送った「医薬ヲ避クル書」の写《うつし》が、八月二日付には鷗外の遺言の写が同封されていた。「医薬ヲ避クル書」は「内部ノキ

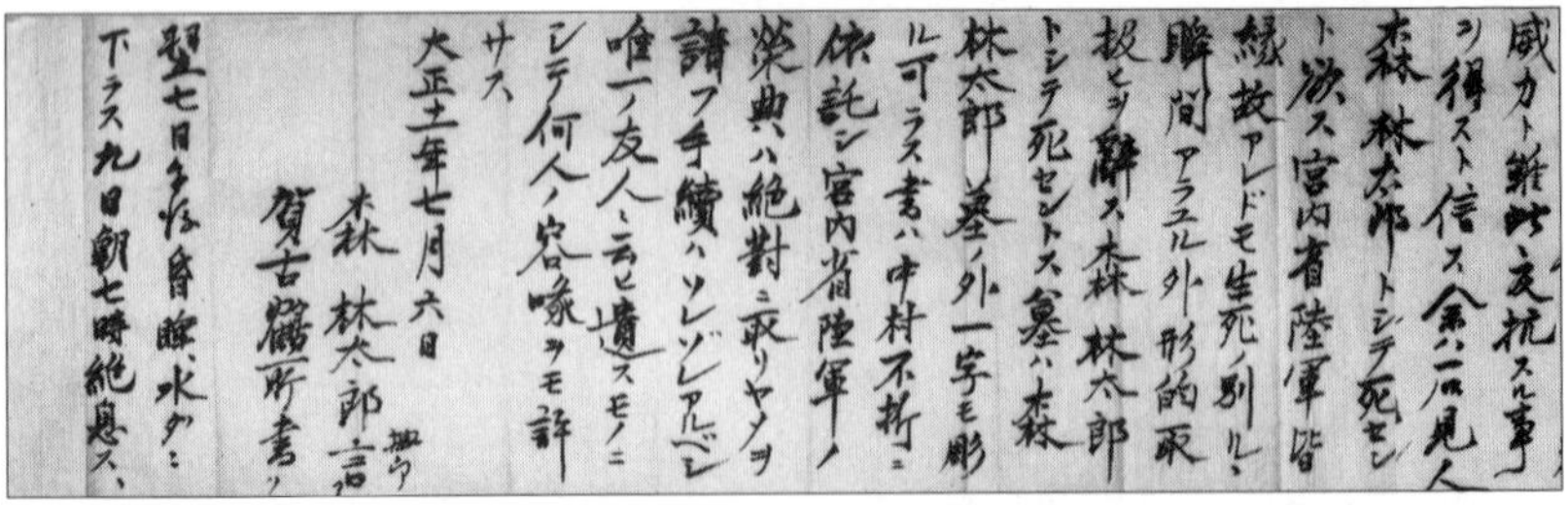
威カト雖此ニ反抗スル事
ヲ得ズト信ス余ハ石見人
森 林太郎トシテ死セン
ト欲ス宮内省陸軍皆
縁故アレドモ生死ノ別ルヽ
瞬間アラユル外形的取
扱ヒヲ辭ス森 林太郎
トシテ死セントス墓ハ森
林太郎墓ノ外一字モ彫
ル可ラス書ハ中村不折ニ
依託シ宮内省陸軍ノ
榮典ハ絶對ニ取リヤメヲ
請フ手續ハソレゾレアルベシ
唯一ノ友人ニ云ヒ遺スモノニ
シテ何人ノ容喙ヲモ許
サス
大正十一年七月六日
森 林太郎 言 拇印
賀古鶴所 書ク
翌七日午後昏睡水ダニ
下ラス九日朝七時絶息ス

森鷗外遺言書（部分、賀古鶴所書〈写〉、森鷗外記念館蔵）。「……ヲ得ズト信ズ。余ハ石見ノ人森林太郎トシテ死セント欲ス。宮内省陸軍、皆縁故アレドモ生死ノ別ルゝ瞬間、アラユル外形的取扱イヲ辞ス。森林太郎トシテ死セントス。墓ハ森林太郎墓ノ外一字モ彫ル可ラズ。書ハ中村不折ニ依託シ、宮内省陸軍ノ栄典ハ絶対ニ取リヤメヲ請ウ。手続ハソレゾレアルベシ。唯一ノ友人ニ云イ遺スモノニシテ何人（なにびと）ノ容喙（ようかい）ヲモ許サズ。大正十一年七月六日　拇印　森林太郎言ウ　賀古鶴所書ク　翌七日午後昏睡（こんすい）、水ダニ下ラズ。九日朝七時絶息ス、」。拓川は遺言を書き取った賀古から鷗外の「拇印」だけがない「写」を受け取った。

タナラシイモノト其《そ》ノ作用ノススム速度トヲ知ッタラ、之ヲ知ラヌト同ジヨウニ平気デハイラレマイ」などと記し、医者と著述家の自分が「ドンナ名医ニモ見テモラワナイ」「結論」を導き出している。

賀古は七月六日付書簡で「森、病《やまい》重けれども、断然医薬を避く。親戚之《の》人々、其のゆえを解せず、頻りに小生を責める」、「彼曰く、加藤君ハ酒を飲むゆえ、衰えないのだ」、「訪問客を嫌い、誰にも逢わぬ趣だ」と認《したた》めている。鷗外には拓川と逆な点が見える。賀古自身も七月一二日付では「君の今尚《なお》健康を保つのはまったく酒という妙薬を用い能《あた》うゆえと思われる」と鷗外と同様の言を記しつつ、「森ハ覚者として没したり」と鷗外に賛辞を送っている。そして「新聞紙が森の病篤を報ズルヤ、西公てい重なる電文を寄せられ、森死スルヤ、又誠意を打電せられた」、「若し陶庵公ニ出会いする事があったならば、森の為めに辞を述べ下され度《たく》」と拓川に伝えてもいる。七月一四日付には「雅兄ニハどうぞ養生を切ニ頼みます。青山・森に逝かれ、唯、兄一人のミが心友です」と書く「鶴翁」であった。

先に新田・岩下らから二万円もの大金を贈呈された拓川は、再起が叶《かな》わないと自覚した時点で、一万数千円を返還した。その書簡には「諸君の好意により、療養遺憾なきを得た。然れども、吾が命は已《すで》に夕《ゆうべ》に迫り、又《また》療養費を要しなくなった。敢えて残金を返納し、謹んで厚誼を謝す」とあった（素堂前掲「加藤拓川を懐うて」）。おそらく広東行後のことであろう。この一事にも自己の死を客観的に捉えている拓川の覚悟が窺える。しかし、瀬戸内海を渡る港高浜に新居を建てたのはなぜだろう。もちろん、静養のためだが、一方で死を覚悟しながら、最後まで生きる意欲を失わなかった証《あかし》なのではなかろうか。

位階勲等には全く無頓着な拓川であったが、歿後、従三位勲一等旭日大授章が「授与」され、天皇・皇后から祭祀料が届けられた。久松夫妻は子女と共に弔問し、秋山は松山市郊外の新田邸に宿泊し、新田と連れだって追悼の誠を捧げた。三月三〇日、市内三番町宅で無宗教の告別式が執行された。兆民と同じである。同日、遺言通り、かつて穢多寺と言われた未解放部落の寺、浄土真宗本願寺派龍光山相向寺に埋骨された。件の「墓表」の文言は刻まれず、碑銘は「拓川居士骨《こつ》」とあって、「墓」の文字はなく、ほかは没年月日が刻まれているだけである。これも兆民に近い。遺言状には次の通り記されていた。


相向寺は特殊部落専有の寺である。我等、多年、同部落に特別の同情を有し、聊《いささ》カ思ウ処

浄土宗本願寺派相向寺（松山市拓川町、2010 年撮影）

相向寺境内にある「拓川居士骨」碑（2010 年撮影）

有リしも、生前、実行ニ至ラなかったので、責《せめ》て死後、微哀《びあい》ヲ表スル為である。住職は面識があるが、一言も此《こ》の事を話したことはない。昨年、夫《それ》となしに実地見分に参った。別に不同意はないであろうと信ずる。この寺は檀那寺蓮福寺と同宗で西本願寺派である。生前、所望した拓川河畔に在るのも亦《また》、妙ではないか。

一年前の三月、未解放部落の人びとの自主的・大衆的で本格的な部落解放運動の最初の全国組織である全国水平社が創立している。多感な彼はこの水平運動の勃興に刺激を受け、共鳴したのか。それもあろうが、部落問題に関心が強かった犬養毅の追悼座談会における言によると、代議士時代の拓川は未解放部落から唯一出ていた代議士、大阪の森秀次と自然体で交際していたごく少ない一人でもあった。新田が未解放部落と関係があったことも動機になっているかも知れない。犬養は相向寺に参詣している。拓川の精神は児玉仲児・安藤正楽・原田琴子と共通しているのである。いずれにしても師兆民の精神の継承だと言える。

拓川は六十郎が埋葬されている済海寺の「小拓居士」の墓側に分骨された。本人の希望による。済海寺は伊予松山藩主久松氏（松平氏）とその在府家臣の菩提寺であった。同寺は幕末にはフランス総領事館、続いて公使館となった。拓川・好古・久松定謨には因縁がありそうな事実である。ただし、現在、六十郎と拓川の墓は済海寺にはない。

拓川歿後の九月に長女あやが、翌年には長男十九郎が六十郎と同じく肺結核で死亡した。その

1924年に全四国水平社大会が開催された「寿座」跡（現在は大街道シネマサンシャイン、松山市大街道一丁目、2010年撮影）

間、ヒサは天理教に対する信仰の度を強めた。彼女は「只《ただ》信仰あるが為めに生きて行かれるのです」と述べている（『拓川集』第六冊）。松山の天理教会で自らが教化した人物を養子にし、分教会を開いて自らも居住した。次女たへは母に奈良県山辺町丹波市《たんばいち》町《ちょう》（現天理市）にある一九二一（大正一〇）年創立の天理女学校に入れられたが、母の手から逃れて東京の親戚を頼り、聖心女学校から聖心女子専門学校（現聖心女子大学）へ進んだ。卒業後、彼女は修道女になり、日本に帰化したドイツ人修道女に求められ、養女としてその戸籍に入った。こうして母と娘と正岡姓の息子はそれぞれ別個の人生を歩んだ。正岡リツも。

拓川歿後の一九二三年四月一八日に温泉郡拝志《はいし》村（現今治市拝志）に愛媛県下最初の水平社支部が発足し、水平社愛媛県本部の看板が掲げられ、県下各地で講演会を開催した（三宅清昭「愛媛県における水平社運動の創立期をかえりみて」、『愛媛県史　近代』下)。以後、二三年中に八支部、二四年中に四支部が結成され、二四年九月二〇日、大街道一丁目の寿座（現大街道シネマサンシャイン）において、全国水平社本部や岡山・兵庫・奈良・山口各県水平社の代表を招き、愛媛・香川・高知の部落からおよそ八〇〇人が参集し、全四国水平社大会を開催した（同右）。

この大会には、のちに（一九二九年）改悪はもちろん、治安維持法そのものに反対した唯一の真の無産派代議士として右翼テロに斃れた関西労働学校連盟の山本宣治（一八八九〜一九二九）も来賓として参加し、挨拶している。彼は生物学者として性教育と産児調節運動を行い、農民組合・労働組合・水平社などの産調学習を推進すると共に、ドイツの生理学者ニコライの大著『戦争の生物学』を翻訳し、反戦・平和のためにたたかった。

九月二〇日、午前七時半に相向寺に結集した愛媛県下の未解放部落住民一〇〇人余は「拓川居士骨」碑に参詣し、水平社の旗（荊冠旗）を掲げて寿座まで行進し、大会に参加した（同右）。拓川は「橋のない川」（住井すゑ）に橋を架けた一人だったのである。

拓川は、早くから、日本国憲法第一三条の「すべて国民は個人として尊重される」をわが身に付け、憲法の前文と第九条を主唱すると同時に、「性別」はやや怪しいところがあったが、第一四条の「すべて国民は、法の下《もと》に平等であって」「社会的身分又は門地により政治的、経済的又は社会的関係において、差別されない」を実現するために努力を惜しまない人であった。彼は多くの点において中江兆民の精神を継承した人物であったと言える。

おわりに

「結語」的な文言は終章（第Ⅷ章）と第Ⅶ章の「外交との「離縁」――軍備撤廃論を主張」で述べてある。繰り返す必要はなかろう。一点だけ付け加えて、「おわりに」としよう。

それは加藤拓川はもちろんだが、秋山好古も、晩年、坂の上の雲を見ていたことである。「平和」という雲を。平和を冀《こいねが》って言動していたのである。

なぜだろうか。好古は天皇制軍国主義の侵略戦争を担う有力な軍人の一人であった。多くの殺戮《さつりく》を指揮した。拓川も侵略の一端を担った。しかし、拓川は中江兆民やルソーから、好古は、欧米列強に倣《なら》った「脱亜」ではなく、反封建の福沢諭吉から若き日に学んだ人間尊重の精神へ、それぞれ晩年に、長らく半ば眠らせていたその精神へ立ち返ったのである。時は二人の間で少しずれるが、大雑把に言って、大正デモクラシーと軍備縮小の時期のことであった。殊に好古は誰よりも戦争の惨さを知っているがゆえに非戦を指向したのであろう。

残念ながら、拓川にも好古にも侵略への加担に対する自己批判ないし反省の弁は見えない。きわめて曖昧で日本的である。

この点を今日的に考え、アジア太平洋戦争の敗戦を見るならば、わが国は侵略戦争に対する責任の追及が希薄であったと指摘できる。そのことが、戦後間もなく、日本国憲法や「民主」的諸改革があったにもかかわらず、ながく国民の意識改革を妨げてきている。

一例を挙げるならば、第Ⅳ章の「日露講和条約批判と非戦を唱えた人びと」で触れたが、敗戦から七〇年にもなるのに、わが国民が沖縄を米国の人身御供《ひとみごくう》にしてきている非人間的な事実がある。明治維新から半分近くの長きにわたって、事実上、沖縄は米国の占領下ないし半占領下におかれている。換言すれば、日本が米国の現代版「半植民地」的状態にある。こんな非人間的な話はない。にもかかわらず、わが国の支配勢力は本気でこの状態を改革しようとはしていない。人間尊重の精神を欠くからである。戦争責任追及の希薄さは今日の沖縄問題に及んでいると言える。絶対多数の日本国民は、時代を異にするので、方法は別であろうが、かつて植民地とされた韓国（朝鮮）や半植民地化されていた中国の人民から学ぶ必要がある。

今日、非人間的な一パーセントの横暴を追及し、変革する九九パーセントの連帯を拡げようとする動きが、反原発・脱原発に顕著に見られるように、東日本大震災を契機とする他者を慮《おもんぱか》る思想・行動とも連動して、強まっている。こうした動きの強まりが戦争責任を自覚的にあきらかにし、沖縄を解放して日本の未来を切り開いて行くに違いないと、私は思う。加藤拓川及び秋山好古とつき合いながら、私が思惟したことである。

【付記】

(1)お気づきの方も多かろうが、この本では部落問題が「隠れ」小テーマの一つになっている。本文で部落問題を一応ご理解いただけるようにした心算であるが、部落問題とは何か、どのようにして解決に向かい、今日、基本的にはほぼ解決したと言い得る、少なくとも言い得るに近い状態になっていることについては、部落問題研究所編・刊『部落問題解決過程の研究』（全五巻。第二巻まで刊行済み）の第一巻（歴史篇。二〇一〇年）の鈴木良「歴史のなかの部落問題とその解決過程」、第二巻（教育・思想文化篇。二〇一一年）の成澤榮壽・山科三郎「戦後日本の思想状況と部落問題解決の道程」をご覧いただければ幸いである。後者について言えば、手前味噌になるが、極力平易に書いた心算であり、「おわりに」に記した戦争責任問題を追及し、沖縄問題にも触れている。

(2)子規のすぐれた評伝に久保田正文『正岡子規』（一九六七年、吉川弘文館）がある。終章の「文学者＝正岡子規ノート」中の「小説について」において、旧「非人の娘」と「富豪の長男」の恋愛の「悲劇」を扱った小説「曼珠沙華《まんじゅしゃげ》」（一八九七年、『子規全集』第一三巻、一九七六年、講談社）に触れ、「叔父加藤拓川の人間的な部落解放思想との関係などもかんがえられるようにおもう」とある。気になる一節で、この本の執筆中も「拓川の影響」の有無がしばしば念頭を過《よぎ》った。拓川の部落問題に対する関心は兆民の影響によると言えよう。しかし、当初は観念的で、何の根拠も示すことはできないが、具体的に思考するようになったのは大阪での新聞記者時代か、早くて外務省課長時代あたりではないかと想像する。若き日の拓川が部落問題で子規に影響を与えているとすれば、リアリストの子規には、当時、東京市内に存在した大きな未解放部落に近かった彼の居住地からして、何らかの記録がありそうなものであるが、ないようである。したがって、この作品と拓川の思想とは関係がないと言えそうだ。しかし、関係がなくともこの作品は子規には書ける小説である。なぜか、この作品に差別意識の表出を指摘する評価が少なくない。主人公には差別の不条理を批判する「叫び」があることを見落としているのは遺憾だ。

(3) シベリア関係の都市だけ、シベリア戦争「当時」と「現在」の人口を概数で示した。一部を除くと、読者に馴染みの薄い都市だと思われたからである。便宜的に「当時」は主として一九二九年発行の鉄道省運輸局編『西伯利亜経由欧州旅行案内』に拠った。何年の統計であるかは不明である。ただし、ウファ及びチェリャビンスクは「ソ聯邦一九二六年の国勢調査に就いて其他」(『日露協会報告』第四四号、一九二九年)の一九二三年統計から採った。この両市の統計だけが人口が突出している。「現在」は『広辞苑』第六版(二〇〇八年、岩波書店)に拠った。二〇〇四年の統計である。

おわりに

拓川加藤恒忠を少し知ったのは、愛媛県が生んだ平和と人権のもう一人の先覚者安藤正楽を調べる過程においてであった。

関心を強めて、『拓川集』や愛媛県史談会がまとめた「拓川資料」所収の資料などをもとに勤務先の研究紀要に拙文を載せたところ、当時、立命館大学の教授をしておられた鈴木良氏がご自身の関係する立命館大学西園寺公望伝編纂委員会(岩井忠熊委員長)に拓川のご令孫正岡明氏所蔵の

「加藤拓川関係文書」のコピーがたくさんあることを教えてくださった。そこで氏のご紹介で立命館に同委員会の編集室を訪ね、職員の福井純子氏にお会いして拓川関係文書を見せていただいた。五二通にものぼる西園寺公望を始めとする書簡類を中心にコピーは大きめのダンボール箱に一杯になった。第一〜第一八に分類された「目録」も頂戴した。さっそく、「目録」の分類に従って一九冊に製本した（うち一冊は「目録」）。

「加藤拓川関係文書」の特徴は、大まかに言って、第一に拓川宛書簡の差出人が非常に多岐にわたっている点である。思想的には山県有朋から中江兆民まで。第二に書簡は、病気見舞と共に、礼状がきわめて多い点である。拓川の親切にみんな感謝している。山県や兆民の書簡もそうである。第三に家族以外の他者宛の書簡が混じっていることである。正岡リツや高浜虚子など。第四は、「凶友」（故人になった友人）の遺墨などと共に、請求書・領収書の類が少なからずあることである。これは実に面白い。第五は、わずかだが、シベリア戦争や原敬暗殺など、政治絡みの書簡があることである。例えば西園寺や原のブレーンの一人となった横井時雄。第六は、自ら車中や船中、宿などで認《したた》めた漢詩に混って、「国際聯盟講話ノ要点」が含まれていることである。これは本人の筆であると確認ができた。ありがたい発見であった。「加藤拓川関係文書」との出会いがなかったら、この本はできなかった。鈴木・福井両氏と立命館大学に心からお礼申しあげる。

製本した「加藤拓川関係文書」一八冊を大雑把に見た際に、正岡子規と陸羯南の書簡が含まれていないことに気づいた。多分、松山市立子規記念館に保管されているかも知れないと思い、正岡氏にお聞きしたところ、氏は陸羯南書簡多数のコピーを郵送してくださった。また、正岡氏の肝煎《きもいり》で二〇一一年一二月～一二年一月に大阪府立弥生文化博物館で「子規の叔父『加藤拓川』が残した絵葉書――明治を生きた外交官の足跡――」展が開催された。この展示で在ブリュッセルの拓川「芳名録」に片山潜の名を「発見」した。驚きであった。この時にも正岡氏と弥生文化博物館のご配慮で芳名録の写真を頂戴した。正岡氏と同博物館に心から感謝の意を表する。

賀古鶴所宛拓川書簡は「加藤拓川関係文書」中にはあるのに、賀古の拓川宛書簡がない。石井菊次郎は八通、青山胤通は一一通も存在するのに、不自然だ。ながい間、気になっていた。この疑問は、二〇〇八年、偶然の機会に氷解した。『島崎藤村「破戒」を歩く』の上巻を出したあと、下巻の準備中に、藤村の「山陰土産」を書くのには、重要地点の益田で調べる必要があると知って出掛けた。失礼な言い方だが、この旅のついでに津和野の森鷗外記念館へ寄った。ところが同館で「鷗外　その終焉　新資料にみる森林太郎の精神」展が開催されていて、鷗外の臨終を見取った賀古の拓川宛書簡を展示していたではないか。下巻には「見応えがあった」と記したが、実はショックを受けた。拓川は、兆民のほか、鷗外からも、いかに死するかを、したがって絶命までどう生きるかを学んだと知ったからである。正岡明氏は鷗外研究にとってきわめて貴重な拓川宛賀古書簡を同記念館に贈呈されていたのである。拓川宛賀古書簡の原所蔵者である正岡氏に重ねてお礼の意を表する。図録『鷗外　その終焉』には誤りや不確かな言が見られるが、とても丁寧な展示をされていて、ご教示を得た。記念館にも感謝する。

四半世紀前の一九八七年に、安藤正楽についての拙い研究でお世話になり、拓川についてもお教えをいただいた愛媛県の三宅清昭・山上蒼・茎田弘道の三氏に改めて感謝申しあげる。三氏との出会いが拓川研究の出発点であった。

シベリア、殊にウラジオストクの情報については日本ユーラシア協会の浅野真理・堀江満智両氏に大変お世話になった。シベリア戦争前後のウラジオの様子については堀江氏のご教示に負うところが多い。心からお礼申しあげる。

また、原稿の整理と校正をお願いした池田由美子氏、資料調査と校正をしていただいた広瀬美津子氏、平素、お世話になっている部落問題研究所の各位のご好意に謝意を表する。

最後に、この本を刊行させていただく高文研の真鍋かおる氏には編集面だけでなく、内容面でも本当に多くのご教示を得た。深謝申しあげる。

お名前をあげなかった多くの方々にお世話になった。その皆様のおかげがなければこの本はできなかった。これも人間関係である。心からお礼申しあげる。

二〇一二年九月

成澤榮壽

加藤拓川略年譜

〔註〕

1. （ ）内は拓川に関係する主要人物。死亡年齢は本人自身の、拓川出生時・死亡時の年齢はその時点での年齢である。
2. 〔 〕内は日本と世界の重要事件。ただし、拓川及び主要人物にとっての主要事件を含む。

一八五九（安政六）	○	一月二二日（旧暦）、伊予松山城下に大原観山（有恒）・しげ（歌原松陽長女）の三男として出生。幼名忠三郎。 （一月七日、秋山好古、松山に出生。中江兆民一三歳、西園寺公望一〇歳、新田長次郎二歳、陸羯南二歳、原敬二歳） 〔安政の大獄〕 〔一八六〇年、桜田門外の変。一八六二年、坂下門外の変。一八六三年、長州藩の外国船砲撃、奇兵隊結成、薩英戦争、八月十八日の政変。一八六四年、禁門の変、下関戦争、第一次長州戦争。一八六六年、薩長同盟成立、第二次長州戦争（幕府軍撤兵）〕
一八六七（慶応三）	七	（九月一七日、正岡子規、松山に出生） 〔大政奉還。王政復古〕 〔一八六八年、戊辰戦争始まる、五か条の誓文・五榜の掲示布告、江戸城開城。一八六九年、戊辰戦争終結、版籍奉還〕

一八七〇（明治三）	一一	藩校明教館へ入学（好古も）。 （正岡リツ、松山に出生） 〔普仏戦争―七一年〕
一八七一	一二	（西園寺、パリ到着。兆民、フランス留学へ出発） 〔戸籍法公布。廃藩置県〕 〔一八七二年、学制公布、官営富岡製糸場開業。一八七三年、徴兵令、地租改正条例公布〕
一八七四	一五	（兆民、フランスより帰国、東京に仏学塾を開く） 〔佐賀の乱起こる〕
一八七五	一六	四月六日、父観山歿（五七歳）。 九月（新暦）、入京。一〇月、岡鹿門の綏猶堂へ入門、塾頭となる。 （好古、官立大阪師範学校へ入学。兆民、官立東京外国語学校長就任） 〔新聞紙条例。讒謗律公布〕
一八七六	一七	九月、司法省法学校へ入学（原敬・陸羯南・国分青厓・福本日南も）。 〔廃刀令。金禄公債書発行条例制定。日朝修好条約締結〕
一八七七（明治一〇）	一八	一〇月七日、樫村ヒサ（清徳・ゑい長女）、東京に出生。 （兆民、元老院権少書記官を辞任。好古、小学校教員をやめ、陸軍士官学校へ入学）

		〔西南戦争起こる〕
一八七九	二〇	三月、司法省法学校を退学処分となる（原・羯南・青厓・日南も）。 （原、郵便報知新聞社へ入社。羯南、青森新聞社へ入社） 〔沖縄県設置〕
一八八〇	二一	（子規、松山中学へ入学。羯南、青森新聞を退社。西園寺、フランスより帰国） 〔国会期成同盟結成〕
一八八一	二二	仏学塾入学。 （三月、『東洋自由新聞』創刊。西園寺が社長に、兆民が主筆に就任。四月、廃刊） 〔明治十四年の政変。自由党結成〕
一八八二	二三	（兆民、『民約訳解』を出版。原、外務省御用掛となる） 〔立憲改進党結成。（朝鮮）壬午軍乱〕
一八八三	二四	一一月、フランス留学に出発（久松定謨と）。 （好古、陸軍大学校へ入学。子規、入京、共立学校へ入学。羯南、太政官御用掛となる。原、天津領事に就任） 〔新聞紙条例改悪。「官報」創刊〕

一八八四	二五	フランスに到着。 （子規、大学予備門へ入学） 〔自由党解党。秩父事件。（朝鮮）甲申政変〕
一八八五	二六	（新田、新田帯革製造所創業。西園寺、駐オーストリア公使に就任。原、駐フランス公使館書記官としてパリに着任。羯南、内閣官報局編輯課長に就任。好古、陸軍大学校卒業） 〔（日清）天津条約締結。内閣制度発足。第一次伊藤博文内閣成立〕
一八八六	二七	六月、交際官試補に任ぜられ、フランス公使館に勤務。 （兆民ら、大同団結運動を提唱） 〔第一回条約改正会議〕
一八八七 （明治二〇）	二八	一月、ベルギーへ出張、一一～翌年一月、スペイン、ポルトガルへ出張。 （兆民、『三酔人経綸問答』を出版。好古、フランスへ留学。西園寺、駐ドイツ公使に就任、駐ベルギー公使を兼任。兆民、保安条例により東京から追放され、大阪へ移住） 〔条約改正反対運動強まる。保安条例公布〕
一八八八	二九	四月、ブリュッセルで駐ベルギー兼任公使の西園寺と事務引継ぎを行い、親交を深める。 （兆民、大阪で『東雲新聞』主筆となる。幸徳秋水、兆民門下となる。羯南、『東京電報』入社。好古、サンシール陸軍士官学校で聴講―八九年） 〔枢密院設置〕

一八八九	三〇	五月、ロンドン、七月、ベルリン、一一月、ブリュッセルへ出張。 （兆民、追放解除。羯南、新聞『日本』を創刊。原、農商務省参事官に就任） 〔大日本帝国憲法公布。第二インターナショナル結成〕
一八九〇	三一	病中にエミール・ゾラの作品を集中的に読む。一二月、帰国の途に。 （兆民、大井憲太郎らと自由党再興、第一回衆議院議員選挙で当選。子規、高等中学校を卒業し、帝国大学文科大学へ入学。好古、フランス陸軍竜騎兵隊に勤務—九一年） 〔（独）ビスマルク辞任。第一回衆議院議員選挙。教育勅語発布〕
一八九一	三二	二月、帰国。三月、改めて公使館書記官に任命されたあと、八月、外務省参事官、一〇月、外相秘書官に就任。 （兆民、衆議院議員辞職、『北門新報』主筆に就任。西園寺、賞勲局総裁に就任。好古、フランスより帰国、騎兵第一大隊中隊長に就任） 〔内村鑑三不敬事件。大津事件。露仏同盟成立〕
一八九二	三三	六月、パリに向けて出国。七月、パリ到着、駐フランス公使館二等書記官に着任。八月、ポルトガル事件で活動（〜九三年二月）。 （原、農商務相陸奥宗光の辞職に同調して辞任、外相陸奥のもとで通商局長に就任。兆民、『北門新報』を退社し、東京へ戻る。子規、落第し、母・妹を迎え、新聞『日本』に入社） 〔総選挙大干渉。東洋自由党結成。『万朝報』創刊〕

一八九三	三四	五～九月、代理公使。一一～一二月、スペイン・ポルトガルへ出張。 （好古、佐久間多美と結婚。新田、英仏視察旅行。西園寺、貴族院副議長就任。子規、大学を中退） 〔外相陸奥、条約改正交渉開始〕
一八九四	三五	一二月、第一回日仏条約改正会議に出席。ベルギーへ出張。 （子規、『小日本』の編集を担当するが、五カ月で廃刊。西園寺、枢密顧問官就任、朝鮮へ特派される。好古、日清戦争へ出陣。西園寺、文相に就任） 〔（朝鮮）甲午農民戦争。（日清）朝鮮派兵。日英通商航海条約調印（治外法権撤廃）。日清戦争開戦〕
一八九五	三六	五月、ロンドンへ出張。 （子規、従軍記者として中国へ、一カ月で帰国の途へ、重病となる。原、外務次官に就任。好古、帰国。西園寺、外相臨時代理に就任） 〔日清戦争終結。日清講和条約締結。三国干渉。遼東半島還付。駐朝鮮日本公使ら明成皇后（閔妃）殺害。台湾独立運動起こる〕
一八九六	三七	八月、日仏改正条約調印に参加。一〇月、一等書記官に昇進。 （子規、脊椎カリエスで歩行困難となり、手術。西園寺、兼任外相に就任、二カ月余で免官。原、特命全権公使として朝鮮へ、四カ月後に帰国。好古、陸軍乗馬学校長に就任。羯南、新聞紙禁停廃止同盟結成の先頭に立つ）

加藤拓川略年譜

		〔進歩党結成〕
一八九七（明治三〇）	三八	四月、帰国し、外務省秘書課長（外相首席秘書官）兼記録課長に就任。八月、樫村ヒサと結婚。 （原、外務省を退職、『大阪毎日新聞』編集総理に就任） 〔足尾鉱毒事件激化。労働組合期成会結成。金本位制実施〕
一八九八	三九	一〇月九日、長男十九郎出生。 （西園寺、文相辞任。兆民、国民党を組織。子規、「歌よみに与ふる書」を発表。原、『大阪毎日新聞』社長に就任。好古、改称陸軍騎兵実施学校長となる。羯南、東亜同文会創立に参加） 〔憲政党結成。第一次大隈重信内閣成立。列国の中国侵略〕
一八九九	四〇	（子規、子規庵歌会始める。羯南、東亜同文会初代幹事長に就任） 〔普通選挙期成同盟結成〕
一九〇〇	四一	五月、外務省人事課長就任。六月一〇日、次男六十郎出生。一〇月、弁理公使兼人事課長となる。 （好古、北清事変に出陣。子規、写生文を提唱。西園寺・原、立憲政友会結成に参加。西園寺、枢密院議長・内閣班列に就任、一時、首相臨時代理を務める。原、『大阪毎日新聞』退社、政友会幹事長・逓信相に就任）

		〔北清事変。立憲政友会結成〕
一九〇一	四二	（羯南、国民同盟会相談役に就任。西園寺、一時、首相臨時代理・首相臨時兼任を務める。原、逓信相を辞任。兆民、余命一年半と宣告され、『一年有半』、帰京後『続一年有半』を執筆・出版。好古、清国駐屯軍参謀長、ついで軍司令官に就任。子規、新聞『日本』に「墨汁一滴」を連載、日記「仰臥漫録」を書き始める。兆民、一二月一三日に自宅で死去、五四歳） 〔八幡製鉄所操業開始。社会民主党結成（翌日届出、翌々日禁止）〕
一九〇二	四三	二月、駐ベルギー公使に任命される。三〜四月、赤十字病院へ入院。七月、着任。五月一八日、三男忠三郎出生。一〇月、ヒサが三児を同伴し、ブリュッセルへ到着。 （原、衆議院議員に当選。好古、陸軍少将に昇進。九月一九日、子規死去、三五歳） 〔日英同盟成立〕
一九〇三	四四	四月一三日、母しげ歿（七七歳）。 （原、『大阪新報』社長に就任。好古、騎兵第一旅団長に就任。羯南、米国経由でヨーロッパ旅行。西園寺、枢密院議長辞任、政友会第二代総裁に就任。好古、ウラジオストク・ニコライエフスク・ハバロフスク・旅順を視察） 〔対露強硬論強まる。『万朝報』主戦論に転ずる〕
一九〇四	四五	二月、ベルギー政府に対露宣戦を伝達し、中立堅持を要請。六月五日、長女あや、ブリュ

		ッセルで出生。八月、第二インターナショナル・アムステルダム大会出席の片山潜、帰路、駐ベルギー公使館に拓川を訪問。（羯南、ヨーロッパ旅行より帰国。好古、日露戦争に出陣。西園寺、中国を旅行）〔日露戦争開戦。日韓議定書調印。第一次日韓協約調印〕
一九〇五	四六	（好古、帰国）〔旅順・奉天占領。日本海海戦。日露講和条約締結。第二次日韓協約調印（韓国の外交権を掌握）。韓国統監府設置〕
一九〇六	四七	四月、スペイン皇帝結婚式に特派使節として夫妻で出席。六月、赤十字条約改正会議（於・ジュネーブ）に日本全権委員として出席。七月、日本・韓国両皇帝に代わって改正条約に調印。八月、外相より詰問の電報を受ける。一〇月、韓国皇帝に代わっての調印の無効を宣言するとの外相電に反論するも適わず、外相の帰国命令を知る。一二月、妻子と帰国。（西園寺、首相に就任。原、『大阪新報』を退社し、内相に就任。好古、騎兵監に就任。羯南、病気と経営不振のため、新聞『日本』を譲渡）〔日本社会党結成。鉄道国有法成立。南満州鉄道株式会社設立〕
一九〇七（明治四〇）	四八	五月、外務省を依願退職。五～六月、韓国・中国北部を旅行。七月、足痛起こる。（好古、ハーグ開催の第二回万国平和会議に陸軍専門委員として出席。羯南、九月二日に死去、四九歳）〔日本社会党結社禁止。第一回日露協約調印。ハーグ密使事件（韓国皇帝退位）。第三次日

		韓協約調印〕
一九〇八	四九	四月、『大阪新報』に客員として入社。五月一四日、次女たへ出生。五月、松山市区選出の衆議院議員に当選。兵庫県西宮町夙川に転居。（原、逓信相を二カ月間兼任。西園寺、内閣総辞職。原、内相辞任、外遊）〔赤旗事件。警察犯罪処罰法公布。日清協約調印。戊申詔書発布〕
一九〇九	五〇	三月、「外交文書公表ニ関スル建議案」を通常国会へ提出。七月、『大阪新報』社長に就任。（好古、陸軍中将に昇進）〔前韓国統監伊藤博文、哈爾浜で暗殺〕
一九一〇	五一	三月、「外交文書及国際交渉事件ノ秘密ニ関スル質問」を衆議院に提出。（好古、満州・韓国へ派遣される、常盤会寄宿舎監督を引き受ける）〔立憲国民党創立（憲政本党など合同）。「大逆」事件検挙。韓国併合。朝鮮総督府設置。在郷軍人会発足〕
一九一一	五二	五月、朝鮮旅行。予讃鉄道敷設に尽力。九～一一月、国内旅行。（西園寺、第二次内閣組閣。原、内相兼鉄道院総裁に就任）〔大逆事件判決（幸徳秋水ら一二名に死刑）。日米通商航海条約調印（関税自主権回復）。朝鮮土地収用法公布。（以上、第二次桂太郎内閣時）辛亥革命。東京市電大ストライキ〕

一九一二（大正一）	五三	五月、衆議院議員任期満了、貴族院議員（勅選）に選出。（西園寺、陸相の単独辞任により総辞職。原、内相辞任）〔中華民国成立。友愛会創立。二個師団増設案を閣議で否決。（以上、第二次西園寺内閣時）第三次桂太郎内閣成立。憲政擁護運動起こる〕
一九一三	五四	五〜六月、貴族院視察団の一員として中国を視察。（好古、第一三師団長就任。西園寺、政界を事実上引退。原、山本権兵衛内閣の内相就任）〔憲政擁護運動高揚。政友・国民両党の内閣弾劾決議案提出。第三次桂内閣倒壊（大正政変）。立憲同志会結成〕
一九一四	五五	四月、北浜銀行取付騒動に巻き込まれ、『大阪新報』乗っ取りの動きに難儀。八月、原と相談の上、『大阪新報』を政友会機関紙に。一一月、朝鮮旅行。（原、内相辞任。西園寺、政友会総裁辞任。原、政友会総裁就任）〔シーメンス事件で山本内閣倒壊。第二次大隈内閣成立。第一次世界大戦勃発。対独宣戦〕
一九一五	五六	二月、北浜銀行頭取の裁判に証人として出廷（大阪地方裁判所）。一一月、『大阪新報』退社、東京へ転居。（好古、近衛師団長に就任。原の率いる政友会、総選挙で立憲同志会に敗北）〔対中国二一か条要求提出、中国受諾〕
一九一六	五七	一月、松山市の私立北予中学校長問題の解決に尽力。五月、中国視察旅行。

		（好古、朝鮮駐劄軍司令官に就任、陸軍大将に昇進。新田、耐水性ベルトの耐水糊を発明） 〔憲政会結成〕
一九一七	五八	三月、万国議員商事委員会（於・ローマ）参列のためシベリア経由で出発（一〇月、帰国）。 四月、ソルボンヌ大学で講演。 （好古、軍事参議官に就任） 〔西原借款開始（中国段祺瑞政権に資金貸与）。ロシア三月革命・一一月革命。石井・ランシング協定〕
一九一八	五九	三月、貴族院令改正会議で改正案を提出。五～六月、中国視察旅行、首相段祺瑞と会談。 一二月、パリ講和会議に出発。 （原、内閣を組閣） 〔シベリア派兵。米騒動勃発。寺内正毅内閣倒壊。第一次世界大戦終結〕
一九一九	六〇	一月、パリ講和会議に出席。四月、次男六十郎、パリへ到着。五月、万国議員商事委員会（於・ブリュッセル）出席。外相より帰国命令を受ける。七月帰国、シベリア派遣特命全権大使に就任。一〇月、オムスクに着任。一二月、イルクーツクへ撤退、日本軍の暴発を阻止。 （西園寺、首席全権委員としてパリ講和会議に出席、ヴェルサイユ条約に調印） 〔（朝鮮）三・一独立運動起こる。（中国）五・四運動起こる。衆議院選挙法改正。国際連盟発足。ヴェルサイユ条約調印〕

一九二〇	六一	一月、チタへ撤退、非ボリシェヴィキ革命派「エス・エル」（社会革命党）と接触、奉天で張作霖と面会、帰国して首相・外相に報告。二月、閣議で報告。八月三一日、六十郎死去、二〇歳。同日、ヒサ、天理教へ入信。九～一一月、北中国へ旅行。足痛に苦しむ。〔原、普選案を提出され、議会解散、総選挙で政友会が絶対多数を獲得。西園寺、公爵に昇叙。好古、陸軍教育総監に就任〕〔国際連盟加盟。全国普選期成連合会結成。尼港事件起こる。新婦人協会結成。戦後恐慌始まる〕
一九二一	六二	四～六月、南中国へ旅行。原からワシントン会議全権委員就任を打診されて拒絶。九月、日本国際連盟協会役員として国際連盟の精神普及で活動開始。〔一一月四日、原、東京駅で暗殺〕〔（ソ連）新経済政策（ネップ）開始。日本労働総同盟発足。ワシントン会議開催〕
一九二二	六三	一月、日本国際連盟協会愛媛支部発足し、会長に就任。三月、食道閉塞により粥食になる。四月、懇請されていた松山市長就任を決意。四～五月、青島・上海旅行。五月、松山市長就任。ヒサ・あや・たへ、松山へ移居。六月、私立松山商業高等学校設立に尽力。八月、軍備撤廃論を講演。九～一一月、小川町病院に入院。摂政裕仁を松山に「奉迎」。一二月、台湾旅行。〔ワシントン海軍軍縮条約・中国関係九カ国条約調印。全国水平社結成。日本農民組合結成。治安維持法改正（女性の政談集会許可）。日本共産党結成。シベリア派遣軍の撤兵完了（北サハリンを除く）〕

一九二三（大正一二）　六四

一～二月、広東旅行、途中、香港で危篤状態に、帰途、上海で三六日間の絶食に入って帰国。二月、市会で反軍国主義演説。三月、高浜海岸の新居で病臥に。三月二六日、辞表提出後、死去。

（ヒサ四五歳、十九郎二四歳、忠三郎二一歳、あや一八歳、たへ一四歳、好古六四歳、新田六五歳、西園寺七三歳）

〔婦人参政権同盟結成。中国、二一か条要求廃棄を通告。石井・ランシング協定廃棄。関東大震災。亀戸事件〕

（好古、二三年に教育総監を辞任、予備役に。二三年よりほぼ毎夏、北海道の新田牧場へ旅行。一九二五年、後備役に。二九年、退役。二四～三〇年、北予中学校長。三〇年に死去、七一歳）

（新田、一九二三年、松山高等商業学校を創立。三五年、『回顧七十有七年』を著す。三六年に死去、七七歳）

（西園寺、一九二三年より冬は静岡県興津町の坐漁荘で、春秋は京都市の清風荘で、夏は静岡県の御殿場町で生活。三二年、首相犬養毅暗殺以後、斎藤実など、しばしば、後継首班を「奏薦」し、平沼騏一郎内閣の成立などに反対した。四〇年に死去、九〇歳）

参考文献一覧（各人別とし、利便性から重複した文献の掲載がある）

【加藤拓川及び全般にわたる文献】

＊「加藤拓川関係文書」（正岡明氏所蔵。立命館大学西園寺公望伝編纂委員会複写）
＊「加藤拓川宛陸羯南書簡」（正岡明氏原所蔵）
＊「加藤拓川宛賀古鶴所書簡」（正岡明氏原所蔵）
＊「加藤拓川『芳名録』」（正岡明氏所蔵）
＊拓川会編・刊『拓川集』全六冊（随筆篇上下・日記篇・書簡篇・拾遺篇・追憶篇、一九三〇・三〇・三一・三一・三三・三三年）
＊伊予史談会編・製本「拓川資料」全三冊（一九二三年、愛媛県立図書館所蔵）
＊大原有恒著・加藤恒忠編・刊『蕉鹿窩遺稿』（漢詩集。一九二三年）
＊外務省編『日本外交文書』第三九巻第一・二冊、第四〇巻一冊、第四一巻第一冊、第四三巻第一冊、大正六年第三冊、大正七年第一冊・第三冊、大正八年第一冊・第二冊上下巻・第三冊上下巻、大正九年第一冊・第二冊上巻・第三冊上巻（一九五九・五九・六〇・六〇・六二、六八・六八・六九・七一・七一・七一・七一・七一・七二・七二・七二・七三年、国際連合協会）
＊外務省編・刊『日本外交年表並主要文書』上巻（一九六五年）
＊鹿島守之助『日本外交文書』第六・七・八・九・一〇・一二・一四巻（一九七〇・七〇・七〇・七〇・七一・七一・七二年、鹿島平和研究所）
＊「職員録（甲）明治三九年五月一日現在」（『国立公文書館所蔵　明治大正昭和官員録集成』第九八巻、一九九〇六年、印刷局。一九九〇年、日本図書センター復刻）

＊愛媛県史編さん委員会編『愛媛県史　近代』上下・『同　県政』・『同　社会経済』6・『同　教育』（一九六一・六三・六三・六二・六一年、愛媛県）
＊教育史編集室編『愛媛県教育史』第一巻（一九七一年、愛媛県教育センター）
＊『愛媛県の地名』（『日本歴史地名大系』第三九巻。一九八〇年、平凡社）
＊松山大学編・刊『松山大学案内』（一九九二年版）
＊成澤榮壽「加藤拓川小伝」（『長野県短期大学紀要』第四八号、一九九三年）
＊同右「中江兆民と加藤拓川」（同人『部落の歴史と解放運動　近代篇』、一九九七年、部落問題研究所）
＊同右「南進論と部落問題」「日露戦後の社会政策」（前掲『部落の歴史と解放運動　近代篇』）
＊畠中淳編著『加藤拓川』（一九八二年、松山子規会）
＊成澤榮壽『島崎藤村「破戒」を歩く』下（二〇〇九年、部落問題研究所）
＊中村忠行編「明治漢詩文集　略歴—国分青厓」（『明治文学全集』第六二巻。一九八三年、筑摩書房）
＊橋本日南『日南集』（一九一〇年、東亜堂）
＊中田吉信「岡千仞と王韜」（『書誌研究』第一三号、一九七六年）
＊西岡虎之助・鹿野政直『日本近代史』（一九七一年、筑摩書房）
＊『定本　柳田国男集』別巻三（故郷七十年拾遺。一九七一年、筑摩書房）
＊鳥谷部春汀「外交官概評」（『春汀全集』第二巻。一九〇九年、博文館）
＊『鷗外全集』第三三巻（日記。一九七五年、岩波書店）
＊森銑三・小出昌洋編『新編　明治人物夜話』（二〇〇一年、岩波書店）
＊前橋黒潮「大坂における加藤拓川翁」（『日本及日本人』第八六二号、一九三三年）
＊素堂「加藤拓川を懐うて」（『日本及日本人』第八六一号、一九二三年）
＊『樋口一葉全集』第三巻上（一九七八年、筑摩書房）

＊和田芳恵『一葉の日記』（一九八三年、福武書店）
＊澤田章子『一葉伝──樋口夏子の生涯』（二〇〇五年、新日本出版社）
＊立石博高『スペイン・ポルトガル史』（二〇〇〇年、山川出版社）
＊金七紀男『ポルトガル史』（一九九七年、彩流社）
＊隅谷三喜男『片山潜』（新装版。一九〇七年、岩波書店）
＊参謀本部『大正七年乃至十一年　西伯利亜出兵史』全三巻（復刻。一九七〇年、新時代社）
＊細谷千博『シベリア出兵の史的研究』（一九五五年、有斐閣）
＊和田春樹「シベリア戦争史研究の諸問題」（『ロシア史研究』第二〇号、一九七三年）
＊藤本和貴夫「日本のシベリア介入戦争について」（同右）
＊高橋治『派兵』第一・二・三・四部（一九七二・七三・七六・七七年、朝日新聞社）
＊成澤榮壽「民族の独立を願って　シュシャとスメタナ」（同人『美術家の横顔　自由と人権、革新と平和の視点より』、二〇一一年、花伝社）
＊『ケレンスキー回顧録』（倉田保雄他訳。一九六七年、恒文社）
＊須田禎一「支配層における政治倫理の傾斜─日ソ交流史を中心として─」（『思想』第三九一号、一九五七年）
＊石橋湛山『湛山回想』（一九八五年、岩波書店）
＊増田弘『石橋湛山　リベラリストの真髄』（一九九五年、中央公論社）
＊鹿野政直『大正デモクラシー』（一九七六年、小学館）
＊中塚明『新版　近代日本と朝鮮』（一九七七年、三省堂）
＊中塚明『歴史の偽造をただす』（一九九七年、高文研）
＊江口圭一『二つの大戦』（一九八九年、小学館）
＊黒崎幹男編『曽祢達蔵・中条精一郎建築事務所　作品集』（一九三四年、中条建築事務所）

＊北原かな子『洋学の受容と地方の文化』（二〇〇二年、岩田書院）
＊池井優「日本国際連盟協会―その成立と変質―」（『法学研究』第六八巻第二号、一九五五年）
＊司馬遼太郎『ひとびとの跫音』上下（一九八三年、中央公論社）
＊岩井忠熊『西園寺公望―最後の元老―』（二〇〇三年、岩波書店）
＊原奎一郎・山本四郎『原敬をめぐる人びと』正（一九八一年、日本放送出版協会）
＊兪辛焞『孫文の革命運動と日本』（一九八九年、六興出版）
＊三宅清昭「愛媛県における水平社運動の創立期をかえりみて」（『愛媛民報』一九九三年三月七・一四・二一・二八日付）
＊松山市立子規記念館編・刊『拓川と羯南』（一九八七年）
＊森鷗外記念館編・刊『鷗外　その終焉　新資料にみる森林太郎の精神』（一九九六年）
＊イルクーツク市編・刊『イルクーツクは三五〇年　イルクーツクへの案内』（英文。二〇一一年）
＊在ウラジオストク日本総領事館他編・刊『浦潮旧日本人街散策マップ』（二〇一一年）
＊大阪府立弥生文化博物館編リーフレット『子規の叔父「加藤拓川」が残した絵葉書―明治を生きた外交官の足跡―』（二〇一一年）
＊和田春樹他編『東アジア近現代通史』第一・二・三・四巻（二〇一〇・一〇・一〇・一一年、岩波書店）

【秋山好古】

＊秋山好古大将伝記刊行会編・刊『秋山好古』（一九三七年）
＊藤村道生『日清戦争―東アジア近代史の転換点―』（一九七三年、岩波書店）
＊白崎昭一郎『森鷗外　もう一つの実像』（一九九六年、吉川弘文館）
＊成澤榮壽他編『グラフ日本史』（第三刷。一九八七年、一ツ橋出版）

参考文献一覧

＊井口和起編『日清・日露戦争』（一九九四年、吉川弘文館）
＊大谷正「日清戦争」（前掲『日清・日露戦争』）
＊趙景達『異端の民衆反乱　東学と甲午農民戦争』（一九九八年、岩波書店）
＊井口和起編『日露戦争の時代』（一九九八年、吉川弘文館）
＊山田朗『これだけは知っておきたい日露戦争の真実』（二〇一〇年、高文研）
＊梅田正己『これだけは知っておきたい近代日本の戦争』（二〇一〇年、高文研）
＊外山三郎『日本海軍史』（新装版。一九八七年、教育社）
＊成澤榮壽「明治期ヒューマニズムの一考察―児玉仲児と安藤正楽について―」（部落問題研究所編・刊『近代日本の社会史的分析　天皇制下の部落問題』一九八九年）
＊同右「児玉仲児と安藤正楽」（前掲『部落の歴史と解放運動　近代篇』）
＊同右「原田琴子の反戦思想と家族制度批判」（『長野県短期大学紀要』第四七号、一九九二年）
＊同右「人権と民主主義をめぐる歴史的課題」（同人『歴史と教育　部落問題の周辺』二〇〇〇年、文理閣）
＊同右「足尾鉱毒事件」（同人『人権と歴史と教育と』一九九五年、花伝社）
＊同右「山本宣治の人権擁護・反戦活動　没後七五周年に学ぶ」（『人権と部落問題』第七一五号、二〇〇四年）
＊野村敏雄『秋山好古』（二〇〇二年、ＰＨＰ研究所）
＊田中宏巳『秋山真之』（二〇〇四年、吉川弘文館）
＊田中宏巳『東郷平八郎』（一九九九年、筑摩書房）
＊成澤榮壽前掲『島崎藤村「破戒」を歩く』下
＊松山東高等学校百年史編集委員会編『愛媛県立松山東高等学校百年史』（一九七八年、愛媛県立松山東高等学校）
＊内村鑑三『後世への最大遺物　デンマルクの話』（改訂版。二〇一一年、岩波書店）

＊宮本顕治『回想の人びと』（一九八五年、新日本出版社）
＊片上雅仁『秋より高き　晩年の秋山好古と周辺のひとびと』（二〇〇八年、アトラス出版）
＊坂の上の雲ミュージアム編・刊『秋山好古』（二〇〇九年）

【原　敬】

＊原奎一郎編『原敬日記』第一巻、第二巻・第二巻続篇、第三巻、第四巻、第五巻、第六巻、第七巻、第八巻、第九巻（一九五〇・五〇・五一・五一・五一・五一・五一・五一・五〇・五〇年、乾元社）
＊原敬文書研究会編『原敬関係文書』第一・二・三巻（書簡篇）、第四・五、一〇巻（書類篇）（一九八四・八四・八五・八五・八六・八八年、日本放送出版協会）
＊小林雄吾編『立憲政友会史』第四巻（復刻。一九九〇年、日本図書センター）
＊山本四郎『評伝　原敬』上下（一九九七年、東京創元社）
＊同右「原敬関係文書第五巻（書類篇二）解説」（前掲『原敬関係文書』第五巻）
＊松尾尊兊『大正時代の先行者たち』（一九九三年、岩波書店）
＊岡義武『近代日本の政治家』（一九九〇年、岩波書店）

【陸羯南】

＊『陸羯南全集』第一・二・三・四・五・六・七・八・九・一〇巻（第二―八巻及び九巻大半は新聞『日本』社説。一九六八・六八・六九・七〇・七〇・七一・七二・七二・七五・八五年、みすず書房）
＊『陸羯南集』（『近代日本思想大系』4。一九八七年、筑摩書房）
＊有山輝雄『陸羯南』（二〇〇七年、吉川弘文館）
＊池辺一郎・富永健一『池辺三山　ジャーナリストの誕生』（一九八九年、みすず書房）

＊加藤拓川（談）「故陸実氏」（『朝日新聞』一九〇七年九月五―一七日付。池辺三山筆記）
＊丸山真男『民権からナショナリズムへ』（一九五八年、お茶の水書房）
＊前掲『拓川と羯南』
＊青森県立近代文学館編・刊『陸羯南と正岡子規』（二〇〇七年）

【中江兆民】

＊幸徳秋水『兆民先生・兆民先生行状記』（一九六〇年、岩波書店）
＊土方和雄『中江兆民』（新装版。二〇〇七年、東京大学出版会）
＊松永昌三『中江兆民評伝』（一九九三年、岩波書店）
＊成澤榮壽「福沢諭吉の反封建思想と平等論の限界」「中江兆民の民権思想と部落解放論」（同人『日本歴史と部落問題』一九八一年、部落問題研究所）
＊同右前掲「中江兆民と加藤拓川」
＊同右前掲「人権と民主主義をめぐる歴史的課題」
＊同右「中江兆民の『新民世界』」（前掲『部落問題の歴史と解放運動　近代篇』）
＊飛鳥井雅道『中江兆民』（一九九九年、吉川弘文館）
＊松永昌三『福沢諭吉と中江兆民』（二〇〇一年、中央公論新社）
＊井田進也『中江兆民のフランス』（一九八七年、岩波書店）
＊宇田友猪他編『自由党史』（一九五七年、岩波書店）
＊渋江保「中江兆民居士」（『中江兆民全集』別巻。一九八六年、岩波書店）
＊藤野雅己「中江兆民の仏学塾と『仙台義会雑誌』」（『日本歴史』一九七九年一一月号）
＊佐藤寅太郎編『信濃人物誌』（一九二二年、文正社）

＊北海道新聞社編・刊『北海道新聞三十年史』（一九七三年）
＊坪内逍遙・内田魯庵編『二葉亭四迷』（一九〇九年、易風社）
＊住谷悦治「解説」（酒井雄三『デモクラシー論』一九四九年、実業之日本社）
＊メーチニコフ『回想の明治維新―ロシア人革命家の手記』（渡辺雅司訳・解説。一九八七年、岩波書店）
＊清水勲『ビゴーが見た日本人　諷刺画に描かれた明治』（二〇〇一年、講談社）
＊石附実『近代日本の海外留学史』（一九九二年、中央公論社）
＊H・ルフェーヴル『パリ・コミューン』上下（河野健二他訳。二〇一一年、岩波書店）

【正岡子規】

＊『子規全集』第六・七・九・一〇・一一・一二・一三・一四・一八・一九・二二巻、別巻一・二・三（七七・七五・七七・七七・七五・七六・七六・七七・七七・七八・七八・七二・七五・七八年、講談社）
＊久保田正文『正岡子規』（新装版。一九八六年、吉川弘文館）
＊坪内稔典『正岡子規』（二〇一〇年、岩波書店）
＊瀬沼茂樹『夏目漱石』（新装版。二〇〇七年、東京大学出版会）
＊白崎昭一郎前掲『森鷗外　もう一つの実像』
＊成澤榮壽「浅井忠　師フォンタネージの技法と画風を発展させた」（同人『美術家の横顔』二〇一〇年、花伝社）
＊松山市立子規記念博物館編・刊『松山市立子規記念館』（二〇〇五年）
＊同右『漱石と子規』（一九九五年）
＊横須賀美術館編・刊『正岡子規と美術』（二〇一一年）

【西園寺公望】
＊立命館大学西園寺公望伝編纂委員会編『西園寺公望伝』第一・二・三・四巻、別巻一・二（一九九〇・九一・九三・九六・九六・九七年、岩波書店）
＊江藤源九郎「共産党魁将アコラスの自称門人西園寺公に就て」（前掲『西園寺公望伝』別巻二）
＊岩井忠熊前掲『西園寺公望―最後の元老―』（岩波新書）

【新田長次郎】
＊新田長次郎『回顧七十有七年』（一九三五年、合資会社新田帯革製造所）
＊新田ベルト株式会社編・刊『新田ベルト九十年史』（一九七五年）
＊中西義雄「日本皮革産業の史的発展」（部落問題研究所編・刊『中西義雄部落問題著作集』第一巻。一九八四年）
＊成澤榮壽「近代皮革産業の発足」「部落の製革業」「製靴業と部落」「部落改善運動の勃興」（前掲『部落の歴史と解放運動　近代篇』）
＊松山高等商業学校編・刊『松山高等商業学校一覧』（一九三九年）
＊前掲『松山大学案内』

成澤 榮壽（なるさわ・えいじゅ）
1934年、東京に生まれる。62年、早稲田大学大学院文学研究科（史学専攻）修士課程修了（西岡虎之助先生に師事）。専門は日本近代史。同年、東京立正高等学校勤務を皮切りとした教員生活は、2000年、長野県短期大学長の退任をもって終止符を打つ。
現在、部落問題研究所理事長、全国公立短期大学協会顧問。
著書:『日本歴史と部落問題』（部落問題研究所、1981年）、『人権と歴史と教育と』（花伝社、1995年）、『部落問題の歴史と解放運動　近代篇』（部落問題研究所、1997年）、『歴史と教育　部落問題の周辺』（文理閣、2000年）『島崎藤村「破戒」を歩く』上・下（部落問題研究所、2008年・2009年）、『美術家の横顔　自由と人権、革新と平和の視点より』（花伝社、2011年）ほか。
現住所　〒604-8821　京都市中京区壬生梛ノ宮町31　ウェルエイジみぶ

伊藤博文を激怒させた硬骨の外交官
加藤拓川

●二〇一二年一一月一五日――第一刷発行

著　者／成澤　榮壽

発行所／株式会社 高文研
東京都千代田区猿楽町二―一―八
三恵ビル（〒一〇一―〇〇六四）
電話03＝3295＝3415
http://www.koubunken.co.jp

印刷・製本／シナノ印刷株式会社

★万一、乱丁・落丁があったときは、送料当方負担でお取りかえいたします。

ISBN978-4-87498-495-6　C0021